博士论文
出版项目

城市居民绿色生活方式
引导政策及仿真

Guiding Policies of Urban Residents'
Green Lifestyle and Its Simulation

程 秀 著

中国社会科学出版社

图书在版编目（CIP）数据

城市居民绿色生活方式引导政策及仿真/程秀著. —北京：中国社会科学
出版社，2022.9
ISBN 978 - 7 - 5227 - 0845 - 4

Ⅰ.①城…　Ⅱ.①程…　Ⅲ.①城市—居民生活—节能—研究—中国
Ⅳ.①D669.3

中国版本图书馆 CIP 数据核字（2022）第 166203 号

出 版 人　赵剑英
责任编辑　郭曼曼
责任校对　闫　萃
责任印制　王　超

出　　版　中国社会科学出版社
社　　址　北京鼓楼西大街甲 158 号
邮　　编　100720
网　　址　http://www.csspw.cn
发 行 部　010 - 84083685
门 市 部　010 - 84029450
经　　销　新华书店及其他书店

印　　刷　北京君升印刷有限公司
装　　订　廊坊市广阳区广增装订厂
版　　次　2022 年 9 月第 1 版
印　　次　2022 年 9 月第 1 次印刷

开　　本　710×1000　1/16
印　　张　25.25
字　　数　352 千字
定　　价　139.00 元

出 版 说 明

为进一步加大对哲学社会科学领域青年人才扶持力度，促进优秀青年学者更快更好成长，国家社科基金 2019 年起设立博士论文出版项目，重点资助学术基础扎实、具有创新意识和发展潜力的青年学者。每年评选一次。2021 年经组织申报、专家评审、社会公示，评选出第三批博士论文项目。按照"统一标识、统一封面、统一版式、统一标准"的总体要求，现予出版，以飨读者。

全国哲学社会科学工作办公室

2022 年

摘　　要

　　绿色生活方式是促进人与自然、人与社会和谐共处、永续发展的一种生活模式。然而，在政策制定者与目标群体两类行为主体分离的现实情境下，目标群体对绿色生活方式引导政策的响应并不理想。绿色生活方式的变革往往表现为单一、强势的政府行动，而目标群体的行动严重滞后，结果导致政策意图落空甚至政策失灵。造成这一现象的关键原因是制定者视角的决策效用与目标群体视角的体验效用并不一致，甚至存在很大的"效用错位"。二者的错位暗含着政府在引导城市居民绿色生活过程中出现了微观个体接受意愿层面与政策方向层面的分离，致使相关政策达不到预期的实施效果。本书以政策效用错位为突破口，以中国东部地区城市居民为研究对象，结合管理学、行为经济学、环境经济学、社会心理学、计算机科学等基本理论与方法，围绕涵盖行为驱动、政策响应和政策仿真的综合路径模型展开研究。主要研究内容如下：

　　第一，绿色生活方式引导政策效用错位理论框架的构建。提出并界定决策效用、体验效用和政策效用错位度。从政策本身、政策执行机构、目标群体、企业和社会环境五个维度阐释政策效用错位产生的原因；从组织基础、现实可能性和主观动机三个方面辨析政策效用错位的形成机制。发现政策效用错位度的异质性、非负性、对象性和内隐性四个基本属性。

　　第二，政策决策效用评估模型的构建与绿色生活方式引导政策决策效用的测算。开发包括政策力度、政策目标、政策措施和政策反馈的政策决策效用四维评估模型，确定各维度的赋值标准和影响权重。收集 1991—2019 年中国颁布的 447 条绿色生活方式引导政策，分析政策的演变过程和发展趋势。基于四维评估模型计算1991—2019 年绿色生活方式引导政策决策效用。

第三，绿色生活方式引导政策体验效用的测量及其影响机制理论模型的构建与验证。将政策体验效用界定为功能体验效用、成本体验效用、社会体验效用、情感体验效用和绿色体验效用五个维度；构建并验证包括阶层认同、自主学习能力、偏好、象征价值关注度、规范内化、专业知识水平、社会互动等新变量的绿色生活方式引导政策体验效用影响机理理论模型。

第四，绿色生活方式引导政策效用错位度的计算与仿真。计算1991 年以来中国绿色生活方式引导政策的效用错位度。对社会互动和政策组合等不同情境干预下政策效用错位度的演化进行了仿真。进而提出错位容忍系数，利用多主体仿真方法探究社会互动情境下，感知便利性和错位容忍系数对目标群体践行绿色生活方式引导政策群体决策的影响效应和分异特征。

最后，依据质性分析与量化分析结果，构建降低绿色生活方式引导政策效用错位度的政策建议框架，提出源泉型建议、枢纽型建议、助推型建议、靶向型建议、内促型建议和滋养型建议。

关键词：绿色生活方式；效用错位；体验效用；决策效用；政策仿真

Abstract

A green lifestyle is a social culture and living model that promotes harmonious coexistence and sustainable development among humans, nature, and society. However, in the actual situation where policymakers and target groups are separated from each other, urban residents' response to guiding policies of a green lifestyle is not ideal enough. The green lifestyle change often manifests as a single and mighty government action, with the collective action seriously falling behind, leading to the failure of policy intentions and even the whole policy. The primary cause of this dilemma is that the decision utility of policymakers is inconsistent with the experienced utility of urban residents, and there is even a vast "utility dislocation." The dislocation implies that when guiding residents to adopt a green lifestyle, the government has separated the micro-individual acceptance willingness from the policy orientation, making it challenging to implement the policy thoroughly. Taking policy utility dislocation as a breakthrough and urban residents in eastern China as the research object, this book applies theories and methods such as management, behavioral economics, environmental economics, social psychology, and computer science to deeply study behavior motivation, policy response, and policy simulation. The research contents are as follows.

First, theoretical framework construction of utility dislocation of green lifestyle guiding policies. Decision utility, experienced utility, and policy utility dislocation are proposed. The causes of policy utility dislocation are discussed from the following aspects: policies themselves, executive departments, target groups, relevant enterprises, and social environment. Meanwhile, the generation mechanism of policy utility dislocation is analyzed from an organizational basis, realistic possibility, and subjective motivation. Four essential attributes, heterogeneity, non-negativity, objectivity, and implicitness, are explained for policy utility dislocation.

Second, construction of policy decision utility evaluation model and measurement of decision utility of green lifestyle guiding policies. A 4D evaluation model of policy power, policy goals, policy methods, and policy feedback is established. Meanwhile, the value assignment standard of the four dimensions and their weights are determined. Four hundred forty-seven guiding policy data from 1991 to 2019 in China for green lifestyle are collected with the evolution and development trend further explained. The decision utility of green lifestyle guiding policies is calculated from 1991 to 2019 based on the 4D evaluation model.

Third, value measurement of experienced utility of green lifestyle guiding policies, theoretical model construction, and verification of its influence mechanism. The experienced utility is defined from the following five dimensions: functional experienced utility, cost experienced utility, social experienced utility, emotional experienced utility, and green experienced utility. Afterward, a theoretical model of the influence mechanism of experienced utility for green lifestyle guiding policies are constructed and verified. This model considers new variables such as class identification, self-learning ability, preference, symbolic value attention, normative internalization, level of expertise, and social interaction.

Forth, calculation and computer simulation of policy utility dislocation. The utility dislocation of green lifestyle guiding policies since 1991 is calculated. Afterward, a simulation is carried out to explore the evolution of policy utility dislocation in situational intervention considering social interaction and different policy contexts. More importantly, with a concept of dislocation tolerance coefficient put forward, a multi-agent simulation is performed to detect the impact of utility dislocation and perceived convenience on urban residents' implementation of green lifestyle guiding policies.

At last, consistent with the results obtained from qualitative analysis and quantitate analysis, a policy suggestion framework is developed to reduce the policy utility dislocation of guiding policies from the four directions, which include primary suggestions, pivotal suggestions, boosted suggestions, targeted suggestions, internalized suggestions, and nourished suggestions.

Key Words: Green Lifestyle; Utility Dislocation; Experienced Utility; Decision Utility; Policy Stimulation

目　　录

Contents

第 一 章

绪 论

第一节　研究背景

一　绿色生活方式是实现绿色发展和生态文明的必然选择

生态环境问题不仅是重要的政治议题，更是关系国计民生的重大社会问题。党的十八大以来，中共中央、国务院把绿色发展和生态文明建设摆在更加突出的战略位置，作出一系列新决策、新部署、新安排，其中"倡导和推广绿色生活方式"作为推动生活领域节能减排和污染治理的重点任务之一，已经成为新时代党和国家的战略重点。2015 年 3 月 24 日，《中共中央　国务院关于加快推进生态文明建设的意见》（以下简称《意见》）中首次提到"绿色化"概念，将"工业化、信息化、城镇化、农业现代化"这"新四化"增至"新五化"，同时《意见》提出，"培育绿色生活方式，倡导勤俭节约的消费观。广泛开展绿色生活行动，推动全民在衣、食、住、行、游等方面加快向勤俭节约、绿色低碳、文明健康的方式转变，坚决抵制和反对各种形式的奢侈浪费、不合理消费"。2015 年 10 月 21 日，环保部印发《关于加快推动生活方式绿色化的实施意见》，对强化生活方式绿色化理念、制定推动生活方式绿色化的政策措施、引领生活方式向绿色化转变等进行了部署，提出增强绿色供给、鼓励绿色出行、建立绿色生活服务和信息平台等 16 条具体举措，并制订了到 2020 年的总体目标"生活方式绿色化的政策法规体系初步建立，公众绿色生活方式的习惯基本养成，最终全社会实现生活方式和消费模式向勤俭节约、绿色低碳、文明健康的方向转变，形成人人、事事、时时崇尚生态文明的社会新风尚"。习近平总书记在中共中央政治局第四十一次集体学习时强调，"推动形成绿色发展方式和生活方式，是发展观的一场深刻变革"，"要充分认识形成绿色发展方式和生活方式的重要性、紧迫性、艰巨性，把推动形成绿色发展方式和生活方式摆在更加突出的位置"。党的十九大报告明确指出"倡导简约适度、绿色低碳的生活方式，反对奢侈浪费和不合理消费"，指出未来应该"形成绿色发展方式和生活方式"并"加快建立绿色生产和消费的法律制度和政策导向"。绿色生活方式作为生态文明建设和绿色发展的重要组成部分，已经引起党和国家的重大关注，必将成为全党和全国未来工作的重点领域和关键方向，对推动绿色生产乃至绿色转型产生前瞻性的战略意义。

当前，"人民对清新的空气、清澈的水质、清洁环境等生态商品的需求越来越迫切，生态环境越来越宝贵"（国务院新闻办公室等，2017）。党的十九大报告指出"中国特色社会主义进入新时代，中国社会主要矛盾已经转化为人民日益增长的美好生活需要和不平衡不充分的发展之间的矛盾"，未来"既要创造更多的物质财富和精神财富以满足人民日益增长的美好生活需要，也要提供更多优质生态产品以满足人民日益增长的优美生态环境需要"。绿色生活方式兼具发展经济和节约资源、保护环境的双重需求。推动生活方式绿色化有利于实现需求引领和供给侧结构性改革相互促进，推动高质量发展，建设现代化经济体系，更好地满足人民日益增长的美好生活需要。习近平总书记在党的十九大报告中表示"建设美丽中国，为人民创造良好生产生活环境，为全球生态安全做出贡献"，并在 2018 年 5月 18—19 日召开的全国生态环境保护大会上强调"推进资源全面节约和循环利用，实现生产系统和生活系统循环链接，倡导简约适度、绿色低碳的生活方式，反对奢侈浪费和不合理消费""要通过加快构建生态文明体系，确保到 2035 年，生态环境质量实现根本好转，美丽中国目标基本实现"。作为一种有助于生活品质提升、生态环境良性发展以及社会生活品质改善的生活模式，绿色生活方式彰显了美丽中国的基本特质，蕴含着满足人民对优美生态环境的价值追求，不仅是现代美好生活的题中应有之义，更是建设美丽中国和实现人民美好生活的重要抓手，也是实现绿色发展和生态文明的必然选择。

二　政策引导是推行绿色生活方式的催化剂

生态环境作为一种跨地域的公共物品，具有明显的外部性。根据制度经济学，外部性可能导致个体践行环境政策的私人收益小于付出的成本。即使该行为可以产生积极的社会收益，行为人也往往考虑自身的便捷性、舒适性而采取底线策略，造成"公地悲剧"。一方面，社会上可能存在一部分个体有着强烈的环保意愿，但是由于践行绿色生活方式所带来的外部性、非排他性以及非敌对性等因素的影响，从而导致这些个体动力不足而难以长期坚持践行绿色生活方式；另一方面，受到决策情境、信息获取、历史经验、认知能力、风险偏好以及价值趋向等因素的影响，决策个体是有限理性的，决策条件具有不确定性。有限理性和决策环境的不确定性造成了个体践行绿色生活方式的风险与收益的不确定性。需要说明的是，这里的风险和收益不仅指的是经济上的，也有可能涉及时间、情绪、便利性、环境价值等方面。进一步地，收益的外部性无疑加深了个体行为选择的不确定性和复杂性。此外，绿色生活方式要求人们摒弃一些固有的生活习惯，突破生活的"舒适区"，这对大部分个体来讲都是相当艰难、痛苦的过程。在这样的现实背景下，若没有外界政策干预，个体很难自觉自愿地将绿色环保的理念内化为自己的生活习惯，积极主动地践行绿色生活方式。值得一提的是，中国人口基数大，地域广，区域经济发展、受教育水平、环保理念等多个方面具有显著的不平衡性和多元性，大范围推广绿色生活方式本身就具有极大的挑战性。因此，为了及时纠正个体生活方式选择行为的偏移，确保推行绿色生活方式的有序性和有效性，必须要通过政府这只"看得见的手"，借助政策工具，引导和干预个体行为。

党的十八大以来，为加快推动生活方式绿色化进程，国家逐步加大了经济、行政、技术、宣教等政策的支持力度，制定出台了涵盖采购、生产、包装、销售、回收等一系列措施，为推行绿色生活方式营造了良好的政策环境。在这些政策的引导下，中国城市居民生活方式中不符合环保理念的行为习惯已经取得明显扭转，绿色生活方式逐渐深入人心。中国环境文化促进会 2018 年发布的《公民环保行为调查报告》显示，中国公民普遍认识到自身行为对生态环境保护和美丽中国建设的重要性，简约适度、绿色低碳的消费理念深入人心，并在能源资源节约、绿色低碳出行和关注生态环境领域践行度较高。上海市绿化和市容管理局发布数据显示，自 2019 年 7 月 1 日《上海市生活垃圾管理条例》实施一百天以来，城市居民垃圾分类意识不断提高，垃圾分类的自觉性不断增强，垃圾分类成效显著。全市湿垃圾分类处理量达 9009 吨/日，干垃圾处置量控制在低于 15275 吨/日，可回收物回收量达 5605 吨/日，有害垃圾分出量 0.62 吨/日，远超计划指标。抽检结果显示，三季度居住区垃圾分类达标率由 2018 年年底的 15% 提高至 80%。

可以看出，政策引导对绿色生活方式的推进发挥了至关重要的作用。绿色生活方式逐渐被社会大众接受并成为主流的生活模式，是一个充满了认知碰撞和行为冲突的漫长过程。尽管自我觉醒、自我规范是实现生活方式绿色化的内在主题，但就目前而言，政策干预和引导依然会是推行绿色生活方式的持续动力。

三　目标群体对绿色生活方式引导政策的响应亟须提高

为了推行绿色生活方式，中国政府陆续颁布了很多法规政策，如《环境保护法》《关于加快推进生态文明建设的意见》《关于加快推动生活方式绿色化的实施意见》《公民生态环境行为规范（试行）》《绿色生活创建行动总体方案》等。但总体来看，目标群体对这些引导政策的响应并未达到预期目标，政策的效果也并不是很理想。绿色生活方式的推行往往表现为一种单一的、强势的政府行动，社会集体行动严重滞后。生态环境部环境与经济政策研究中心发布的《公民生态环境行为调查报告（2020年）》显示，公众在践行绿色消费、分类投放垃圾、参加环保实践和参加监督举报等领域存在显著的"高认知度、低践行度"现象（生态环境部环境与经济政策研究中心，2020）。数据显示，93.3%的受访者认同绿色消费，而仅有57.6%的调查者经常践行绿色消费。在具体实践中，购买绿色食品和绿色产品的践行程度仅有29.3%和38.5%。闲置物品循环处理、不使用一次性餐具以及购物时自带购物袋的践行程度均不足五成，分别为41.3%、44.6%和48.4%（见图1-1）。

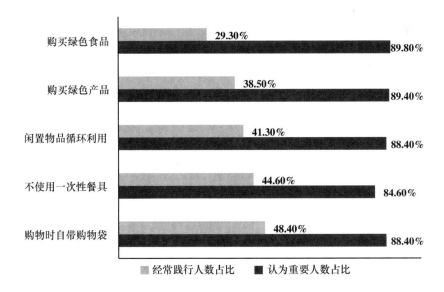

图1-1　中国公民生态环境行为践行程度概况

资料来源：《公民生态环境行为调查报告（2020年）》。

以新能源电动汽车激励政策为例。中国启动如"十一五节能与新能源汽车"重大项目、"十二五电动汽车"重点专项等科研攻关项目进行新能源电动汽车的技术研发。此外，出台如"十城千辆"等财政政策对消费者进行定向补贴。其中在 2016 年，续驶里程大于 250 公里的纯电动汽车每辆财政补贴高达 5.5 万元。此外，政府还制定了免征购置税和车船税政策、保险费用优惠政策、不限购政策、上牌优先通道及免征上牌费用政策、停车费优惠政策、免过路费政策、优先年检通道且免年检费用政策、充电费用优惠政策等一系列法规政策。然而，新能源电动汽车"叫好不叫卖"现象依然十分明显。直到 2015 年 11 月，中国新能源汽车累计产量才超过整个汽车市场的 1%（Zhang 和 Qin，2018）。2016 年、2017 年和 2018 年新能源汽车销量分别为 507000 辆、777000 辆和 1260000 辆，仅占汽车总销量的 1.81%、2.69% 和 5.55%。值得注意的是，这些出售的新能源汽车绝大多数用于城市公交车等公共交通服务，很少有人购买家用新能源汽车（Yuan 等，2015）。此外，从汽车销量的月度数据来看，新能源汽车占汽车销量的比重最大不超过 10%，而新能源小轿车占汽车总销量的比重尚未超过 1%（见图 1-2）。由此可见，新能源电动汽车的推广政策实施效果并不理想，虽然这些政策在一定程度上影响了受众的认知、态度、意识和价值观念，却未能显著地、实质性地转变城市居民生活方式。换言之，城市居民对绿色生活方式引导政策的响应度并不高，绿色生活方式的宣传和引导政策并不完全奏效，城市居民的生活方式并没有得到有效、常态化的转变。

四 效用错位是绿色生活方式引导政策失灵的关键原因

Mischen 和 Sinclair（2009）将政策执行定义为政府在业务履行过程中政策制定者和政策执行者之间的交易过程。他们指出公共政策是政策参与者经过激烈的博弈之后达成一致协议的结果，其执行

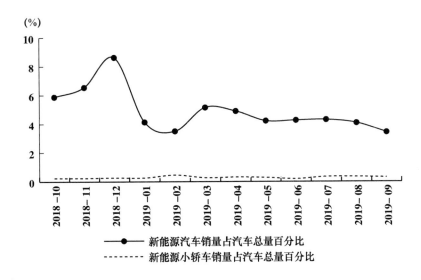

图 1-2 中国新能源汽车销量与占比（2018 年 10 月—2019 年 9 月）

资料来源：根据汽车工业协会数据整理计算。

过程充满了合作、妥协、讨价还价等让渡行为。这暗示了政策执行至少包含制定者和执行者两类行为主体，且两类行为主体的利益目标函数可能不一致。需要说明的是，这里的执行者并不仅仅包括执行政策的政府机构，还包括政策的最终践行者，即目标群体（亦称政策对象）。正如阿罗不可能定理所阐述的，个人偏好的混合不可能靠表决程序加总，从而不可能确保个人所偏好的选择也被集体选中（Arrow，1952）。现实情境中，绿色生活方式引导政策的制定者和目标群体往往是两个不同的行为主体，出台的政策更多的是制定者视角的政策，而不是目标群体视角的政策。很显然，制定者追求的长期目标（政策预期达到的福利水平）与目标群体追求的短期目标（以效用最大化为目标进行选择）几乎不可能完全一致，甚至存在很大的"错位"。二者的错位暗含着政府在引导城市居民绿色生活过程中出现了微观个体接受意愿层面与政策方向层面的分离，使个体在评估某绿色生活方式引导政策时认为自己的预期目标无法得到满足，得出"不值得"执行该政策的结论，致使相关政策失灵。

本书将政策制定者视角的效用称为决策效用（Decision Utility），将其定义为政府在制定某一政策时预期达到的福利或目标，如空气质量改善程度、污染物排放减少量、政府公信力增加至预期值。将目标群体视角的效用称为体验效用（Experience Utility），将其界定为目标群体以自身利益诉求最大化为判断标准，感知的特定政策在满足自我个性化需求（如经济收益、情感体验、关系维系）的过程中产生的积极效用与消极效用的总和。将制定者的决策效用与目标群体的体验效用之间的差值定义为效用错位度。一旦制定者的决策效用不等于目标群体的体验效用，就出现政策效用错位。一般而言，尽管政策具有强制性，但对目标群体而言，往往更多的是自愿性和诱导性。由于行为主体的自主性、复杂性和自利性，目标群体绝不会被动地执行政策，而是通过一定的行动谋取特定的利益，追求自身利益的最大化成为其首要选择。这意味着，目标群体会"不自觉"地反复衡量绿色生活方式引导政策是否满足自身的利益诉求。若不能满足个人利益，则会想方设法将政策"消解"；若能满足个人利益，则"乐意于"执行政策；如能获得"意外之利"，则很可能"变形性"地执行政策。目标群体比较、衡量政策的过程，就是自身利益诉求与制定者目标匹配的过程，也就是探寻是否存在政策效用错位的过程。显而易见，在无政策效用错位的情况下，制定者的预期福利与目标群体的利益诉求达到完全匹配，政策对象更愿意接受、采纳、践行政策。相反地，政策效用错位无疑增大了政策执行的复杂性和困难性，导致政策被替代、异化甚至停滞，进而产生政策目标偏离、政策意图落空等问题。

基于以上论述，从效用错位的视角研究和设计绿色生活方式激励政策，引导中国城市居民实现生活方式绿色化具有重要的现实意义。而效用错位的内涵是什么？产生效用错位的原因和机制是什么？如何测算政策效用错位度？中国的绿色生活方式引导政策存在效用错位吗？若存在，效用错位度有什么样的规律？如何减少效用错位度？如何更有效地引导公众践行绿色生活方式引导政策，推进生活方式绿色化转变？对这些问题的解决有助于掌握制定者和目标群体两个行为主体对绿色生活方式引导政策的真实目标意图，厘清政策效用错位的特征和规律，从而制定出更符合现实需要且更有效的绿色生活方式引导政策体系。

第二节　研究目的与意义

一　研究目的

通过本书的研究，拟达到以下目标：

1. 阐释政策效用错位的内涵，从理论上挖掘绿色生活方式引导政策效用错位的产生原因和形成机制；

2. 构建政策效用错位度模型，明晰政策效用错位度的基本属性，设计政策效用错位度的测量流程；

3. 测算中国绿色生活方式引导政策的效用错位度；

4. 对绿色生活方式引导政策的效用错位度进行计算机仿真，探究情境干预下政策效用错位度的演变趋势，以及政策效用错位度对城市居民践行绿色生活方式引导政策群体决策的影响；

5. 根据研究结果，提出绿色生活方式引导政策效用错位的治理策略。

二　研究意义

（一）理论意义

1. 政策效用错位理论框架的建立，为政策效用的解构和再审视提供了全新的思路，拓展了公共政策、行为决策和公共消费领域的研究视野、研究内容和研究方法，是对决策理论与效用理论的重要突破与创新。决策效用、体验效用以及政策效用错位度测算模型的构建，为政策评估提供了理论基础，对政策制定具有重要的理论指导意义。

2. 绿色生活方式引导政策体验效用影响机制理论体系的构建，对于揭示体验效用影响机制、丰富绿色生活方式引导政策的决策理论乃至一般决策理论研究范式具有重要的理论指导意义。尤其是将社会互动作为调节变量考察其对目标群体体验效用的影响，拓展了个体行为决策中情境因素的内涵，是对行为决策理论和效用理论的重要补充。

3. 本书基于政策文本分析量化了绿色生活方式引导政策的决策效用，利用文献研究和社会调查等方法识别影响绿色生活方式引导政策体验效用的关键变量，并测算了绿色生活方式引导政策的效用错位度，为政策工具的选择与制定提供了关键性、基础性的方法论支持。引入仿真实验，探究政策效用错位度及其对群体决策的影响，有效整合了质性分析和量化研究，丰富了政策研究范式。

（二）实践意义

1. 基于实证研究，本书量化了中国绿色生活方式引导政策的决策效用、体验效用和政策效用错位度，探析了决策效用、体验效用和错位度的规律；基于计算机仿真，本书探究了情境干预下政策效用错位度的演变规律，并进一步分析了效用错位度对城市居民践行绿色生活方式引导政策群体决策的影响，对分析现有引导政策的效用和政策制定具有重要的指导意义。

2. 结合文献研究和社会调查多种方法分析，本书探讨了目标群体对绿色生活方式引导政策体验效用的关键影响因素及其作用机制，为明晰推行绿色生活方式的障碍与难点提供了参考，对响应和实施生态环境部"关于加快推动生活方式绿色化的意见"和发改委"绿色生活创建行动总体方案"具有重要的借鉴意义。

3. 基于社会调查和仿真实验，在分析中国绿色生活方式引导政策的现状和特点的基础上，本书提出了绿色生活方式引导政策效用错位的治理策略，包括源泉型政策、枢纽型政策、助推型政策、靶向型政策、内促型政策和滋养型政策，对落实绿色生活方式引导政策以及国家宏观管理政策的制定具有重要战略意义。

第三节　研究内容、方法与技术路线

一　研究内容

根据研究目的，本书的研究内容包括如下方面：

1. 在对相关文献和理论回顾总结的基础上，详细阐述政策效用错位的内涵；基于 Simth 政策执行模型，从政策本身、执行机构、目标群体、企业和社会环境五个方面分析产生政策效用错位的原因；从组织基础、现实可能性和主观动机论述政策效用错位的形成机制；构建政策效用错位度模型并解析政策效用错位度的基本属性；

2. 构造决策效用评估模型，设计政策赋值标准以实现对政策文本的量化；

3. 基于中央部委网站、北大法宝和万方数据库，收集绿色生活方式引导政策，从颁布年度、政策数量、发布主体、主体间合作和政策类型等方面分析绿色生活方式促进政策的演变过程和发展规律；

4. 按照政策赋值标准对收集到的绿色生活方式引导政策文本进行量化，采用模糊粗糙集方法确定决策效用评估模型中各维度的权重，测算中国绿色生活方式引导政策的决策效用；

5. 运用质性分析方法探究绿色生活方式引导政策体验效用的影响因素及其作用机制，构建涵盖社会互动的绿色生活方式引导政策体验效用影响机制的理论模型，并提出研究假设；

6. 开发相关变量测量量表，开展预调研和正式调研进行数据收集，采用统计学方法分析绿色生活方式引导政策体验效用及其差异性，探究各影响因素间关系，对研究假设进行实证检验并对理论模型进行修正；

7. 基于政策效用错位度模型，计算绿色生活方式引导政策的效用错位度；

8. 根据政策效用错位度测量模型以及修正后的体验效用影响机理理论模型，采用 Matlab 2017b 软件，分析情境干预下绿色生活方式引导政策效用错位度的演化规律；

9. 从社会互动产生信息性影响和规范性影响两个方面构建绿色生活方式引导政策体验效用函数，采用 Anylogic 8.3 软件分析在社会互动情境下，错位容忍系数与感知便利性对城市居民践行绿色生活方式引导政策群体决策的影响；

10. 基于实证和仿真结果，提出绿色生活方式引导政策效用错位的治理策略，包括源泉型政策、枢纽型政策、助推型政策、靶向型政策、内促型政策和滋养型政策。

二 研究方法

以管理学、行为决策学、社会心理学、行为经济学、信息经济学、环境科学以及计算机科学等多学科知识点为理论基础，以中国东部地区城市居民为研究对象，以 SPSS 22.0、Amos 23.0、Matlab 2017b 和 Anylogic 8.3 等软件为支撑，从效用错位的研究视角，本书对中国绿色生活方式引导政策进行了定性与定量研究，具体如下：

1. 采用文献研究和理论推演方法，界定政策效用错位的内涵，分析政策效用错位的产生原因和形成机制，构建政策效用错位度模型，解析政策效用错位度的基本属性；

2. 采用模糊粗糙集方法计算决策效用四维评估模型中各维度权重，按照政策文本量化标准，测算中国绿色生活方式引导政策的决策效用；

3. 采用文献研究、深度访谈与质性研究方法，剖析绿色生活方式引导政策体验效用的概念内涵，构建绿色生活方式引导政策体验效用影响机制理论模型；

4. 在收集和阅读相关文献并进行多次专家访谈的基础上，结合行为实验的操作规范，科学地设计实验材料并开发测量量表，进一步结合现实情境，选取典型的、特定群体作为样本，开展社会调查，据此收集实证所需数据；

5. 基于所获取有效数据，测量绿色生活方式引导政策体验效用并进行差异性分析；运用描述性统计分析、相关分析、方差分析和多元线性回归等统计学方法，测算绿色生活方式引导政策体验效用，识别绿色生活方式引导政策体验效用的低发群体，探究影响因素间关系及作用机制；

6. 采用计算机仿真方法，探究情境干预下政策效用错位度的演变规律，分析错位容忍系数和感知便利性对城市居民践行绿色生活方式引导政策群体决策的影响。

三 技术路线

结合研究目的、内容与方法，本书设计了研究框架，见图 1 - 3。

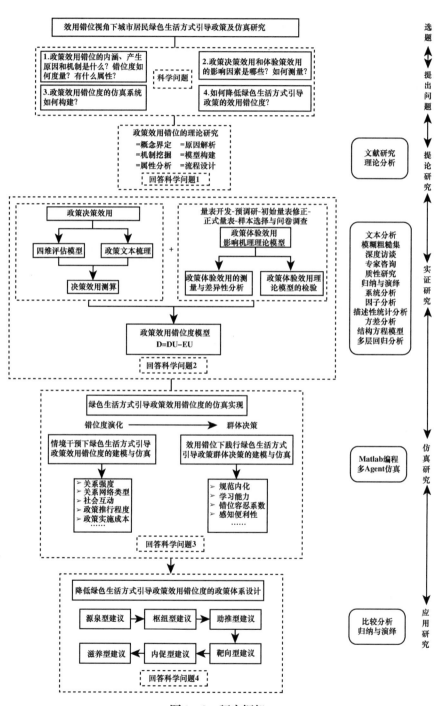

图1-3 研究框架

第 二 章

文献回顾

第一节 绿色生活方式的内涵研究

绿色生活方式是一种体现着后现代文明的生活模式，既是美丽中国和生态文明建设的需要，又是缓解全球气候变化问题的必然选择。绿色不仅是自然、简单、本真的状态展示，而且是生命、环保、文明的价值显现。绿色生活方式是对现代生活的反思和挑战，要求社会成员将绿色的理念内化为绿色素养，外化为生产方式、生活方式和消费方式。关于绿色生活方式的内涵，目前学术界并未给出统一的答案。通过对国内外学者的相关定义进行梳理和回顾（见表2-1），可以发现，由于研究视角不同，不同学者对绿色生活方式的概念界定并不完全相同，但总体上都强调绿色生活方式是一种追求人与自然和谐共生、绿色低碳、适度消费的生活方式。

表2-1 绿色生活方式的概念

研究者	概念	关键词
Gregg（1936）	绿色生活方式是追求简单和纯粹的生活模式，避免外在的杂乱无序和大量的财富堆积	简单、纯粹
Elgin 和 Mitchell（1981）	绿色生活方式是以物质简化、自我决定、环境关心、缩小规模和内在提升为价值取向的生存方式	物质简化、环境关心、缩小规模、内在提升

续表

研究者	概念	关键词
Flynn 等（2016）	广义上，绿色生活方式是指以人与自然和谐共生为根本价值取向的所有生产、消费过程的集合；狭义上，指的是科学、合理、适度的绿色消费方式	和谐共生、绿色消费
Black 和 Cherrier（2010）	绿色生活方式以绿色消费为典型代表，是在使用产品和相关产品应对基本需求和带来更好的生活质量的同时，尽可能减少自然资源的使用和有毒物质以及生命周期长的废弃物和污染物排放的日常活动	绿色消费、减少污染
Kim（2016）	绿色生活方式倡导丰富人在物质占有之外的精神世界，通过弱化物质主义和消费主义，避免大量生产、大量消费、大量废弃，减少人的活动行为对自然环境的伤害	精神世界、适度消费、减少废弃
Hagbert 和 Bradley（2017）	绿色生活方式不仅仅是绿色消费（以消费绿色产品为代表），更是一种绿色价值观和绿色精神的体现。是人们在面对环境问题时自觉树立的勤俭节约、绿色低碳的消费观和生态文明的社会责任感意识	绿色消费、价值观、绿色低碳、勤俭节约、环境问题、社会责任感
曹翔和高瑀（2021）	绿色生活方式是一种包括人们一系列与环境问题相关的日常实践的生活模式，涉及对日常生活实践会产生不确定的环境影响的思考，是人们从个体层面应对现代性环境危机的做法	日常生活实践、环境问题
George-Ufot 等（2017）	绿色生活方式是以使用可再生能源（太阳能和生物能）、绿色交通（汽车租赁、自行车、电动公共交通）、节能减排、回收再利用等为主要特点的生活模式	绿色交通、节能减排、回收利用
周宏春（2015）	生活方式绿色化是现在人在衣、食、住、行、游等方面向勤俭节约、绿色低碳、文明健康的方式转变	衣食住行游、勤俭节约、绿色低碳、文明健康
Li 等（2019）	绿色生活方式是个体在面对环境问题时在日常生活中采取的与之相关的生活实践行为和生活模式，并由个人推及全社会，最终形成的社会新风尚	日常实践行为、社会风尚
贾真和葛察忠（2016）	生活方式绿色化是一个从观念到形态全方位转变的过程，涉及供给、包装、采购、回收等流通环节，涵盖衣、食、住、行等生活领域	观念和形态转变、供给、包装、采购、回收、衣、食、住、行
Cheng 等（2019a）	绿色生活方式以和谐、共生、持续为生存理念，是绿色消费、绿色出行、绿色居住等多方面的总称；是消费者将环境责任内化到日常生活的体现	绿色消费、绿色出行、绿色居住、环境责任
Binder 和 Blankenberg（2017）	绿色生活方式并不意味着牺牲，而是通过简单、节约、环保的日常消费行为，满足生活所需，提高生活满意度	日常行为、生活满意度

绿色生活方式的内涵应包括如下三个方面：第一，环境友好，指树立尊重自然、顺应自然和保护自然的绿色理念，行使环境监督的权利，在享受健康环境的同时履行环境保护的义务；第二，资源节约，养成简约、适度的消费习惯，遵循社会发展的长远利益；第三，精神丰富，避免过度物质消费，追求精神丰富和自我实现。2015年，环境保护部对生活方式绿色化给出的权威解释是"开展绿色生活行动，推动全民在衣、食、住、行、游等方面向勤俭节约、绿色低碳、文明健康的方式转变"。需要说明的是，绿色生活方式不是要人们放弃生活的享受，刻意节俭，抑制消费，而是倡导理性、适度、节约的物质消费。基于以上论述，本书认为绿色生活方式是指以和谐共生为价值理念，以环境保护为行为准则，形成的自然、节约、环保、健康、可持续的日常实践和生活模式。

第二节 绿色生活方式引导政策的相关研究

目前，全球范围内都高度重视居民生活领域的节能减排和污染治理问题，积极推进生活方式绿色化。为了推行绿色生活方式，世界各国都制定出台了涵盖各个领域的激励政策，如绿色出行激励政策、新能源电动汽车推广政策、垃圾分类政策、轨道交通激励政策、废弃物回收利用政策等系列激励政策。一些学者已经针对某一领域的绿色生活方式引导政策体系进行了划分，如 Zhang 和 Qin（2018）将新能源电动汽车激励政策划分为试点政策、基础设施政策、财政补贴政策、税收补贴政策、研究和发展投入政策五大类；Geng 等（2017）将中国的绿色出行政策划分为经济手段、行政手段、技术手段、宣传与舆论手段四类，并基于调查问卷分析了公众对四类引导政策的响应度。芈凌云和杨洁（2017）将居民生活节能引导政策分为命令控制型、经济激励型、信息型和自愿参与型，并基于政策文本量化了政策效度。

大多学者聚焦于绿色生活方式引导政策的效果评估和有效性分析。多数研究表明现有引导政策可以直接促进个体实施绿色生活方式，并且政策力度越大，公众践行绿色生活方式的意愿越强烈。樊丽明和郭琪（2007）认为，通过征税或税收优惠等经济政策来影响能源消费行为成本，可以使公众向"理性生态经济人"转变。Zhang等（2013）的研究结果表明，政策不仅会直接影响消费者绿色消费行为，还会通过经济节省、绿色产品性能属性、环境意识和心理需求四个方面间接影响消费者。余晓忠等（2013）提出可通过完善碳排放的定价机制、碳产品征税制度和补贴政策等来调控城市居民的低碳消费行为。石洪景（2016）将低碳支持政策分为强制型、激励型和社会型三种，根据对福建省福州市城市居民进行调查问卷所得到的数据，发现三类政策均对城市居民节能行为产生直接影响，且强制型政策的影响力度最大，激励型和社会型政策的影响力度相近。Eliasson 和 Proost（2015）发现政府对公共交通的补贴政策可以提高公众乘坐公共交通的意愿。研究表明，增加燃油税可以有效地减少私家车使用频次，其他税费，如车辆购置税、消费税、增值税、养路费（在中国，包含在燃油附加费中）、停车费、拥堵费等也被证明对减少私家车出行和引导公共交通出行有一定的效果（Barla 和 Proost，2012）。在垃圾分类回收领域，垃圾计量收费（陈那波和蔡荣，2017）、押金返还制度（田华文，2015）、预收处理费（王建明，2009）、循环回收补贴（Chakrabarti 等 and Sarkhel，2003）也被证明是实现垃圾减量化和资源化的有效手段。在绿色消费领域，促进消费者购买绿色产品的规章制度，比如家电以旧换新政策、节能减排政策等，也被证明会对消费者的绿色消费行为产生一定影响（Viscusi 等，2011）。绿色产品设计和生产过程的引导和监督政策，在保证绿色产品的质量和可信度的同时，也为绿色消费提供了保障（刘长玉和于涛，2015）。此外，媒体宣传、引导社会舆论、营造社会风气等"软"政策（宣传与舆论手段）也被证明是从根源上推行绿色生

活方式的有效方法。多数研究表明，宣传教育可以提高个体的亲环
境意愿、自我感知效力，对绿色生活方式的培育有正向促进作用
（李国栋等，2019）。

在所有引导政策中，学者们普遍认为经济刺激型政策的效果最
理想。He 和 Chen（2020）在探究电动汽车激励政策时发现，货币
激励型政策对北京市消费者购买意愿的影响最大，非货币激励型政
策对消费者的购买意愿几乎没有影响。类似地，Liu 等（2018）研
究了低能耗产品激励政策对消费者购买行为的影响，结果表明税收
和补贴政策都可以提高低能耗产品的购买意愿，且补贴政策在初始
阶段效果更好。王凤和阴丹（2010）在分析环境政策对公众环境行
为的影响时发现，环境质量报告制度、环境行政复议等约束性极强
的环境政策对公众浅层和深层环境行为都有显著影响，而像塑料袋
限制政策、水价听证会、无车日等软约束政策对二者均无显著影响。
他们认为政府应该综合使用价格手段和其他政策手段，提高能源价
格或降低绿色产品的市场价格，利用经济手段迫使公众做出更大的
改变。在垃圾分类回收领域，众多研究表明经济措施对居民垃圾分
类行为的影响最显著且按量收费对居民的回收行为影响最大（Re-
schovsky and Stone，2009）。

也有研究认为现有政策的效果并没有预期的那么好，如 Wang 等
（2018）基于 320 名中国消费者的调查问卷数据，发现财政激励政策
几乎影响不到消费者绿色产品的购买行为。薛立强和杨书文（2016）
以组织理论和治理理论为视角，从互动规则、信息流和利益流三个
方面分析了节能家电补贴推广政策的"断裂带"及作用机制，提出
强化政府监管职责和完善惩戒措施是解决政策执行"断裂带"的重
要途径。White 等（2011）在研究信息宣传政策对绿色消费行为的
影响时发现，信息宣传政策并不总能起到促进绿色消费的作用。对
于消费者不熟悉的绿色消费领域，信息宣传政策的有效性取决于自
我的个体层面或集体层面的激活程度。当自我的集体层面被激活时，
命令性规范和描述性规范诉求最有效；当自我的个体层面被激活时，

自利诉求和描述性规范诉求更有效。吴波（2014）指出经济刺激并不能有效地引导绿色消费行为。因为经济刺激可能导致消费者将绿色消费行为从道德领域转化到经济领域，一旦消费者将这种外部经济刺激理解为个体不用承担的道德义务，当经济刺激减缓或取消时，消费者的行为就会回到基线水平。以新能源汽车为例，有学者指出现行的补贴政策并未显著地提高消费者的购买意愿（赵骅和郑吉川，2019）。此外，新能源汽车激励政策的效能依赖于消费者对政策重要程度和满意程度的主观感受（Li 等，2016），政策有效性还需要进一步评估。Fischer 等（2011）的质性研究表明，金钱和消费是目标群体的普遍性追求，改变公众消费行为最有效的办法是行政规制、价格刺激和技术创新。

第三节　决策效用的相关研究

决策效用从理性角度出发，以逻辑和规则为基础，建立在传统期望效用理论的基础上，关注人们的选择行为或选项本身带来的实际利益。在当前经济学与决策理论中，所指的效用就是决策效用（刘腾飞等，2010）。决策效用不涉及任何心理体验，并假设其可以从决策者的选择所显示的偏好推断出来。也就是说，由于选择可以最大化理性经济人的享乐体验，因此可以通过选择来推测结果的效用。根据期望效用理论，决策效用是决策者的价值观和偏好在决策活动中的综合反映；结果和属性的效用是指它们在决策中的权重（von Neumann and Morgenstern，1944）。换言之，决策效用是通过观察到的选择而推导出来的，且又用于解释这些选择（Kahneman and Thaler，2006）。

决策效用是以完全信息和完全理性为前提假设，认为选择偏好由自利偏好决定，决策者旨在追求个人利益、功利或舒适的最大化。决策效用建立在四个假设公理之上（包括传递性公理、连续性公理、符合预期公理和独立性公理），关注人们是否选择了能带来更多利益的选项。通过大规模的实验，Choi 等（2014）发现偏好和决策效用最大化具有一致性，且一致性的标准差随着家庭财富的增加而增加。Yang 和 Qiu（2005）提出了基于期望效用和熵（Expected Utility-Entropy）的风险度量方法，建立了不同风险偏好下的决策模型。通过建立联合测量中用于表示聚合过程的特殊"消除属性"，Greco 等（2004）探究了效用函数和与基于优势的粗糙集方法得到的决策规则间的关系，发现基于偏好模型的决策规则是最优的。基于偏好建立的负效用模型（Disutility Model），Tamura（2005）对伦理共识的形成过程进行建模并以大型垃圾焚烧厂选址为例进行了实证研究。Melkonyan 和 Safra（2016）区分了期望效用偏好和类中介偏好（Be-tweenness-Like Preferences），基于随机偏好模型探究了管理决策和个人决策中偏好的内在可变性。Hayashida 等（2010）利用决策者的偏好进行多属性效用分析，发现森林保护最有效的资金来源是使用生态标签商品融资。Gong 等（2015）探究了有限预算和不同效用约束下的群决策模型，发现决策单元的效用偏好对最优共识意见有影响。其中，意见领袖的偏好对群决策具有主导作用。Malakooti（2011）基于偏好强度设计了解决多准则决策问题的系统决策过程并将其运用到制造业选址中。

第四节 体验效用的相关研究

一 体验效用的内涵

18 世纪，英国哲学家 Bentham（1978）提出的"效用"一词开了体验效用研究的先河。他指出，"效用"是快乐和痛苦的量度，指导着"我们应该做什么"和"将要做什么"。他区分了正效用和负效用，将能够带来快乐倾向的效用称为正效用，将带来痛苦倾向的效用称为负效用。进一步地，Bentham 明确了快乐和痛苦的体验是可以测量的，认为快乐或痛苦的值取决于强度、持续时间、确定性程度和是否邻近四个因素。Kahneman 等（1997）将这种快乐或痛苦体验命名为体验效用。他们认为体验效用是从情感角度出发，以记忆信息为基础，关注经济行为产生的享乐或痛苦体验，是积极情绪与消极情绪的总和，可分为预测效用、即刻效用和回顾效用（Kahneman，2000）。其中，预测效用是指个体关于将来某个时刻的体验效用的预期和信念；即刻效用是对个体在事件发生过程中体验到的快乐或痛苦的实时测量；回顾效用是在记忆的基础上对过往事件或生活片段的回顾性评价。

二 体验效用的测量

体验效用可以采用时刻法和记忆法两种方式度量（Kahneman 等，2004）。所谓时刻法，就是让当事人实时报告每一时点体验到的快乐或痛苦，并对事件过程中所有时刻的快乐程度进行跨时汇总。由这种方法得到的度量结果也被称为总计效用（Total Utility）。随着心理学与神经科学的发展，大量现代化的观测手段已运用到体验效用的测量中。Davidson（1998）发现位于人脑前额皮质左右半球上的电活动变化，分别对应着瞬时体验到的快乐与痛苦，因此可以通过监测特定的生理指标得到瞬时体验效用。Pedroni 等（2011）利用脑电波测量体验效用并与决策效用对比，发现人们对体验效用的灵敏度随着货币价值的增长呈非线性增长，而对决策效用的灵敏度逐渐降低。Sambrook 和 Goslin（2015）利用磁共振成像方法测量大脑系统的电波活动，发现注意力通过调节代表快乐价值的大脑机制来影响体验效用。

记忆法，即在事件结束后，让当事人对整体事件进行回顾并评级，可通过将最糟糕时期和最后时刻的疼痛程度的平均加权而评估出来。由这种方式得到的度量结果被称为记忆效用（Remembered Utility）。在实际测量中，学者们常用幸福感、满意度等概念间接测量体验效用（Mackerron，2012）。如 Vendrik 和 Woltjer（2007），

Layard 等（2008）分别用生活满意度、自报幸福度作为体验效用的代理变量，并将社会比较群体的预期收入作为参考点，发现居民的体验效用与年收入并不是 S 形关系，而是凹函数关系。Welsch 和 Kühling（2000）利用世界价值观调查的数据（World Values Surveys），用生活满意度作为体验效用的代理变量，发现生活满意度与亲环境行为之间存在显著的正相关关系。Sinleton（2019）开发了旅游满意度量表（Satisfaction with Travel Scale），通过对俄勒冈州波特兰市 654 名通勤者的调查探究交通出行和幸福感（Subjective Well-Being）之间的关系。Ferrante（2009）基于意大利银行家庭收入与财富的调查数据，用计量方法发现生活满意度取决于体验效用与决策效用之间的比较。基于英国家庭调查数据（British Household Panel Survey），Ferrer-i-Carbonell 和 Gowdy（2007）利用有序 Probit 模型探究主观幸福感与个体环境态度间的关系，发现臭氧污染对个体主观幸福感的影响系数为负。

三　体验效用的影响因素

（一）心理因素

1. 偏好

偏好反映了个体对不同产品和服务的喜好程度，是一种心理状态以及结果或前景。根据偏好理论，决策者会基于个人经验和已有知识对各种方案进行评估并形成方案偏好。当再次面临选择时，决策者依然会按照个人评估的偏好顺序进行选择（Fan，2017）。由于偏好是面对多种选择时，稳定倾向于其中一种的倾向。因此，偏好比态度能更有效地预测行为（Izuma 等，2015），偏好会对个人决策乃至未来的多次选择行为产生长久的影响（Chen and Hong，2014）。

偏好的异质性、多样性和复杂性已经得到实验经济学的证实。Chiang（2010）、Karni 和 Safra（2010）、Baumgartner 等（2011）、Fehrler 和 Przepiorka（2013）、Osório（2017）、Cecere 等（2014）、

Krol 等（2015）指出，个体不仅具有自利偏好，还存在互惠和利他等社会偏好。研究表明，偏好可以强烈影响个体的体验效用并对个体选择产生持久性的影响。具体到环保政策领域，学者们先后提出低碳消费偏好、生态环境偏好等概念，涉及绿色产品溢价（Aguilar 和 Vlosky，2007）、绿色产品开发（Huebner 等，2016）、碳排放（Sun 等，2017）、绿色供应链优化（曹裕等，2019）等方面。叶同等（2017）认为低碳偏好是一种亲社会偏好，具有低碳偏好的消费者对低碳生活方式引导政策较为满意与支持，表现为有目的、自觉地支配和调节自己的生活方式。研究显示，人们对某些产品或者服务具有强烈的偏好感，包括产品的性能、设计、安全感和环境影响（帅传敏和张钰坤，2013）。此外，具有低碳偏好的消费者更愿意响应绿色消费引导政策，更有可能接受环保产品的溢价（Adaman 等，2011），更愿意为保护环境改变消费行为（Kotchen，2005）。Motoshita 等（2015）对 2630 名日本居民进行网络调查，探究信息披露对居民购物方式的影响。研究发现，环境责任感和低碳偏好是促使居民转变购物方式的最重要因素。

部分学者认为居民在践行绿色生活方式引导政策的过程中表现出舒适偏好。Zailani 等（2016）、Morris 和 Guerra（2015）将舒适偏好定义为人们在选择时更加偏向于情感和情绪享受，如追求开心、方便性、舒适性、社会地位等。Steg（2005）以荷兰西部城市鹿特丹和格罗宁根的居民为例，探究城市居民对绿色出行方式以及相关引导政策的践行情况，研究发现选择私家车出行的居民更加看重私家车带来的情感享受和社会地位，而不是实用性能。特别是狂热的私家车用户，私家车代表的自由、独立、地位和驾驶愉悦感是公共汽车代替不了的（Steg，2003）。

也有学者认为城市居民在评估绿色生活方式引导政策时具有经济偏好。经济偏好指人们在决策时表现出追求个人利益最大化或者损失最小化的稳定倾向，如金钱最大化或者时间最小化（Mattew，2000）。Geng 等（2016）利用信息干预实验探究不同群体出行方式的变化，发现信息干预对经济偏好的居民最有效，且经济偏好型城市居民的态度 – 行为缺口最小。基于计划行为理论，Li 等（2019）探究城市居民对新能源电动车的购买意愿，发现财政补贴政策更能提高关注经济收益群体的购买意愿。此外，在垃圾分类回收方面，研究和实践表明经济激励措施对垃圾分类行为具有显著影响，按量收费对居民的回收行为影响最大（Salcdie and Santos-Lacueva，2016）。

2. 象征价值关注度

当个体评估绿色生活方式引导政策时，不仅会考虑实施成本、舒适度和便利性等客观因素，还会考虑践行政策带来的符号意义或象征价值。社会角色理论认为，个体在比较自身与他人时，既追求差异性又期待相似性（Breakwell，1993）。在体验效用的相关研究中，这种相似性和差异性主要体现为践行绿色生活方式引导政策被赋予某种身份和社会地位的象征属性。对于践行绿色生活方式引导政策而言，行为实施者可以向周围人传递"环保""对社会负责""积极健康""减少碳排放"等信息。当行为人发现践行绿色生活方式引导政策带来的标签意义，并且高度认同这种象征价值时，他们的体验效用就可能会潜移默化的提高。

研究表明个体对象征价值的关注度是影响个体体验效用的重要因素。Geng 等（2017）指出小轿车所具有的象征价值超越了交通工具这一固有属性，对促进目标群体践行绿色出行引导政策具有意想不到的作用。李倩情和薛求知（2018）发现消费者的购买行为除受到功能价值的影响外，还受到社会价值的影响。Golob 和 Hensher（1998）发现把小轿车看成身份和地位象征的居民，不会因为交通拥塞而减少小轿车的使用。以不同出行方式的居民为受访对象，Ellaway 等（2003）发现采用私家车出行的居民，幸福感远远高于乘坐公共交通出行的调查对象。可见，驾驶小轿车似乎意味着受访者拥有更强的身份和地位认同。通过对新能源电动汽车试驾者的调查，Skippon 和 Garwood（2011）发现新能源电动车传递的开放性、责任性和亲和性，不仅改善了消费者对电动汽车功能属性的感知，而且提高了消费者的购车意愿。

3. 阶层认同

阶层认同（Class Identification）是个体对自身在社会阶层结构中所处位置的感知，是处于一定社会阶层结构、阶层地位的个体基于一定的客观条件，并综合个人的主观感觉而对社会的不平等状况和自己所处的社会经济地位而做出的主观判断。

Lazer（1963）指出不同社会群体表现出的生活方式不同，而相同的社会群体在生活方式上则表现出趋同性。进一步地，王财玉等（2019）指出与身份相关联的行为必然受到个体社会关系及所属群体和组织的影响，环境身份可以直接或间接地预测个体对环境行为与引导政策的态度。以计划行为理论为基础，Case 等（2016）论证了阶层认同在个体行为选择的重要作用。Li 等（2020）发现阶层认同对亲环境行为有直接效应；阶层认同越高，对亲环境行为的态度越积极。Whitmarsh 和 O'Neil（2010）利用英国公众环保行为的调查数据评估了阶层认同对环保行为的影响，发现阶层认同不仅是环保行为的重要决定因素，也是亲环境行为的重要预测因子。通过案例分析的方法，Schmitt 等（2019）发现阶层认同是环保行动主义的直接预测因素，需要在理论研究和旨在激励亲环境行为的干预措施方面得到更多的关注。Bertoldo 和 Castro（2016）在分析葡萄牙和巴西两个国家公民的有机食品购买行为时发现，个人规范和阶层认同比外部的社会规范更能预测行为；参与者阶层认同越强烈，禁令规范对引导回收行为越有效，个体对引导政策的体验感越好。

（二）情境因素

1. 社会互动

绿色生活方式引导政策不仅要满足居民日常生活的基本需求，还需要公众综合权衡所付出的成本与所带来的环境效益。由于践行绿色生活方式引导政策产生的环境效益具有延迟性、不确定性与外部性，往往导致公众陷入决策两难困境。此时，对绿色生活方式引导政策持不确定态度的个体便会观察其他社会成员的态度与行为，交流相关信息，产生社会互动。在互动过程中，其他社会成员对绿色生活方式引导政策的态度和行为表现就会对个体的行为决策产生重要参照影响。特别地，随着信息通信技术的变革与发展，人与人之间的社会联系逐渐增强，个体决策变得相互依赖。同时，受到信息不完全和有限理性的限制，社会互动对个体决策和行为选择的影响将会愈加强烈。

现有研究中，社会互动对体验效用的影响涉及如下三个方面：

第一，互动强度。本书中互动强度指的是个体与其他社会成员互动交流的频繁程度。互动强度影响个体对引导政策的体验效用以及最终的行为选择。基于 CGSS（2013）调查数据，何兴邦（2016）以"居民自己对于与他人交往频繁程度的感受"和"居民与朋友聚会的次数"为代理变量，研究社会互动对个人环保行为的影响。实证结果显示，社会互动频繁程度自我评价每增加 1 个等级，环保行为综合得分增加 0.03 分，经常垃圾分类的概率增加 3.7 个百分点，经常购物时自备购物袋的概率增加 2.2 个百分点，经常参加环保活动的概率增加 0.1 个百分点；与朋友聚会的频繁程度每增加 1 个等级，环保行为综合得分增加 0.03 分，经常垃圾分类的概率增加 3.2%，经常购物时自备购物袋的概率增加 1.5 个百分点，经常参加环保活动的概率增加 0.2 个百分点。Cheng 等（2019b）在研究社会互动对居民绿色生活方式群体决策的影响时发现，当互动强度低时，选择绿色生活方式的居民数量波动较小，群体决策状态较为稳定；当互动强度高时，选择绿色生活方式的居民数量在某些时刻增加但波动更加剧烈，居民决策具有明显的从众性；在此情境下，大节点（具有较多邻居的居民）的行为选择对引导居民践行绿色生活方式具有关键作用。

第二，关系强度。关系强度指二者间关系的紧密程度，可分为强关系与弱关系。社会互动对体验效用的影响受制于个体与互动对象的关系，不同强度的关系在互动对象之间发挥着不同的作用。

Granovetter（1973）提出"弱社交关系的力量"，认为强关系虽然有助于信息的快速传播，但也导致了信息的重复和冗余；相反，相对疏远的社会关系意味着个体与不同社会群体间存在联系的可能性越大，有助于获得差异化的信息和信息的扩散。Wadman 等（2011）认为强关系意味着个体需要投入大量的时间和精力应对社会交往，弱化了社会互动对个体决策的影响力度。Krackhardt（1992）指出，强度低的社会关系能淡化人际圈边界，特别是对那些缺乏安全感或稳定性的个体，弱关系能降低互动信息的不确定性以及减少个体面对不确定性决策的负面感受。

也有学者基于信任的角度，探究强关系在社会互动中的积极作用。王聪等（2015）基于家庭层面的社会网络视角探讨居民的股票投资参与决策，发现基于亲友关系的家庭社会网络提高了居民股市参与的可能性。霍鹏等（2016）在研究农民"新农保"参与行为时发现，强关系增加了人与人之间的信任，使农民更愿意分享有价值的信息，且更倾向于接受与采纳周围人群对自己的影响和建议。

第三，互动信息方向。互动信息具有方向性，包括正向信息和负向信息。本书中正向信息主要指的是有利于城市居民践行绿色生活方式引导政策的信息，如与私家车相比，公共交通更加环保；购买节能家电可以带来长远的收益等。负向信息指的是不利于城市居民践行绿色生活方式引导政策的信息，如购买绿色建筑要付更多的钱；与烘干相比，晾晒衣服将会带来不便；等等。作为一种参考信息，正向信息和负向信息常常在社会互动过程中传播，对个体的决策具有重大影响。研究发现经济补贴、环境效用等正向信息可以提高消费者对新能源电动汽车激励政策的响应程度（Li 等，2019）；而社交网络或其他渠道传播的关于绿色行为的负面信息会影响人们践行绿色行为的倾向（Li 等，2018）。具有不同价值观和知识储备的个体由于信息交换形成互动群体，并在社会互动中放大群内某些个体的观点，左右着群内成员的决策状态，使群体决策朝着不确定的方向偏移。

正向信息和负向信息对个体决策产生的影响有所不同（Lin and Xu，2017）。研究表明，负向信息在印象形成（Impression Formation）、社会记忆（Social Memory）和评价学习（Evaluative Learning）方面均优于正向信息。心理学实验发现，负向信息对评价对象的影响权重高于正向信息，这是因为人们在面对正向和负向信息或事件时的反应强度是不同的，负向消息给人们的心理唤醒、注意、情绪、评价、归因以及社会行动等反应造成的刺激都要强于正向信息（Martijn 等，2010）。在市场营销领域，Pachard 和 Berge（2017）讨论了正向信息和负向信息对消费者购买决策的影响。发现正向信息和负向信息对消费者购买决策的影响不同。与正向信息相比，消费者更加关注负向信息。

2. 社会规范

综合哲学、社会学和心理学，Farrow 等（2017）认为社会规范是确定与调整人们共同活动以及人际间相互关系的基本原则，是整个社会及其成员应有的行为准则、规章制度、风俗习惯、道德法规和价值标准。社会规范也是社会关系的一种反映，是在没有法律效力的情况下，对社会行为的一种指引和约束。Kormos 等（2015）通过一个月的田野实验评估描述性社会规范信息对自我报告减少私家车使用的影响。结果显示描述性社会规范信息可以显著减少私家车的使用量；高社会规范条件下，与通勤相关的私家车使用量减至原来的六分之一。Van der Linden（2015）利用对荷兰一所公立大学的学生进行在线调查的数据探究环境信息和社会规范对瓶装水消费的影响。实证结果显示，环境信息和社会规范共同作用下可以最大限度地降低购买瓶装水的意愿。以中国情境为研究边界，龙晓枫等（2016）探讨了社会规范对消费者社会责任消费行为的影响作用。发现社会规范通过"内化"模式和"压力"模式两条路径作用于社会消费行为；其中"内化"模式的作用路径为"规范感知—规范认同—规范行为意向—消费者社会责任购买意向"；"压力"模式的作用路径为"规范感知—规范行为意向—消费者社会责任购买意向"。

张福德（2016）认为环境社会规范的激活水平决定着环境社会规范对环境行为的作用力，受到环境描述性规范、环境命令性规范、环境个人规范的激活水平以及外部约束条件。

3. 政策实施成本

实施绿色生活方式引导政策的成本，包括货币成本（如绿色产品或服务的溢价）和非货币成本（如消耗的时间、牺牲的便利度等），也是影响体验效用的重要变量。预期的参与成本越高，个体感知的体验效用越小。很多研究表明，电动汽车较高的购置成本是导致消费者对绿色电动车持观望态度的一大因素（Adepetu and Keshav，2017）。Kleinman 等（2011）认为制约公众实施环保引导政策的一个重要和显著的问题是直接消耗的时间成本和机会成本。董新宇等（2018）在研究政府行为对环境决策中公众参与的影响时发现，公众对参与渠道畅通性和便捷性的感知水平较低，参与成本和参与收益制约了公众参与政府环境决策的积极性。Jin 和 Shriar（2013）的研究也证明增加惩罚力度以及降低守法成本可以有效地促进公众对环保政策的践行度。Cheng 等（2019b）认为居民践行绿色生活方式群体决策的宏观趋势由实施绿色生活方式的成本和因未实施而损失的收益决定，并指出应该降低居民参与绿色环保行为付出的时间、便利度成本，增强居民践行绿色生活方式支持政策的满意度和获得感。Duarte 等（2016）在研究西班牙居民生活方式、消费选择和环境改善的关系时指出，政府可以增加公交站点和通勤班次减少居民等待的时间，通过公共交通模式的转变增强居民对绿色出行政策的践行度，达到改善区域环境的效果。

（三）人口因素

学者们已经关注了性别、年龄、受教育水平、收入、职业类型、家庭规模等人口因素对体验效用的影响。Stern（2000）指出人口因素不仅可以反映人们对于环境问题的认知与解决环境问题的能力，甚至可以在一定程度上预测个体对环保政策的接纳程度。以印度新德里居民为例，Wadehra 和 Mishra（2018）探究了垃圾分类政策的实施情况，发现性别和家庭规模在践行垃圾分类政策上具有显著的差异性。家庭成员数量越多，垃圾分类政策的响应度越低；女性比男性更愿意实施垃圾分类。Carman 和 Zint（2020）在研究减缓气候变化的助推政策时指出，年轻的受访者和家庭成员数量多的受访者更愿意改变他们在环境保护方面的行为。Ma 等（2019）利用选择实验研究电动汽车激励政策时发现，男性对电动汽车激励政策的态度比女性更加积极；受教育水平越高的受访者越愿意为改善电动车的充电性能付费；无子女家庭的受访者比有子女家庭的受访者更愿意为激励政策买单。Helveston 等（2015）指出收入水平较低的受访者对电动汽车运营成本的敏感度较低。Singh（2009）研究表明，低收入者更倾向于践行循环型消费激励政策。不同的是，Torres and Carlsson（2018）等在探究社会信息对居民响应节水政策的直接和溢出效应时发现，收入高的家庭对社会信息和社会规范更敏感，对节水政策的支持和接纳态度更高；信息干预后家庭用水减少量明显大于经济状况不佳的家庭。

第五节　效用错位的相关研究

现有文献尚未明确提出效用错位的概念，但已经有研究关注决策效用与体验效用的差别。20 世纪后期以来，随着心理学及神经科学的日益发展和成熟，大脑的"决策黑箱"被逐渐打开。其中，生物心理学家 Berridge（1996）发现大脑中存在两个神经系统，分别与欲求和快乐有关。行为经济学家 Kahneman 等（1997）提出效用概念的二分法，认为效用可分为决策效用与体验效用两个方面。其中，决策效用指某一选择相对于其他选择的重要程度，对应于新古典经济学中效用的欲求含义；体验效用指由某一选择带来的快乐体验，即古典经济学中效用的快乐含义。Dolan 和 Kahneman（2008）指出只有当人们"想要的（体现决策效用）正巧是自己喜欢的（体现体验效用)",或者"喜欢的正是自己选择的"时,决策效用与体验效用才能完全一致。Farahmand(2017)指出决策效用与体验效用虽然相关,但在逻辑上存在本质不同,不应该混为一谈。他认为,在体验效用中幸福感是由组成事件或情节的瞬间或瞬时状态的主观价值观决定,而不是偏好。Tversky 和 Griffin(1991)发现已发生的事件对决策效用影响更大,而情绪因素(如社会参照)对享乐体验的判断更重要。Robson 和 Samuelson(2011)认为现实中的偏见会破坏决策者最大化效用的能力,导致体验效用和决策效用间的差异。Loewenstein 和 Adler(1995)认为人们会错误地预测选择后的满意度。Loewenstein 和 Ubel(2008)发现决策的依据源于对非选择影响因素的认知过程。Kahneman 和 Sugden(2005)探讨了以体验效用(效用作为享乐体验)而不是决策效用(效用作为偏好表征)为基础进行经济评估的可能性。发现由于低估适应环境变化的程度以及由于"聚焦幻觉"(夸大当前人们关注焦点的重要性),个人对体验效用的预测会受到系统误差的影响,导致决策效用大于体验效用。Chorus 和 de Jong(2011)区分了基于效用最大化和遗憾最小化为前提的决策过程,并以 Logsum 为基础构建了决策效用和体验效用的度量算法。

第六节　研究述评

纵观现有研究,还存在以下不足:

1. 现有关于绿色生活方式引导政策的文献多集中于政策效果评估,过多地侧重于分析相关政策实施前后对个体行为选择、社会整体经济、福利、污染等指标的变化,忽视了公众对特定政策的主观感受以及效用体验;过分强调居民个体对引导政策的接受意愿与实施效果,忽视了政策执行过程中制定者和目标群体两个行为主体的差异性与联系性;无法从政策执行过程中涉及行为主体的多元性、各个行为主体视角的差异性方面来深度解释政策失灵、政策效果不佳的现状。

2. 仅有少部分文献从理论上对决策效用与体验效用进行了定性区分，尚未对二者的差别进行定量分析。对决策效用与体验效用的差异性研究局限于同一行为主体，过多地侧重于分析单一行为主体决策过程中两种效用的区别；鲜有文献将决策效用与体验效用根植于政策研究，深度挖掘制定者视角的决策效用与目标群体视角的体验效用可能存在的错位及产生原因的深层次探析；尚未有研究针对绿色生活方式引导政策的决策效用与体验效用进行具体化、定量化的分析。

3. 现有关于绿色生活方式引导政策的文献多是零散型、碎片化的研究，尚未对绿色生活方式引导政策体系进行系统化的梳理与分析；忽视了决策效用的考量，缺乏对绿色生活方式引导政策决策效用的定量化分析。

4. 鲜有研究对个体体验效用的影响机制进行系统分析，且回顾的相关研究中涉及的变量多属于解释一般环保行为或者心理体验的变量，少有文献对绿色生活方式引导政策这一特定政策体系的体验效用进行研究；部分影响因素的独立性受到质疑，繁杂的变量间关系难以梳理，测量工具尚未成熟，且对绿色生活方式引导政策体验效用的影响并不稳定，难以得到有普适性和指导性的研究结论。

5. 现有文献大多忽视了社会成员间信息传播、互动学习、群体参照等因素对体验效用的影响；尚未注意到包括网络密度、社会关系、互动强度、信息强度等社会互动情境因素对绿色生活方式引导政策体验效用可能存在的促进、调节、干扰甚至隔断作用；缺少对社会互动表现形式、作用路径、作用强度的细致性探索。

6. 现有文献多集中于定性和以回归分析为代表的计量研究，缺少使用模拟和仿真方法来探讨绿色生活方式引导政策相关研究中涉及的各种现实问题，研究方法亟须突破。此外，少量文献虽涉及环境行为引导政策的仿真研究，但多聚焦于外界因素对个体行为的诱导作用，缺乏对降低绿色生活方式引导政策效用错位度的深入探究。

第 三 章

政策效用错位的概念、
形成根源与量化模型

　　前文论述发现，效用错位是导致绿色生活方式引导政策失灵的根本原因。文献研究表明，尚需综合运用定性和定量等多种研究手段对政策效用错位理论进行更为翔实、具体、深入的探索。那么，政策效用错位的内涵是什么？涉及哪些关键概念？产生政策效用错位的原因是什么？形成机制是什么？如何度量政策效用错位度？效用错位度有哪些独特的属性？在文献分析和理论推演的基础上，本章将对上述问题逐一探讨，为后续决策效用、体验效用和政策效用错位度的测量提供理论基础。

第一节　政策效用错位的概念范畴

　　本书关注政策制定—执行整个环节中首端和末端两类行为主体的政策效用。首端行为主体指的是政策的制定者，本书中指中央政府及其职能部门。换言之，本书涉及的政策指的是国家层面的政策。本书未考虑地方政策的主要原因是地方政府颁布的政策大多遵循国家层面的政策，政策内容和导向基本一致。末端行为主体指的是目标群体，是政策发挥其预期功能的靶向人群和受特定政策影响的特定人群（齐红倩和李志创，2019）。本书将绿色生活方式引导政策的效用分为政策制定者视角的决策效用和目标群体视角的体验效用。决策效用指的是政府在出台某一政策时预期在一定阶段达到的目的、要求和结果，涵盖经济发展、社会问题和生态环境多个方面。包括传达政府政策规划愿景、沟通消除政策争议、解决待定公共问题和提升政府执政形象四个方面（Giuliano 等，2020）。如污染物排放减少量、空气质量达标率、绿色产品市场占有率、公众环保行为践行度等。体验效用是目标群体以自身利益诉求最大化为判断标准，感知的特定政策在满足自我个性化需求（如经济收益、情感体验、关系维系）的过程中产生的积极效用与消极效用的总和。现实中，行为偏差（如疏忽或短视）往往导致目标群体视角的体验效用（以自我效用最大化为目标进行选择）与制定者视角的福利（政策预期达到的福利水平）之间存在差异，二者甚至存在很大的"错位"。本书将制定者视角的决策效用与目标群体视角的体验效用间的差值定义为政策效用错位度，如图 3-1 所示。其中，不规则圆柱左侧的高度代表制定者视角的决策效用，右侧高度表示目标群体视角的体验效用。当不规则圆柱的两侧高度不一致时，意味着决策效用和体验效用不相等，出现政策效用错位。不规则圆柱两侧的高度差则代表政策效用错位度。

需要说明的是，由于制定者（群体）的权威性和确定性，以及政策预期目的和结果的明确性，任何一项政策在制定完毕至执行期限内，其决策效用是确定的常数值。也就是说，对于任意目标群体来讲，同一政策的决策效用是相同的。换言之，决策效用是独立于目标群体的确定值，是不受政策对象干扰的客观存在。然而，与决策效用不同，体验效用是目标群体的主观判断，反映了政策对象的主观价值追求，不仅受到目标群体偏好、知识储备、信息获取、历史经验、风险态度等内在因素的影响，而且受到决策条件、参照群体、社会环境等外在因素的影响。正如"一千个读者就会有一千个

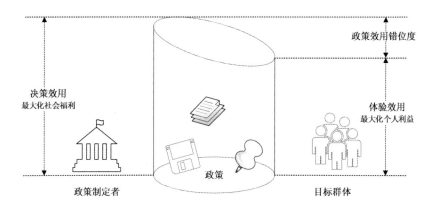

图 3 - 1　政策效用错位概念模型

哈姆莱特"，对于某一具体政策，一千个政策对象就会产生一千个不同的体验效用。由此可知，体验效用具有复杂性、多样性、异质性等特点，将对政策效用错位产生决定性的影响。因此，厘清体验效用影响因素和作用机制对控制政策效用错位具有关键作用，也是政策效用错位研究的重要内容和方向。

第二节　政策效用错位的产生原因

一　政策执行过程模型的解构与扩展

Smith 构建了公共政策执行过程理论框架，并首次提出政策执行"四因素论"（Smith，1973），如图 3 - 2。他认为，政策执行成败受到理想化的政策（Ideal Policy）、执行机构（Implementation Agency）、目标群体（Target Group）和环境因素（Environmental Factors）的影响。具体地，理想化的政策涉及政策的渊源、合理性和可执行性等；执行机构是负责政策执行的具体组织或机构，包括执行组织的框架和人员、领导者的管理方式和执行技巧、能力、信心、经验等；目标群体是受政策影响而必须采取相应行为或反应的靶向人员；环境因素涉及政治、经济、文化和教育环境中影响政策执行的各种因素。Smith 强调，"这四大因素间会通过互动形成一种张力，这种张力会导致政策执行没有按照决策者所预想的进行"。

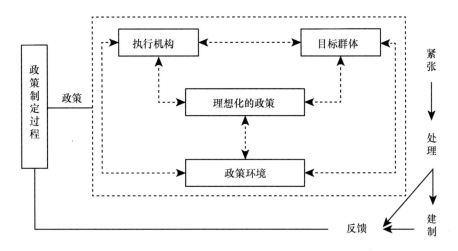

图 3 - 2　Smith 政策执行过程模型示意

Smith 的政策执行过程模型和"四因素论"是政策研究领域最为经典的理论模型之一，为本书分析绿色生活方式引导政策的效用错位提供了重要参考和路径指引。因为这四个因素不仅是政策执行过程的重要节点，也是可能产生效用错位的关键节点。近年来，中共中央和国家领导人高度重视生活领域的节能减排与污染治理，制定和出台了各类绿色生活方式引导政策。然而，受生活习惯、利益博弈、制度变革等诸多因素的影响，绿色生活方式的推广与普及依然困难重重。在这一过程中，除了涉及 Smith 提出的"四因素论"外，企业作为政府（尤其是中央政府）和目标群体（社会大众）之间的桥梁，也应该纳入政策执行的过程分析中。一方面，企业为社会大众提供绿色产品和服务，在很多时候是绿色生活方式引导政策的递送者，是政策制定者和目标群体间的"最后一公里"（黄冬娅，

2013）。如节能家电和新能源电动汽车的推广政策，尤其是财政补贴类政策均是依托企业向目标群体承兑。具体来说，中央财政对节能家电和新能源汽车生产企业给予补助，生产企业按扣除补贴后的价格将节能家电和新能源电动汽车销售给私人用户。在这一政策的执行过程中，企业将自然而然地成为政策执行网络中的重要参与主体。另一方面，企业是利益自主性参与者，在政策执行过程中也有可能会为了追逐自身利益不由自主地参与了改造、变形政策，加剧了制定者的决策效用与目标群体体验效用的鸿沟。此外，根据治理理论和"执行网络"理论相关观点，政策执行是内置于政府、企业、公众和第三部门等多主体构成的治理网络之中（吴玄娜，2016）。只有通过企业、第三部门和公众的多方参与，才能达到政策的预期目标。因此，作为政策执行过程中重要的参与主体，企业是解析政策效用错位产生原因与形成机制的必要和关键环节之一。

值得说明的是，这里的企业包括两类：一类是节能家电、新能源电动汽车等绿色产品或服务的生产企业，负责推广绿色产品和服务并编制相关申请和推广材料；另一类是绿色产品和服务的各级经销商和终端零售商。在绿色生活方式引导政策执行过程中，各级经销商和零售商活跃在政策推广的第一线，与政策对象直接接触。其对政策的解读与具体流程的操作直接影响目标群体对相关政策的认知和态度。同时，经销商和零售商又是绿色产品和服务推广数据的提供者，对上报数据的真实性和可靠性直接负责。而这些原始数据恰恰是中央政府制定或者调整政策的重要决策依据。可以这样说，企业是连接中央政府和目标群体的传送带，对政策效用错位的产生起着关键性的作用。

基于上述分析，本书将企业纳入政策执行过程模型，分析政策本身、执行机构、目标群体、企业和社会环境五类因素对政策效用可能造成的影响，以明晰政策效用错位的产生原因和形成机制。

二　Smith 政策执行扩展过程框架下政策效用错位的原因分析

本节将从政策本身、执行机构、目标群体、企业和社会环境五类因素分析政策效用错位产生的原因。

（一）政策本身的内在限制性因素消融了对目标群体的吸引力

根据 Smith 政策执行过程模型，政策本身的因素，包括政策制定的渊源、合理性和可行性是影响政策执行的首要因素。政策文本是目标群体的行为准则，其本身也是影响政策效用错位的关键节点。只有目标群体发自内心地认同政策、切身感受到政策的重要性与紧迫性，才有可能对政策产生相对较高的体验效用，才能尽可能地减少政策的效用错位度。虽然中国绿色生活方式引导政策的科学性和合理性不断提高，但仍然存在一些限制性因素影响着政策的可行性和合理性。这些限制性因素降低了公众对政策的认同感与接纳意愿，导致政策效用错位。

1. "问题推动型"路径下政策前瞻性的缺失

现实性和前瞻性是评估政策的两个重要维度。一方面，通过新政策协调多方利益，解决社会某领域的突发问题或化解发展困境；另一方面，通过制定具有超前意识的政策体系，为解决经济社会发展中可能发生的新矛盾和新问题提供准备。科学的政策绝不应该是修修补补、亡羊补牢式的善后型政策，而应该是具有较强前瞻性的、未雨绸缪式的计划性政策。政策制定者应该根据社会发展中涌现出的新观念、新思想、新潮流，捕捉目标群体的新需要。只有这样，出台的政策才能最大限度满足目标群体的需求，才能得到目标群体的认同与响应。然而现实情况是，中国绿色生活方式引导政策并未完全做到规范、有序地展开。具体表现在短期内一批新政策频繁出台、另一批政策戛然而止，新旧政策更替时存在交叉或空白，又或"一刀切"式的制定政策。如中国在前期阶段主要通过财政补贴推广新能源电动汽车，产生了严重的补贴锁定效应，为后补贴时代新能源电动汽车的激励政策带来巨大的挑战。高频率的政策调整，一方面是因为社会环境变化的复杂性；另一方面显示了政策制定时缺乏深思熟虑的长远规划与整体考量。很多情况下，政策的设计缺乏对未来社会发展形势的科学研判，缺乏对目标群体新需求的准确把握。这种"头痛医头、脚痛医脚"式的政策制定方式，虽然可以在短时间内解决一些现实问题，但更多的是忽视了目标群体潜在的新需求，弱化了政策对目标群体的吸引力。

2. 政策权威度不够，导致政策体系整体功能受损

绿色生活方式引导政策从问题提出、政策出台，到作用于目标群体是一个涉及多部门、多人群的共同活动，而"共同活动的首要条件就是要有一个能够处理一切管辖问题的起支配作用的意志"（吴玄娜，2016），这个意志就是权威。"政策的权威性就是政策对于政策执行者和政策对象具有强制性的约束力，要求人们按照政策规范自己的行为"（周雪光和练宏，2012）。虽然绿色生活方式引导政策对目标群体来讲具有强制性，但在实际生活中，具体到每个社会成员，引导政策往往退化为自愿性、参与性的行为。通过对相关推广政策的梳理与分析可以发现（详见本书4.2节），中国绿色生活方式引导政策以"通知""公告"和"意见"居多，政策条文大多使用鼓励、引导、力争、原则上等选择性和模糊性的虚词，导致政策的权威性缺失。由此，对政策效用产生两个逆向的链式反应：一是使政策执行部门在相互协作意愿、行动力、资源分配等方面大打折扣；二是直接造成目标群体对政策的忽视与政策效用的轻视。值得注意的是，相关部门执行力的打折无疑加深了目标群体对政策效用的不满，造成政策效用错位越演越烈的恶性循环。换言之，由于政策中选择性的条文居多，要求强制执行类的条文少，导致政策难以形成强有力的支配作用，弱化了目标群体对体验效用的感知，增大了政策效用错位的可能性，影响了目标群体对政策的忠实践行。

（二）政策执行机制不畅导致决策效用逐级递减

在 Smith 政策执行过程模型中，执行机构是政策执行过程中的重

要节点，他甚至认为，"执行机关的机构与人员、主管领导的管理方式和技巧、执行的能力与信心"是整个执行过程中关键性的因素（Smith，1973）。需要说明的是，由于本书针对的是国家层面的政策，因此文中政策执行机关主要指地方政府及其职能部门。在政策执行整个时间轴上，执行机构是政策由文本走入现实所面对的第一个参与主体，他们对绿色生活方式引导政策拥有"初始的解释权"和"自由裁量权"。执行机构在政策制定者和地方企业以及目标群体间起到承上启下的作用，是政策效用变形和错位开始的第一环，主要包括如下三个方面：

1. 执行组织间缺乏有效的沟通与协调，多元参与主体合作共治机制缺乏完整呈现

层级性是中国政策执行最明显的特征。一个最基本的事实是，中国有五级政府，其中，中央政府负责制定政策，省级政府负责细化政策，地市级、县（区）级、乡（镇）级等三级政府负责执行政策。执行链条越长，政策执行失真的可能性就越大（贺东航和孔繁斌，2011），决策效用削弱的风险性就越大，政策效用错位的可能性就越大。具体地，国家层面的绿色生活方式引导政策要经过省政府、市政府、区政府、镇政府等多个环节，中间还有可能涉及生产企业、经销商和零售商，最后才能抵达到目标群体。政策制定者关注社会整体利益的最大化，以实现社会福利最优为最终目标；而地方政策执行者追求的则是所在区域局部利益乃至个人利益的最大化。利益目标函数的差别增加了政策执行过程中"过滤"机制存在的可能性。收益越多，下级政策执行者就越愿意执行上级政策；反之，损失越多，就越不愿意执行。下级政策执行者这种"过滤"行为无疑将会对政策的目标、内容、功能、价值、适用范围造成曲解，即使制定者在设计政策时为目标群体预留了可观的收益，经过层层过滤和挤压，政策对象感知的价值已所剩无几。此外，政策执行的多属性特征也往往会导致绿色生活方式引导政策执行的"孤岛效应"，利益诉求、价值立场乃至部门惯例，往往会降低多部门间合作的可能性和

有效性，使得政策执行过程中多元参与主体责权模糊、联动机制瘫痪、政策意图落空，甚至使政策制定者最初的社会福利设想变为空谈，政策效用错位自然而然地显现。

2. 监管不力导致政策执行失范行为缺乏有效规制

政策监管是政策执行过程中不可或缺的环节和手段，只有实行有效的政策监管，才能敦促执行机构最大限度地按照既定方案实施政策，保证制定者预期福利最大可能性地传送到目标群体，最大限度地减缓政策效用错位。因此，对政策执行机构监管的缺位是中国绿色生活方式引导政策效用错位不可排除的一个客观原因。一个不可否认的事实是，在中国绿色生活方式引导政策执行过程中，存在一些"注重形式"，以"运动"和"口号"方式轰轰烈烈组织的社会活动和会议，而常态化的推进和监管相对缺失。监管的缺位直接导致政策执行链条上后端参与主体行为的失控，使制定者游离于目标群体之外，加大了执行链中首末两端政策效用的错位。目前，对绿色生活方式引导政策的监管尚有不足，主要表现为以下三点。一是监督机构缺乏独立性和权威性。"监管最关键、最本质的特征是监管者与被监管者应当保持一定的距离，这是确保监管独立性的基本前提"（黄云鹏，2009）。目前，中国环保部门的执法工作依然受制于地方政府，依然无法保证督查和监测工作的独立展开。二是注重对政策执行结果的监管而忽视对执行过程的监控。在推进绿色生活方式引导政策的过程中，社会、经济、文化的环境是不断变化的，一些始料未及的问题随时可能出现，导致政策执行偏离最初的政策方案。如此情境下，对政策执行过程监管的缺位无疑造成政策目标的失控，导致政策效用错位。三是缺少社会监督，尚未建立以公众和媒体网络为主的逆向反馈机制，尚未搭建目标群体和制定者之间的线性反馈机制，导致政策执行机构的策略和行为选择的失控。对政策执行机构监管的缺位，不仅是对决策效用兑现过程监控的缺失，也是对政策效用错位滋生和恶化的放任。

3. 执行工具的单一性束缚政策执行机构自主性

政策执行工具是行政部门为解决政策执行问题而采取的政策推进手段、方式和方法的集合。在 Simth 的政策执行模型中，"主管领导的管理方式和技巧"就是政策工具的选择和创造性应用的问题（Smith，1973）。一般来讲，政策执行工具主要包括两个层面，一是源于外部的社会控制，表现为训诫、命令控制等强制性手段；二是来自政策执行者内在的自我规范，主要依靠个体的理念和信仰。目前，中国政府部门主要采取直接行政的强制性政策工具，通过体制制度，从上而下地逐级推动政策执行。虽然强制命令型政策可以在短期内取得成效，但从长远来看，往往导致政策执行者产生对抗情绪和其行动力的衰减。更进一步地，若对执行机构的监管相对较弱，就会致使行政机构出于自身利益的考虑而不由自主地变形、扭曲、改造政策，使得呈现在目标群体面前的政策和制定者设计的政策成为"两张皮"，远远偏离制定者预想的政策效用，造成决策效用和体验效用的错位。

（三）目标群体的短视性与自利性导致体验效用不高

根据 Smith 政策执行模型，目标群体对既有政策的经验、对领导的认可程度、对自我所处社会环境的判断以及自身行为的复杂多样性等都是影响政策执行效果的重要因素。同样地，目标群体基于自我判断标准对绿色生活方式引导政策价值的判断是影响政策效用错位最直接和关键性的因素。因为绿色生活方式引导政策归根结底要依靠社会成员的遵从来实现，他们是判定体验效用、政策是否存在效用错位以及存在多大程度错位的唯一主体。

一般来讲，公共政策的本质是对全社会的价值进行权威性的分配，即公共政策的重要作用就是以权威的形式决定哪些目标群体成员可以获得哪些收益，以及哪些目标对象需要付出哪些代价（李瑞昌，2012）。这里的收益指的是个体遵从政策获得利益，包括物质利益的获得、生活方便程度的改善、心理上对社会荣誉和舆论评价的满足；代价指的是个体遵从政策付出的成本，包括物质资源的支付、时间的付出和精力的消耗。如果政策对象以发展、整体、长远和利他的标准判断绿色生活方式引导政策，就会认为这是有益于人类社会发展的事情，将个人得失置于社会福祉之外，弱化遵从绿色生活方式引导政策的成本而强化实施政策的利益，这样其感受的体验效用就会较高而政策效用错位也会相对较小。反之，如果目标群体追求短期内自我利益最大化，则会计较践行绿色生活方式引导政策的个人得失，如此感知到的体验效用就会较低而政策效用错位也会相对更大。

现实情境中，很少有目标群体基于理念、社会责任感和使命感判定绿色生活方式引导政策体验效用，绝大多数目标群体都是依照"实用性伦理"，通过自我利益的权衡来判定体验效用。以垃圾分类政策为例，目标群体在评估体验效用时往往会关注两个方面：一方面践行垃圾分类政策需要付出的成本，这里更多的是如麻烦、浪费时间、不方便、改变固有生活习惯等负面效应；另一方面是响应垃圾分类政策的收益，如居住小区、工作场所和生存环境的改善。很明显，垃圾分类政策需要目标群体付出切切实实的努力而得到的收益，更多的是属于集体利益和非物质收益。在实际生活中，我们可以看到大多数的目标群体往往出于自利，放大个人践行垃圾分类政策的成本而弱化收益，导致垃圾分类政策的体验效用不高和政策效用错位度过大。再以新能源电动汽车激励政策为例，多数消费者关注的是购买新能源电动汽车可以获得的补贴和节省的金钱，而不是关注减少的环境污染。由此可见，就目标群体而言，他们在践行绿色生活方式引导政策时往往关注政策的私人利益，将个人利益、局部利益和短期收益作为政策博弈中的行为准则。将"当下合理性"和"自我最大化"，而不是将"未来合理性"和"社会最大化"当作体验效用和行动选择的决策依据。然而，绿色生活方式引导政策的初衷，或制定者价值判断的标准是追求社会福利整体效用的最大化。这就导致了绿色生活方式引导政策本身蕴含的价值、行为和规范在政策效用实际复现时发生了性质、程度和方向上的背离、僭越和错位，成为政策效用错位的重要病灶。

（四）企业沦为政策执行的"街头官僚"加剧政策效用错位

当绿色生活方式引导政策涉及绿色产品或服务时，企业将自然而然地参与到政策执行过程中，成为产生政策效用错位的重要一环（梁平汉和高楠，2014）。一方面，制定者通常依靠企业提供的"销售信息"制订财政计划或拨付补贴资金，换言之，呈现给目标群体的政策是基于企业上报的数据制定的，或者说决策效用是建立在企业提供数据的基础上；另一方面，企业尤其是终端零售商往往在绿色产品推广政策的执行过程中充当"街头官僚"角色（韩志明，2008），他们身居政策执行的一线并与目标群体直接互动，他们不仅负责向政策对象（消费者）解释政策，而且负责说服消费者遵守政策。众所周知，企业不是价值中立而是追逐利益最大化的主体。因此，在政策的每一次执行过程中总会或多或少掺杂个人利益考虑而变形、变通或者选择性的执行政策。更糟糕的情况是，企业甚至可能会出现如"虚报数据""骗补""违规操作""克扣补贴"等违法行为，曲解政策意图，篡改政策效用，导致决策效用在由企业传递到目标群体时出现了衰减和扭曲，进一步加剧了政策效用错位。

以中国的新能源电动汽车补贴政策为例。其核心要义是对达到相应技术标准的新能源汽车和新能源电池进行财政补贴（财建〔2010〕41号，财建〔2014〕11号、财建〔2016〕958号）以推动新能源汽车产业的发展，达到节能减排、治理污染的目标。补贴方式为"中央财政对汽车生产企业给予补助，汽车生产企业按扣除补助后的价格将新能源汽车销售给私人用户或租赁给企业用户"，或"中央财政对电池租赁企业给予补助，电池租赁企业按扣除补助后的价格向私人用户出租新能源汽车电池，并提供电池维护、保养、更换等服务"。在这一政策执行过程中，首先需要相关生产企业将新能源汽车推广申请报告及相关材料逐级上报财政部、科技部、工信部和国家发改委；然后由财政部、科技部、工信部和国家发改委逐一审核上报材料，确认并公布给予财政补助的新能源汽车的规格型号以及生产企业目录；最后由相关部门综合考虑，确定国家财政补贴金额并由企业将扣除补助后的新能源汽车或者新能源电池销售、租赁给私人用户或其他用户。可以看出，新能源汽车补贴政策的发端是由企业申报开始，末端也是由企业销售给消费者。在整个政策执行过程中，不乏有些企业抱着侥幸心理通过不当手段来违规获取补贴资金，导致决策效用的滥用与失控。此外，由于消费者购买新能源汽车的主要途径是4S店，在享受新能源汽车相关优惠政策时主要依赖销售人员和相关工作人员，他们要想获得补助或者最大限度享受到全部优惠政策，就必须"听命于"新能源汽车的零售商，并接受他们的工作态度和办事流程，甚至要忍受工作人员不耐烦的情绪等一系列负面行为。目标群体处于被动地位的现实情境导致其不得不依附于企业方能"享受"到政策制定者的蛋糕，这几乎不可避免地导致决策效用的衰减并加剧了政策效用错位。

（五）重物质消费与轻政治参与的社会环境为政策效用错位提供了温床

绿色生活方式引导政策的决策效用向体验效用复现是一个具象化的过程，是将制定者预设的规范、原则、福利等落实到每个政策对象的现实生活中。政策效用错位是否存在以及错位程度如何，与所处的社会环境密切相关。近年来，虽然中国低碳、节约、绿色、环保等社会新风尚有所显现，但消费至上、注重物质轻视精神消费的社会环境依然很严峻。毋庸置疑，现阶段中国物质膨胀、注重私欲的社会环境已成为绿色生活方式引导政策效用错位的重要因素。从社会发展进程来看，经过四十多年的改革开放和市场经济建设，中国的社会物质财富不断增加，社会大众逐渐摆脱"短缺经济"的生存窘境。消费的换代升级为社会大众带来新的生存体验，也孕育和滋生了"消费主义"的文化价值观和意识形态。对于大部分公民来讲，都还处于物质消费和生活升级的享受阶段，对人与自然、人与环境关系的认知尚处于不成熟阶段，对自我消费行为与生态环境间的关系更是缺少清醒认识。多数公众认为绿色生活方式是距离自已很遥远，甚至是与自己无关的事情。在这种认知条件下，他们评估政策效用时并非追求自我价值、环境收益和社会价值，而是为获取更划算的物质消费品或更舒适的生活体验。因此，绿色生活方式引导政策体验效用自然而然地被目标群体轻视，由此产生政策效用错位。

此外，受到历史、文化等多重因素的影响，中国公民的政治社会化水平相对较低。多数公民在内心深处将自己与国家事务剥离开来，政治参与度不高。对绿色生活方式引导政策的目标、价值取向以及社会意义缺少足够的认知、理解和认同。在这种情境下，较多的公民将环境治理、环境保护的责任归因于政府，对于绿色生活方式引导政策更是抱着"事不关己，高高挂起"的心态。调查显示，面对出现的生态环境问题，中国公民将环境责任更多地推向地方政府、中央政府和企业，分别有 83.3%、86.58%、53.59% 的居民认为地方政府、企业、中央政府是环境污染治理最主要的责任主体（Ang 等，2018）。不可否认的是，在这种现实情境下，目标群体对绿色生活方式引导政策的关注度、认同感以及感知到的体验效用也不会很高，成为产生政策效用错位的一大原因。

第三节　政策效用错位的形成机制

基于以上分析，可以发现效用错位是政策本身、执行机构、目标群体、企业和社会环境共同作用的结果。这一结果的形成，并不是偶然无规律的，而是存在特定的形成机制。本书认为，政策效用错位的形成机制在于：中国多层级的政策执行制度成为政策效用错位的组织基础；同时，中央政府对地方政府和企业监管和惩戒措施的缺位提供了政策效用错位的现实可能性；在上述两个前提下，地方政府、企业和目标群体追逐自身利益最大化诱发了政策效用错位的主观动机，从而导致制定者和目标群体间政策效用的失衡与错位。

具体内容包括如下三点。

（一）多层级政策执行制度成为政策效用错位的组织基础

中国多层级、多部门共同参与绿色生活方式引导政策的执行是政策效用错位的组织基础，也是产生政策效用错位的前提之一。虽然多层级、多部门共同参与有利于不同政策主体发挥各自的优势，但无形中增加政策效用错位的风险。一方面，中央政府只有通过各级政府方能将政策文本和决策效用向目标群体传递，这本质上是一个委托代理关系（王守坤和任保平，2009）。在代理方（各级政府）向目标群体兑现委托方（中央政府）决策效用的过程中，极有可能出现政策效用的变形与衰减，导致政策效用发端，也就是决策效用的渐进式缩减，从源头上造成了政策效用错位。另一方面，条块关系式的制度安排导致了基层政府面临多个委托方和来自不同方面的要求（钱再见和金太军，2002），每个机构在某一特定时期内往往要执行多项政策和多项任务，因而容易产生多重任务甚至多重目标之间的冲突。因此，在执行来自上级部门特别是中央政府的各项绿色生活方式引导政策和指令时，基层政府常常"迫于无奈"或"情不得已"地根据现实情境敷衍性地、变通地、选择性地执行上级政策，且很难对某些"普通政策"进行持续性的追踪和关注。最终导致决策效用在由制定者向目标群体传递过程中出现了层级式扭曲甚至断崖式衰减，造成政策效用错位。

（二）监管缺位和惩戒措施虚化提供了政策效用错位的现实可能性

制定者对各级政府和相关企业监管的缺位以及惩戒措施的虚化为政策效用错位提供了现实可能性，也是产生政策效用错位的另一个前提。完善的监管体系和切实可行的惩戒措施是保证决策效用通过各级政府、各个部门和各个企业"原汁原味"地传递到目标群体的重要保证（沈洪涛和周艳坤，2017）。这里的监管体系涉及监管主体、监管手段、监管方式和监管工具多个方面，而惩戒措施则是要对决策效用逐级传递过程中相关部门、相关人员可能存在的薄弱环节和扭曲节点制订明确的惩处方案。显而易见的是，在监管缺位和惩戒措施虚化的条件下，制定者将对政策执行以及决策效用逐级下放的过程失去控制权，导致"决策效用部门化""部门效用最大化""体验效用虚无化""效用错位显著化"。其内在逻辑是，由于政策制定者中央政府的监管缺位，相关地方政府、基层机构以及企业对决策效用的敷衍、扭曲和弱化行为就不会被发现，相关的惩戒措施就会被虚置而难以发挥其应有的震慑和惩戒作用；更进一步地，惩戒措施的虚化就会"诱导"地方政府、基层机构以及企业进一步地、明目张胆地枉顾中央政府的政策意图，篡改、扭曲、变形决策效用，导致政策效用错位这一恶性循环。

（三）行为主体自利逻辑诱发了政策效用错位的主观动机

不可否认的是，政策实施过程中涉及的各种行为主体，包括制定者、执行者、企业以及目标群体都是趋利的，这成为诱发政策效用错位的主观动机。在上述两个前提下，特别是政策制定者监管不到位和惩戒措施虚化的条件下，政策执行链条上所有的行为主体都遵循理性的"经济人"规则，追求自身效用最大化，并且这种对自身利益的追求是永无止境的。对于中央政府而言，其不仅是政策的制定者，还是绿色生活方式引导政策的中央责任部门；不仅要面对国际社会、国家领导人和国内公众的巨大压力，而且要制定、执行和监管一系列的国家政策。中央政府的目标是实现全局性的生活方式变革以谋取整个社会福利的最大化。对各级地方政府及其相关职能部门而言，其不仅是绿色生活方式引导政策的执行部门和重要监管部门，还是政策实施过程中涉及的企业以及目标群体的"政策制定者"；一方面面临上级政府的考核，另一方面要考虑当地经济发展、企业经营等地方利益，时常要面临各种"利益诉求"方面的矛盾。对企业来讲，以新能源汽车激励政策涉及生产者和零售商两类企业为例，其"利益诉求"高度一致，即积极争取国家的财政补贴，努力进行新能源汽车的生产和销售，以提高品牌影响力和销售额。

对于目标群体而言，其最主要的利益诉求是以自己最小的付出得到物美价廉的产品或者最大的利益回报。基于上述分析，可以清晰地看到不同政策主体的利益目标函数是不一致的，甚至存在很大的差异性。因此，政策效用在经多个政策执行者和企业传递到目标群体时，必然存在政策效用的冲突、失衡甚至错位。

第四节 政策效用错位量化模型

一 政策效用错位度模型

基于对政策效用错位的内涵解析，本书将政策制定者视角的决策效用与目标群体视角的体验效用的差值定义为政策效用错位度，并构建政策效用错位度模型以度量政策效用错位。政策效用错位度模型如下：

$$D = DU - EU \qquad (3-1)$$

其中，D 为政策效用错位度，DU 为政策制定者视角的决策效用，EU 为目标群体视角的体验效用。

二 政策效用错位度的属性

根据前文的界定，政策效用错位涉及政策制定者和目标群体两类行为主体。现实情境中，这两类行为主体通常是不同的群体，且遵循着不同的决策原则，追求着不同的利益目标。这些使得政策效用错位度呈现出其特有的属性。具体地，包括如下四个方面。

（一）异质性

异质性是政策效用错位度的差异程度。不仅指不同政策对象对同一政策的效用错位是不同的，而且指同一政策对象在不同决策情境下对同一政策的效用错位度也是不同的。这是由政策对象的异质性、有限理性和决策条件的不确定性决定的。首先，目标群体内不同成员在性别、种族、年龄、受教育水平、居住地等人口特征以及认知、风险态度、偏好、价值观、经验、技能等多个方面表现出差异性。其次，受到历史经验、信息获取、数据处理等多个方面的限制，个体并不能在每一次决策中掌握所有决策信息并做到完全理性。因此，现实情境中，决策者通常是有限理性的，决策的结果预期是多元化的。再次，现实中的决策条件通常是不确定的，甚至同一决策者在不同决策情境下，风险态度、对政策的认知也是不确定的。最后，绿色生活方式具有公用物品属性，其收益的外部性无疑加深了个体对践行政策结果预期的不确定性和复杂性。目标群体的异质性和有限理性，决策条件的不确定性和复杂性反映了个体决策的多样性，决定了政策效用错位度的异质性。

（二）非负性

非负性是政策效用错位度的数值属性，指的是现有政策通常是存在效用错位的，各政策的效用错位度通常是大于或等于零的。换言之，理论上分析，公众对绿色生活方式引导政策体验效用小于制定者预期的决策效用。政策效用错位度的这一属性可由现实中具体的实例得到验证。以新能源电动汽车推广政策为例。中国已经出台了包括产业发展类、示范工程类、财政补贴类和税收优惠类等多方位的政策体系并给予大量的财政补贴，然而现实是新能源电动汽车叫好不叫卖的现象依然很明显。虽然电动汽车的销量逐年增加，但其背后更多的是政府部门和公共领域的大量采购，私人电动汽车的购买意愿和销售数量依然很低。政府投入与公众购买意愿的冲突正是决策效用与体验效用失衡和错配的反映，也是政策效用错位非负性的现实镜像。

（三）对象性

对象性是政策效用错位的指向性，是政策、目标群体和政策效用错位度三者之间的一一对应，反映了政策效用错位度、目标群体和政策之间特有的映射关系。换言之，政策效用错位度是有对象的，它总是指向特定个人和特定政策。具体来说，对于任意效用错位度存在一个具体的政策和政策对象与其相对应；反过来，在某一确定决策情境下，对于某一政策，任意政策对象有且仅有唯一的效用错位。所有政策对象的效用错位度构成该政策的效用错位度集合；某特定目标群体对特定政策的效用错位度构成了此类群体的效用错位度集合。政策效用错位度的对象性是区别特定政策和特定人群、比较和细分政策效用错位度的基础。在实际研究中，不仅要关注目标群体对特定政策的效用错位度集合，也要关注特定目标群体的政策效用错位度，着重考察政策效用错位高的目标人群。既要关注特定政策的效用错位度规律，也要重视特定人群的政策效用错位度规律。

（四）内隐性

内隐性指的是效用错位度无法直接测量，必须从个人行为或者与行为有关的语言行为表现中间接推断。它虽难以觉察，但确确实实存在，影响着人们对政策的认知和行为选择。内隐性作为政策效用错位度的属性，可以从两个方面理解。一是政策效用错位度的非显性表达。即无法直接测量，难以用测量装备或仪器直接获得其数值大小，必须要借助行为、心理活动的辅助性观察才能推断出来；二是效用错位度的专属性。即不同群体对某一政策的效用错位度具有唯一性、独立性和不可复制性。这点和政策效用错位的异质性和对象性是一脉相承的。内隐性暗示了政策效用错位度是潜藏在个体认知深处的一种客观存在，是行为主体（目标群体）与行为客体（政策）之间发生关系时引起的切身体验和心理反应，是包裹在个体行为选择深处内心的价值考量。显然，内隐性加深了政策效用错位度管理和控制的复杂性。

三　政策效用错位度的测量流程

根据政策效用错位的概念以及政策效用错位模型，政策效用错位的测量包括三个步骤，见图3－3。

第一步，决策效用的测算。决策效用是政策或政策体系在某一阶段预期达到的目的、要求和结果。决策效用具有确定性，即政策出台后制定者预期的决策效用不再受到目标群体的影响。因此，在

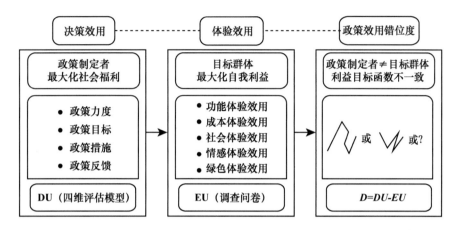

图3-3　政策效用错位度测量流程

对决策效用测算时，应该加强对政策本身效用的考量，重点关注政策内在的价值意蕴。

第二步，体验效用的测量。体验效用是目标群体对特定政策的主观价值感知。一方面，目标群体具有异质性且需求呈多样性；另一方面，体验效用是政策对象的主观价值判断，不同目标群体，甚至同一目标群体在不同的决策情境下也会有不同的价值判断。因此，体验效用的测量较为复杂，具有较大的挑战性。在测量过程中，应该重点区分目标群体的差异性，着力挖掘目标群体的内在感受和价值诉求。

第三步，政策效用错位度的计算。在完成决策效用和体验效用量化的基础上，利用政策效用错位度模型即可计算政策效用错位度。特别需要指出的是，由于决策效用具有确定性，所以政策效用错位度在很大程度上取决于体验效用。因此，需要重点关注体验效用的变化规律，厘清体验效用的影响机制，以达到减少政策效用错位度的目的。

第 四 章

绿色生活方式引导
政策决策效用测量

根据第三章研究结果，可以发现政策效用错位产生的实质是制定者视角的决策效用与目标群体视角的体验效用不一致。并且，度量政策效用错位度的前提是实现决策效用和体验效用的量化。按照政策效用错位度的测量流程，本章将首先测算绿色生活方式引导政策决策效用，包括决策效用四维评估模型的构建、赋值标准设计、政策收集和政策演变规律分析，最后计算1991—2019年中国绿色生活方式引导政策的决策效用。

第一节 决策效用的量化标准与评估模型

一 决策效用四维评价框架与评分标准设计

（一）决策效用四维评价框架

决策效用是政策预期达到的目的、要求和结果，是制定者视角下政策文本的内容效度和影响力。由于决策效用是政策的效果预期和前景设计，因此，对决策效用的量化应该回归政策本身。一些学者构建了政策效用的文本量化评估模型，为决策效用的量化提供了参考。其中，彭纪生等（2008）构建的包含政策力度、政策措施和政策目标的三维度政策文本量化评估模型得到广泛的应用。在该评估模型中，政策力度由发布机构的行政级别决定，政策目标和政策措施用以考核政策内容的具体性。可以确定的是，制定者的行政影响力是政策预期目标和结果的重要体现。政策制定者（部门）的行政级别越高，政策所具有的法律效力就越高，制定者对决策效用的预期就越高。因此，政策力度是量化决策效用的重要方面。由于政策目标是政策有效范围、作用程度和政策最终所达目标的体现（孙科和张永安，2002），因此政策目标是政策预期要求和目的的重要表征，目标的清晰可量化程度在决策效用的评估中至关重要。研究证实，定量比定性的政策目标更容易实现甚至是超额完成（Harmelink 等，2008）。政策目标越明确量化，制定者对政策的重视程度越高，决策效用越大。政策措施是制定者为实现既定政策目的而选择的手段和方法，政策措施的科学性和有效性不仅反映了制定者对政策目的和结果的预期，而且决定了决策效用是否能够达成。因此，在决策效用的评估中应对政策措施加以考量。此外，监督和反馈也是政策制定时需要考虑的因素（郭长林等，2013），尤其是随着目标群体的扩大和政策执行链条的延长，在利益相关者的博弈和交互中，政策反馈不仅是决策效用的重要反映维度，还是决策效用的有力保障。可以认为，政策反馈镜像了制定者对政策的预期要求和结果，是决策效用的重要影响因素。

　　基于上述讨论，本书构建了包括政策力度、政策目标、政策措施和政策反馈四个维度的决策效用评价框架，见图 4 - 1。在四维评估模型中，政策力度（Policy Power）用于刻画政策的法律效力和行政影响力，由政策发布部门的级别决定；政策发布部门的法律地位和行政级别越高，政策力度越大。政策目标（Policy Goal）用来描述政策文件中预期实现目标的可量化程度，目标可量化程度越高，政策目标的得分越高。政策措施（Policy Method）指的是政策文本中制定者为实现政策目标所采用的具体方法和手段。政策反馈（Policy Feedback）指的是政策文件在执行过程中是否有阶段性的执行报告和反馈机制。通常情况下，行政级别越高的机构出台的政策法律效力越高，在政策力度上的得分也较高；同时其多为宏观层面上的政策，因而在政策目标和政策措施上的得分就相对较低。相反地，行政级别越低的机构颁布的政策法律力越低，在政策力度上的得分也较低；但其在目标制定和措施选取方面则更为细致具体，因此在政策目标和政策的量化上就相对较高。此外，政策反馈体现了决策效用的反馈机制，是对决策效用的监督、协调和追踪。因此，政策力度、政策目标、政策措施和政策反馈这四个维度可以互相补充，综合地评定中国绿色生活方式引导政策的决策效用。

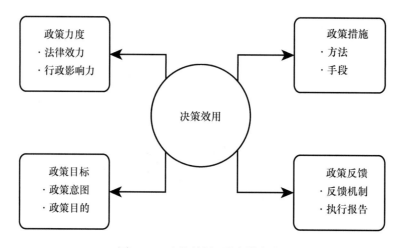

图 4-1　决策效用四维评价框架

（二）评分标准

根据政策类型和政策颁布机构的级别，参照国务院《规章制定程序条例》（国务院，2001），结合现有的政策力度评估方法（张国兴等，2014），本书对政策力度分别赋予 1—5 的分值，其中 5 为政策力度的最高值，1 为政策力度的最低值。根据政策文件中政策目标描述的清晰程度和可量化程度，本书对政策目标分别赋予1—5的分值，其中1为政策目标的最低值，5为政策目标的最高值。类似地，根据政策文件对拟采取手段、方法和方式的清晰和明确程度对政策措施进行1—5的打分。其中，政策措施的最高分为5，最低分为1。根据政策文本中是否存在反馈机制，以及反馈机制的合理性和及时性对政策反馈进行1—5分赋值。其中政策反馈的最高值为5，最低值为1。需要说明的是，政策目标、政策措施和政策反馈的评分标准是在反复精读收集到的政策文件内容的基础上，借鉴已有研究成果（郭本海等，2018）确定的。表4-1为政策力度、政策目标、政策措施和政策反馈的评分标准。

表4-1　　　　　　　**政策力度、政策目标、政策措施和政策反馈的赋值标准**

项目	得分	评分标准
政策力度	5	全国人大及其常委会颁布的法律
	4	国务院颁发的条例、指令、规定以及各部委的命令
	3	国务院颁布的暂行条例、暂行规定、方案、意见、办法、决定和标准；各部委颁布的条例、决定和规定
	2	各部委颁布的方案、办法、细则、意见、指南、标准、暂行规定和条件
	1	公告、通知、规划
政策目标	5	政策目标具体且可量化，确定了政策拟达目标的数值考核标准
	3	政策目标清晰明确，但缺少量化标准
	1	仅宏观的阐述政策意图和愿景
政策措施	5	制定详细的标准、体系文件、规章制度和管理办法；制定具体的实施方案和实施细则
	3	提出制定标准、体系文件、规章制度和管理办法；要求制定实施方案和实施细则；但均未制定具体的措施和实施方案
	1	仅提及或涉及上述条款

项目	得分	评分标准
政策反馈	5	明确牵头部门及相应责任，确定了监管部门和监督方式，有专门部门和人员追踪政策执行情况且有文件定期反馈
	3	有明确的责任部门和监督方式，但政策追踪和政策反馈不到位
	1	监管部门和人员缺位，政策反馈缺失

注：①在对多部门联合颁布政策的政策力度赋值时，以发文部门和类型匹配度最高的标准给政策力度赋值；②为了便于打分人员对量化标准的理解和把握，政策目标、政策措施和政策反馈仅给出 5 分、3 分和 1 分三个标准差别较为明显的分值，4 分和 2 分介于相邻的标准分值之间。

二　决策效用评估模型构建

基于决策效用的四维评价框架，按照评分标准，对绿色生活方式引导政策的文件逐个打分，得到各条政策在政策力度、政策目标、政策措施和政策反馈四个维度的分值。需要说明的是，后文中问卷调查阶段是就单一政策的体验效用展开测算的。所以，为了便于对政策效用错位度的计算，也必须测算单一政策的决策效用。基于此，本书用平均法计算单一政策的决策效用。

设 PP、PG、PM 和 PF 分别表示某一年所有新出台政策的政策力度、政策目标、政策措施和政策反馈得分。故

$$PP_t = \sum_{j=1}^{n} p_j \qquad (4-1)$$

$$PG_t = \sum_{j=1}^{n} g_j \qquad (4-2)$$

$$PM_t = \sum_{j=1}^{n} m_j \qquad (4-3)$$

$$PF_t = \sum_{j=1}^{n} f_j \qquad (4-4)$$

其中，t 表示年份，n 为 t 年新出台政策的总数，p_j、g_j、m_j 和 f_j 分别表示第 j 条政策的政策力度、政策目标、政策措施和政策反馈得分。

考虑到政策力度、政策目标、政策措施和政策反馈四个维度对决策效用的影响程度可能有所不同，本书将这四个维度的权重分别

设为 $\overline{\omega}_1$、$\overline{\omega}_2$、$\overline{\omega}_3$ 和 $\overline{\omega}_4$。因此，单条政策的决策效用 DU 可表示为：

$$DU_t = \frac{\overline{\omega}_1 PP_t + \overline{\omega}_2 PG_t + \overline{\omega}_3 PM_t + \overline{\omega}_4 PF_t}{n} \tag{4-5}$$

分别将公式（4-1）、公式（4-2）、公式（4-3）和公式（4-4）代入公式（4-5），可得：

$$DU_t = \frac{\overline{\omega}_1 \sum_{j=1}^{n} p_j + \overline{\omega}_2 \sum_{j=1}^{n} g_j + \overline{\omega}_3 \sum_{j=1}^{n} m_j + \overline{\omega}_4 \sum_{j=1}^{n} f_j}{n} \tag{4-6}$$

第二节　绿色生活方式引导政策梳理

一　政策文本选取

公共政策是政治系统的产物，通常以法律、规章、条例等政策形式出现。绿色生活方式引导政策作为公共政策的重要组成组分，是指各级政府为规范公众行为并推行绿色生活方式，而以正式文书颁布的各种法规性文件，如法规、条例、通知、意见、办法等的总称。本书针对 1991 年 1 月至 2019 年 12 月绿色生活方式引导政策展开研究。选取的政策文件来源于政府公开文件，主要从中央政府各部委网站和北大法宝数据库进行收集。由于绿色生活方式引导政策涉及范围较广，本书采取滚雪球的模式进行政策文本收集。具体地，分别按照标题和全文，以"绿色""低碳""环保""节能""节约""能源""环境""废弃物""垃圾""资源""循环""回收""污染"等与绿色生活方式高度相关的词语为关键词进行检索，选择与绿色生活方式引导政策密切相关的政策条文建立数据库。同时，对于已经停止实施或者部分无法从官方网站查到的政策条文，本书依据现行政策中关联条款，对其进行追溯分析。此外，本书还依据公开发表的文献和专著对收集的政策文本库进行查找补充。最后，为保证数据的全面性，本书又利用万方数据库中的绿色生活方式引导政策对上述政策进行了核对和筛选。

考虑到样本的代表性、准确性和有效性，本书遵循以下三条原则进行政策文本筛选：首先，由于地方政府颁布的政策大多遵循国家层面的政策，因此选取中央政府及其职能部门出台的国家层面政策；其次，相关政策必须是针对公众为推行绿色生活方式而制定的；最后，政策文本的类型主要包括法律、意见、指南、办法、规定、条例和通知等正式文件，会议记录和领导人讲话等政策文本不计入。基于以上三条原则，按照上述政策文本收集方法，以 1991—2019 年为研究时间段，本书共收集 447 份有效的绿色生活方式引导政策样本，见表 4 - 2（由于篇幅限制，表 4 - 2 为缩略表）。

表 4 - 2　　　　　　　　**中国绿色生活方式引导政策**
文本一览（1991—2019 年）

编号	时间	发文单位	发文字号	政策名称
1	1991	国务院	国发〔1991〕47 号	关于开展爱惜粮食节约粮食宣传周活动的通知
2	1991	建设部	建城字第 637 号	关于印发《城市环境卫生当前产业政策实施办法》的通知
3	1991	国务院	国发〔1991〕73 号	关于加强再生资源回收利用管理工作的通知
4	1992	国务院办公厅	国办发〔1992〕29 号	关于进一步加强城市环境综合整治工作若干意见的通知
5	1992	国务院	国务院令第 101 号	《城市市容和环境卫生管理条例》
6	1992	国务院	国发〔1992〕39 号	关于解决中国城市生活垃圾问题几点意见的通知
7	1993	建设部	建设部令第 27 号	《城市生活垃圾管理办法》
8	1994	建设部	建城字第 238 号	《城市道路和公共场所清扫保洁管理办法》
9	1995	全国人大常委会	主席令第五十八号	《中华人民共和国固体废物污染环境防治法》
10	1995	全国人大常委会	主席令第六十号	《中华人民共和国电力法》
……	……	……	……	……

续表

编号	时间	发文单位	发文字号	政策名称
437	2019	生态环境部	生态环境部公告 2019 年第 20 号	关于授予第二届中国生态文明奖先进集体和先进个人荣誉称号的公告
438	2019	交通运输部	交办政研函〔2019〕1175 号	关于印发 2019 年"我的公交我的城"重大主题宣传活动方案的通知
439	2019	财政部、工业和信息化部、科技部、国家发展和改革委员会	财建〔2019〕138 号	关于进一步完善新能源汽车推广应用财政补贴政策的通知
440	2019	国家发展和改革委员会、水利部	发改环资规〔2019〕695 号	关于印发《国家节水行动方案》的通知
441	2019	国家发展和改革委员会、生态环境部、商务部	发改产业〔2019〕967 号	关于印发《推动重点消费品更新升级畅通资源循环利用实施方案（2019—2020 年）》的通知
442	2019	生态环境部	环办宣教函〔2019〕432 号	关于做好 2019 年环境日宣传工作的通知
443	2019	国家市场监督管理总局	国家市场监管总局公告 2019 年第 20 号	关于发布《绿色产品标识使用管理办法》的公告
444	2019	生态环境部、中央精神文明建设指导委员会办公室	环办宣教函〔2019〕348 号	关于开展"美丽中国，我是行动者"主题系列活动的通知
445	2019	生态环境部	生态环境部公告 2019 年第 19 号	《大型活动碳中和实施指南（试行）》
446	2019	交通运输部、中宣部、国家发展和改革委员会、工业和信息化部、公安部、财政部、生态环境部、住房和城乡建设部、国家市场监督管理总局、国家机关事务管理局、中华全国总工会、中国国家铁路集团有限公司	交运发〔2019〕70 号	关于印发绿色出行行动计划（2019—2022 年）的通知
447	2019	国家发展和改革委员会	发改环资〔2019〕1696 号	关于印发《绿色生活创建行动总体方案》的通知

二 政策数量分析

图 4-2 为 1991 年以来中国每年为推行绿色生活方式所颁布的政策数量及增长率。可知，1991—2019 年中国绿色生活方式引导政策的数量整体上呈上升趋势。1991—1999 年属于低位徘徊期，每年出台的政策数量变化不是很明显。2002—2012 年政策单年数量平稳上升，政策数量与过去相比具有大幅度的提高。2013 年以后，绿色生活方式引导政策的数量显著增加，增长率也趋于平稳。

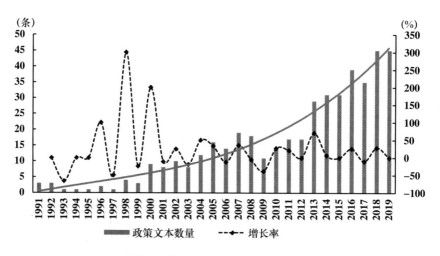

图 4-2 绿色生活方式引导政策年度颁布数量及增长率

1991—1999 年为绿色生活方式引导政策的起始阶段。国家逐渐重视粮食浪费、资源回收、生活垃圾、能源节约和城市环境卫生等方面的问题，加强对生活领域环境污染的治理。相继于 1995 年修订了《中华人民共和国大气污染防治法》，颁布《中华人民共和国固体废物污染环境防治法》和《中华人民共和国电力法》；于 1997 年颁布《中华人民共和国节约能源法》，以法律的形式规范公众的行为。此外，以《城市市容和环境卫生管理条例》《民用建筑节能设计标准》《城市生活垃圾管理办法》和《包装资源回收利用暂行管理办法》为代表的管理条例、管理办法和标准，进一步充实了绿色生活方式引导政策体系，开启了生活领域环境行为管理的篇章，也形成了绿色生活方式起始阶段的政策制定热潮。

2000—2012 年是绿色生活方式引导政策的快速发展阶段。2003年，中共十六届三中全会提出坚持以人为本，树立全面、协调、可持续发展观。可持续发展正式成为国家主导的发展战略。国家加大对生活领域环境污染治理力度，加强对节能、环保的宣传力度，相继制定了《中华人民共和国可再生能源法》和《中华人民共和国循环经济促进法》，并修订了《中华人民共和国大气污染防治法》和《中华人民共和国节约能源法》。同时，加强对生态环境保护和节能减排的管理力度，印发了《全国生态环境保护"十五"计划》《节能中长期专项规划》《节水型社会建设"十一五"规划》《节能减排全民科技行动方案》《节能减排全民行动实施方案》《中国应对气候变化国家方案》《节能与新能源汽车产业规划》《"十二五"节能减排综合性工作方案》等一系列规划和方案。以《夏热冬暖地区建筑节能设计标准》《城市生活垃圾分类及其评价标准》《生活垃圾处理技术指南》《高效节能产品推广财政补助资金管理暂行办法》《城市生活垃圾分类标志》等为代表的标准体系、环境标识和管理办法进一步丰富了绿色生活方式引导政策体系。此外，通过举办"全国节能宣传周活动""抵制商品过度包装万人签名活动""低碳家庭·时尚生活主题活动"等社会和社区活动，进一步提高公众的环保意愿和参与感，推动生活方式绿色化变革。

2013 年至今是绿色生活方式引导政策的深化发展阶段。2012 年11 月 28 日召开的党的十八大提出"五位一体"的总体布局，指出要将生态文明建设融入经济建设、政治建设、文化建设和社会建设的各方面和全过程。此外，报告提出建设美丽中国，实现中华民族永续发展的美好愿景。党的十八大以来，党的中央和国务院高度重视生活领域的污染治理和节能减排，明确指出要"倡导和推广绿色生活方式"，并做出一系列新决策、新部署和新安排。在此背景下，一系列旨在推行绿色生活方式的引导政策纷纷出台。2015年3月国务院颁布《关于加快推进生态文明建设的意见》，提出"培育绿色生活方式，倡导勤俭节约的消费观。广泛开展绿色生活行动，推动全民在衣、食、住、行、游等方面加快向勤俭节约、绿色低碳、文明健康的方式转变，坚决抵制和反对各种形式的奢侈浪费、不合理消费"。2015年10月，环保部印发《关于加快推动生活方式绿色化的实施意见》，对强化生活方式绿色化理念、制定推动生活方式绿色化的政策措施、引领生活方式向绿色化转变等进行了部署，提出增强绿色供给、鼓励绿色出行、建立绿色生活服务和信息平台等16条具体举措，并制定了到2020年的总体目标"生活方式绿色化的政策法规体系初步建立，公众绿色生活方式的习惯基本养成，最终全社会实现生活方式和消费模式向勤俭节约、绿色低碳、文明健康的方向转变，形成人人、事事、时时崇尚生态文明的社会新风尚"。党的十九大报告明确指出"倡导简约适度、绿色低碳的生活方式，反对奢侈浪费和不合理消费"，并指出未来应该"形成绿色发展方式和生活方式"，并"加快建立绿色生产和消费的法律制度和政策导向"。以《能源发展"十二五"规划》《绿色建筑行动方案》《2014—2015年节能减排低碳发展行动方案》《全民节水行动计划》《"十三五"全民节能行动计划》《环境影响评价公众参与办法》《大型活动碳中和实施指南（试行）》《绿色出行行动计划（2019—2022年）》《绿色生活创建行动总体方案》为代表的规划、办法、指南，以及以《"同呼吸、共奋斗"公民行为准则》和《公民生态环境行为规范（试行）》代表的行为准则和行为规范更是细化、丰富了绿色生活方式引导政策体系，为推行绿色生活方式提供了指引和方向。

三 政策主体分析

政策主体是指参与和影响政策制定、执行、监督过程的组织、团体和个人。在中国现行的政治体制下，不同政策主体发布的政策具备不同的效力级别。从政策主体的角度，中国的绿色生活方式引导政策可以分为以下四类：全国人民代表大会颁布的相关法律和法规；国务院发布的从宏观层面引导公众践行绿色生活方式的指导性政策；各部委联合出台的相关引导政策；各部委就某一具体方面发布的政策文件。

从颁布的政策文本来看，中国绿色生活方式引导政策的参与主体呈现显著的多元化特点。具体地，发文机构共涉及 45 个部门或机构（见表 4–3），包括全国人大、国务院、国务院办公厅、国务院组成部门（国家发展和改革委员会、住房和城乡建设部、生态环境部、工业和信息化部、财政部、科技部、交通运输部、教育部、商务部、水利部、公安部、中国人民银行、文化和旅游部、自然资源部、民政部、人力资源和社会保障部、国家卫生健康委员会）、国务院直属特设机构（国务院国有资产监督管理委员会）、国务院直属机构（国家市场监督管理总局、海关总署、国家税务总局、国家体育总局、国家统计局）、国务院直属事业单位（中国银行保险监督管理委员会）、国务院部委管理的国家局（国家能源局、国家林业和草原局、国家文物局、国家粮食和物资储备局、国家邮政局）、中华全国总工会、共青团中央委员会、国家新闻出版广电总局、中央宣传部、中央文明办、全国妇联、全国节约用水办公室、中国绿色食品发展中心、全民科学素质工作领导小组和健康中国行动推进委员会等组织和机构。需要特别说明的是，部分部委如国家发展和改革委员会、生态环境部、住房和城乡建设部、商务部、自然资源部、国家市场监督管理总局、工业和信息化部、文化和旅游部经过数次机构改革后其名称出现了变更，本书按照机构改革的历史沿革采用最新的部门名称进行统计。

从各政策主体参与绿色生活方式引导政策的频数来看，全国人大参与 17 次，国务院参与 34 次，国务院办公厅参与 24 次。就国务院组成部门、直属特设机构、直属机构、直属事业单位和国务院部委管理的国家局而言，国家发展和改革委员会、住房和城乡建设部、工业和信息化部、生态环境部为参与次数非常高的部门，财政部、国家税务总局、交通运输部、商务部、科技部、教育部以及国家市场监督管理总局参与次数相对较高。

表 4 - 3　　　　　绿色生活方式引导政策主体及参
与次数统计表

序号	部门名称	参与次数	序号	部门名称	参与次数
1	全国人民代表大会	17	24	中央精神文明建设指导委员会办公室	5
2	国务院	34
3	国务院办公厅	24	25	中华全国妇女联合会	4
4	国家发展和改革委员会	104	26	水利部	3
5	住房和城乡建设部	99	27	全国节约用水办公室	3
6	工业和信息化部	91	28	中国绿色食品发展中心	3
7	生态环境部	75	29	中国人民银行	2
8	财政部	55	30	人力资源和社会保障部	2
9	国家税务总局	46	31	国家卫生健康委员会	2
10	交通运输部	43	32	国家统计局	2
11	商务部	37	33	国家林业和草原局	2
12	科学技术部	36	34	自然资源部	1
13	教育部	28	35	国家铁路局	1
14	国家市场监督管理总局	27	36	国家邮政局	1
15	国家机关事务管理局	25	37	国家粮食和物资储备局	1
16	中国共产主义青年团中央委员会	13	38	国家体育总局	1
			39	国家文物局	1
17	国家能源局	12	40	海关总署	1
18	中华全国总工会	10	41	全民科学素质工作领导小组	1
19	国务院国有资产监督管理委员会	9	42	健康中国行动推进委员会	1
			43	中国银行保险监督管理委员会	1
20	国家新闻出版广电总局	9	44	中国国家铁路集团有限公司	1
21	文化和旅游部	7	45	民政部	1
22	公安部	7
23	中国共产党中央委员会宣传部	6

四　政策主体间合作分析

随着新事物和新矛盾的不断涌现，以及社会复杂性和多样性的提高，公共问题已经成为跨界、跨层级甚至是跨区域的问题。因此，任何公共问题都无法由单独部门或个体独自解决，推行绿色生活方式的复杂性和艰巨性要求政策主体根据各自的职能和专业化优势展开深层次合作。本书基于 447 条绿色生活方式引导政策，对 45 个政策主体间的合作情况进行深度分析。研究发现，有 29 个部门或组织单独颁布 280 条绿色生活方式引导政策，占政策总量的 62.65%，如表 4 - 4 所示。其中全国人大单独发布 17 条政策，国务院和国务院办公厅分别单独颁布 34 条和 24 条政策。在国务院组成部门、直属特设机构、直属机构、直属事业单位和国务院部委管理的国家局中，住建部单独出台的绿色生活方式引导政策最多，为 46 条；其次为生态环境部，共单独颁发 37 条绿色生活方式引导政策。

表 4 - 4　　　　　　　　政策主体单独发文数量统计表

序号	部门名称	发文量（条）	序号	部门名称	发文量（条）
1	全国人民代表大会	17	16	国家粮食和物资储备局	3
2	国务院	34	17	国家林业和草原局	2
3	国务院办公厅	24	18	文化和旅游部	2
4	住房和城乡建设部	46	19	国家邮政局	2
5	生态环境部	37	20	国家卫生健康委员会	2
6	国家发展和改革委员会	21	21	国家体育总局	1
7	交通运输部	18	22	国家文物局	1
8	国家市场监督管理总局	12	23	国家能源局	1
9	商务部	11	24	全民科学素质工作领导小组	1
10	工业和信息化部	8	25	国家铁路局	1
11	国家机关事务管理局	8	26	健康中国行动推进委员会	1
12	财政部	5	27	外交部	1
13	水利部	5	28	国家税务总局	1
14	中国绿色食品发展中心	5	29	民政部	1
15	教育部	4			

部委联合发布的绿色生活方式引导政策总计167条，占政策总量的37.35%。对政策主体联合发文进一步分析发现，两部门联合发布的政策文件为71条，三部门联合发布的政策文件为28条，四部门及以上联合发布的绿色生活方式引导政策为68条，见图4-3。

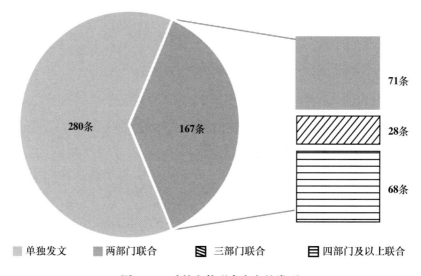

图4-3　政策主体联合发文的类型

图4-4展示了1991—2019年多部委联合发文的数量和比例。从时间维度来看，多部委联合发文的数量和比例逐年上升，说明开展跨部门合作正成为政策主体推行绿色生活方式的重要选择。

五　政策类型分析

绿色生活方式引导政策的类型较为丰富，表现为"通知""公告""意见""办法""方案"等17种形式，见表4-5。以"通知"类型出现的政策文本数量最多，占政策样本总量的41.16%。其次为"公告"和"意见"，分别占总数的16.78%和14.53%。

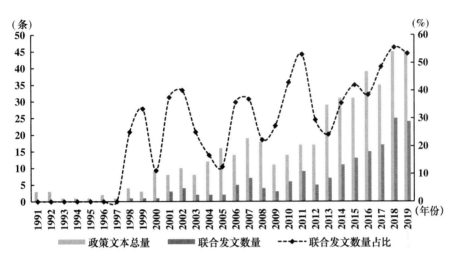

图4-4　政策主体联合发文的数量及占比（1991—2019 年）

表4-5　　　　　　　　　　　绿色生活方式引导政策文本类型统计

序号	文本类型	数量（条）	比例（%）	序号	文本类型	数量（条）	比例（%）
1	通知	184	41.16	10	纲要	7	1.57
2	公告	75	16.78	11	决定	3	0.67
3	意见	65	14.53	12	细则	3	0.67
4	办法	26	5.82	13	规定	2	0.45
5	方案	26	5.82	14	安排	2	0.45
6	法律	16	3.58	15	条例	2	0.45
7	规划	14	3.13	16	通报	2	0.45
8	指南	10	2.24	17	决议	1	0.22
9	计划	9	2.01				

第三节　决策效用计算

一　政策文本量化

在确定政策测量标准并完成政策文本收集工作的基础上，本书采用对打分人员培训、由多组不同人员对绿色生活方式引导政策进行多轮打分的方法对政策文本进行量化。为了保证政策文本量化的科学性、准确性和有效性，同时为减少打分人员主观因素的影响以及确保打分结果的一致性，本书邀请了 12 位能源政策领域的专家（3 位教授、4 位副教授和 5 位博士研究生），并随机分成 6 组，根据政策测量标准对政策打分。整个打分过程包括 6 个步骤，如图 4 - 5 所示。

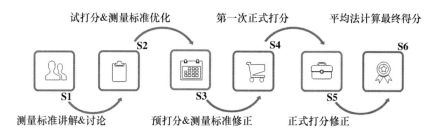

图 4 - 5　绿色生活方式引导政策文本赋值流程

　　第一步，为打分人员详细讲解每条测量标准，并就存在疑问的地方进行讨论，然后修改测量标准再次讲解，直至每位打分人员对测量标准完全理解；第二步，在对打分人员培训的基础上，组织他们为随机选取的 15 条政策文本进行试打分，比较各组打分结果，发现打分结果相差较大。再次组织打分人员就产生分歧的地方展开讨论，并对政策测量标准进行了优化；第三步，组织打分人员依据优化后的测量标准对随机选取的另外 15 条政策进行打分。通过比较各组的打分结果发现，政策目标、政策措施和政策反馈打分结果的方向一致性为 76. 93%（方向一致性为得分趋势而非数值一致，如 3 分和 5 分方向一致，1 分和 5 分方向不一致）。就打分方向不一致的地方与各打分人员再次讨论，对测量标准进行了完善；第四步，为各打分小组分配预先准备好的 224 条政策，开始正式打分。对比分析打分结果发现，各条政策的政策目标、政策措施和政策反馈的方向一致性为91.06%。可见，经过打分标准培训和小组讨论，政策打分效果取得了显著的提高；第五步，组织打分人员对上一步中打分结果方向冲突的政策进行重新打分，并邀请另外2名能源政策领域的教授对打分结果进行讨论，打分结果得到他们的认可；第六步，本书取6组打分结果的平均值作为各条绿色生活方式引导政策的政策目标、政策措施和政策反馈的量化结果，从而确保政策文本量化的科学性和准确性。

二　基于模糊粗糙集的权重计算

在利用四维评估模型测算绿色生活方式引导政策的决策效用之前，首先要计算政策力度、政策目标、政策措施和政策反馈四个维度的权重，即确定评估模型中 $\bar{\omega}_1$、$\bar{\omega}_2$、$\bar{\omega}_3$、$\bar{\omega}_4$ 四个参数。为减少主观因素的影响，本书采用模糊粗糙集方法来确定评估模型中参数的权重。模糊粗糙集方法对处理的数据集合无任何先验信息的要求，可以比较客观地处理不确定问题（Abu-Donia，2012）。本书根据变量的近似分类质量确定其权重（Cheng 等，2018）。

（一）数据的标准化

在利用模糊粗糙集计算政策力度、政策目标、政策措施和政策反馈的权重之前，需要对数据进行无量纲的标准化和归一化处理。就决策效用而言，政策力度、政策目标、政策措施和政策反馈四个维度均为正向指标，因此本书采用如下公式对数据进行处理：

$$X_{ij} = \frac{V_{ij} - \min_{1 \leqslant i \leqslant m}(V_{ij})}{\max_{1 \leqslant i \leqslant m}(V_{ij}) - \min_{1 \leqslant i \leqslant m}(V_{ij})} \tag{4-7}$$

其中，X_{ij} 为第 i 个政策文本第 j 个指标标准化后的值；V_{ij} 为第 i 个政策文本第 j 个指标的值；m 为政策文本的数量。

（二）模糊粗糙集

设有一个信息系统 $\{U, C, V\}$，其中 $U = \{x_1, x_2, x_3, \cdots, x_m\}$ 是一个非空有限集，表示评价对象集合；C 是条件属性集合，

$C = \{c_1, c_2, c_3, \cdots, c_n\}$，$V$ 是条件属性的值域，该信息系统为模糊信息系统。若将年份视为对象，政策力度、政策目标、政策措施和政策反馈视为属性，每个年份对应的控制变量取值视为值域，则建立了一个决策效用信息系统。

定义 1：U 为评价的对象集合，$\forall O_s$，$O_t \in U$，X_{ij} 为第 i 个评价对象第 j 控制变量标准化后的值，$i \in [1, m]$，则 O_s 和 O_t 的模糊关系 RS 为：

$$RS(O_s, O_t) = \left\{ (O_s, O_t \in U \times U \middle| \frac{1}{n} \sum_{i=1}^{m} |X_{sj} - X_{tj}| \leqslant \alpha) \right\}$$

$$(4-8)$$

其中，评价对象 O_s 和 O_t 的相似度为 $1-\alpha$，其值越大，O_s 和 O_t 的相似度越大；在属性约减的过程中，越容易划分成一类。

定义 2：设 $FRS(O_s)$ 为评价对象 O_s 的模糊相似类，其含义为与 O_s 相似度大于或者等于 $1-\alpha$ 的所有评价对象的集合，即：

$$FRS(O_s) = \left\{ O_s \in U \middle| \frac{1}{n} \sum_{i=1}^{m} |X_{sj} - X_{tj}| \leqslant \alpha \right\} \quad (4-9)$$

由于模糊粗糙集定义下的属性约简取决于集合的包含关系，导致约减结果易受噪声数据的影响。为此，Ziarko（1993）提出了变精度粗糙集并引进分类误差 β 认为 $\beta \in (0, 0.5]$。Aijun 等（1996）对该算法进行了修正，指出分类误差的正确区间为 $\beta \in (0.5, 1]$。本书据此建立变精度粗糙集算法。

定义 3：假定 $R(X)$ 是所有评价对象的初始分类，$R(x_j)$ 是去掉第 j 个控制变量后新的分类，在保证新分类与初始分类相同的前提下，定义 $R_\beta(x_j)$ 为可以反映新分类的误差临界值 β 以上信息的集合。

$$R_\beta(x_j) = \cup \{ x \in U \mid |R(x) \cap R(x_j)| \div |R(x_j)| \geqslant \beta \} \quad (4-10)$$

其中，"‖"表示集合包含的元素个数，误差临界值 $\beta \in (0, 1]$。当 $\beta = 1$ 时，表示两次分类结果完全相同；当 $\beta = 0$ 时，说明两次分类结果完全不相同。

定义4：$\left|R_\beta\left(x_j\right)\right|$ 表示公式 4 – 10 中对象的个数，$|U|$ 表示对象的总个数，则定义近似分类质量 $\gamma_{R_\beta(x_j)}$ 为：

$$\gamma_{R_\beta(x_j)} = \left|R_\beta\left(x_j\right)\right| \div |U| \tag{4-11}$$

定义5：$\mathrm{Sig}\left(x_j\right)$ 为第 j 个控制变量的权重：

$$\mathrm{Sig}(x_j) = 1 - \gamma_{R_\beta(x_j)} \tag{4-12}$$

其中，$\mathrm{Sig}\left(x_j\right) \in \left[0, 1\right]$，据此可确定每个变量的权重。

（三）权重计算

本书首先根据公式（4 – 7）对数据进行了标准化处理。然后按照公式（4 – 8）至公式（4 – 12），利用 Matlab 2017b 编程，基于模糊粗糙集方法计算决策效用评估模型中未知参数的权重。基于 447 条绿色生活方式引导政策的文本数据，经计算，得到 $\overline{\omega}_1 = 0.186$，$\overline{\omega}_2 = 0.292$，$\overline{\omega}_3 = 0.304$，$\overline{\omega}_4 = 0.218$，即政策力度、政策目标、政策措施和政策反馈的权重分别为 0.186、0.292、0.304 和 0.218。

三 决策效用分析

基于决策效用评估模型，本书计算了 1991—2019 年绿色生活方式引导政策的决策效用及其变化率，如图 4 – 6 所示。可以发现，1991 年以来，中国绿色生活方式引导政策的决策效用不断增加。尽管有些年份存在波动，但总体来看决策效用呈现显著的上升趋势，其中，2019 年的绿色生活方式引导政策决策效用最高，达到 3.79，表明政府越来越重视绿色生活方式。

具体地，2000 年以前，绿色生活方式引导政策的决策效用较小。这里涉及两个主要原因。第一，中国绿色生活方式引导政策尚处于发展阶段，政策体系仍不完善，且大部分的引导政策是针对生产侧或者企业的，对消费侧或者公众的关注较少。第二，考虑到当时环境污染的现状，大部分的政策仍然侧重于粮食、电和水等资源的节约上；并且多为宣教类的温和型政策。2001 年后，随着可持续发展成为国家战略，节能减排成为基本国策，政府对环境问题，尤其是消费领域的节能减排问题更加重视。一系列旨在规范公众用能

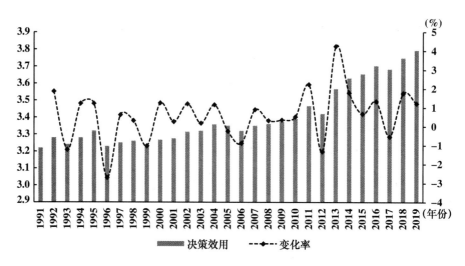

图4-6 绿色生活方式引导政策决策效用及其变化率（1991—2019年）

行为和推广节能产品的规划、纲要、通知等类型的政策不断进入公众生活，并对城市居民的行为选择进行干预和引导。因此，可以发现，2001年后绿色生活方式引导政策的决策效用明显上升并在波动中不断提高。2013年以后，绿色生活方式引导政策的决策效用进入更高的台阶并在近几年趋于稳定。2012年11月28日召开的党的十八大开启了生态文明建设和环境保护的新篇章。中共中央、国务院在2015年发布《关于加快推进生态文明建设的意见》，明确提出"培育绿色生活方式，倡导勤俭节约的消费观"。2015年10月，环境保护部印发《关于加快推动生活方式绿色化的实施意见》，从理念强化、政策推动、社会引领多个方面对推行绿色生活方式进行战略部署，并制定了2020年的总体目标"生活方式绿色化的政策法规体系初步建立，公众绿色生活方式的习惯基本养成，最终全社会实现生活方式和消费模式向勤俭节约、绿色低碳、文明健康的方向转变，形成人人、事事、时时崇尚生态文明的社会新风尚"。2017年10月，党的十九大报告明确指出"倡导简约适度、绿色低碳的生活方式，反对奢侈浪费和不合理消费"，并指出未来应该"形成绿色发展方式和生活方式",并"加快建立绿色生产和消费的法律制度和政策导向"。在这些背景下,政府又制定了大量的绿色生活方式引导政策,并加大对政策执行的监管力度,使得决策效用不断提高。通过对决策效用的分析,可以发现国家对生活领域环境问题的高度关注以及全面推行绿色生活方式的巨大决心。

第 五 章

体验效用影响机制理论
模型构建与量表开发

在完成对决策效用测算的基础上，本书将根据政策效用错位度的测量流程，进一步测算绿色生活方式引导政策体验效用。由于决策效用是独立于目标群体的确定值，体验效用对效用错位的影响更大。换言之，提高体验效用是降低政策效用错位度的关键。此外，受目标群体异质性和复杂性的影响，体验效用呈多样化和复杂化的特点。厘清体验效用的影响因素也更加重要并富有挑战性。因此，本书将重点关注体验效用，着力探索体验效用的影响因素及其作用机制。本章将采用文献研究和质性研究方法，通过深度访谈探析绿色生活方式引导政策体验效用的维度内涵和影响因素，开发相关测量的测量量表，为进一步阐释体验效用作用机制和实现体验效用定量化研究提供依据。

第一节　影响机制理论模型构建

一　质性研究设计

本书通过理论抽样和分层抽样相结合的方式确定代表性城市居

民，在抽样中重点选择对绿色生活方式引导政策有一定理解和判断，且具有一定教育知识水平的城市居民。本书的访谈提纲包括基本信息、绿色生活方式引导政策体验效用的认知、体验效用的现状以及影响因素四个部分，见表5-1。在访谈之前，研究者首先就绿色生活方式、绿色生活方式引导政策、体验效用三个关键概念向受访者进行简单的说明，以提高访谈的效果。

表5-1　　　　　　　　　　　　开放式访谈提纲

访谈主题	主要内容提纲
	"绿色生活方式"是指个体在面对环境问题时，采取的简单、环保、节俭、健康的实践行为和生活模式。 "绿色生活方式引导政策"是指国家政权机关、政党组织等为推行绿色生活方式颁布的法律、条例、规定、意见、指南、公告等。如新能源电动汽车推广政策、垃圾分类政策、节能产品补贴政策、城市公共自行车和轨道交通推广政策、环保行为宣传教育政策等。 "体验效用"是指个体以自身利益诉求为判断标准，感知的响应某一政策使自己的需求、欲望得到满足的程度
基本信息	性别、年龄、月收入、受教育水平、职业领域、组织性质、家庭结构、所在城市
体验效用认知	您了解绿色生活方式和绿色生活方式引导政策吗？ 您了解体验效用吗？您认为绿色生活方式引导政策的体验效用是什么？ 您认为绿色生活方式引导政策的体验效用包括哪些方面？能结合日常生活中具体事例说明吗？
体验效用现状	您在日常工作、生活中践行绿色生活方式引导政策吗？您认为现行的绿色生活方式引导政策的体验效用高还是低？哪些方面高（低）？ 您的家人、亲戚、朋友、同事对绿色生活方式引导政策怎么看？他们对这些引导政策的体验效用怎么评价？ 您怎么评价现行的绿色生活方式引导政策？这些引导政策满足了您的日常学习和工作的需要了吗？可以举例具体说明吗？
体验效用影响因素	在您看来，哪些因素会影响您对绿色生活方式引导政策的体验效用？您是不是每次都受到这些因素的影响？如果是，可以对这些因素的重要程度进行排序吗？可以举例说明吗？ 您认为影响绿色生活方式引导政策体验效用的主要因素来自哪些方面？ 您觉得为什么人们对政策的体验效用不高？主要原因是哪些？ 您会和他人就某一项政策展开讨论吗？如果是，您会和哪些人讨论？通过什么途径讨论？他们通常给你分享什么样的信息？您觉得与他人讨论会影响您对绿色生活方式引导政策的体验效用吗？如果是，哪些因素会影响您的体验效用？ 您认为提高绿色生活方式引导政策的体验效用，政府还需要做出哪些努力？城市居民还需要做出哪些努力？

　　在访谈过程中，研究者会对上述问题和捕捉到的概念范畴展开追踪式提出，以尽可能挖掘更多有效的访谈资料，进一步丰富和拓展访谈内容。例如，受访对象提到践行绿色生活方式引导政策消耗的成本极大地削弱了政策的体验效用，研究者继续追问："您觉得践行绿色生活方式引导政策需要哪些成本？包括哪些方面？"根据理论饱和原则，最终确定 36 位受访者，表 5-2 为 36 位受访者的基本信息。受访对象的详细信息见附录 1。

表 5-2　　　　　　　　　　　受访对象基本信息统计

分类项目	统计变量	人数（人）	占比（%）
访谈方式	面对面	15	41.67
	网络访谈	21	58.33
性别	男	16	44.44
	女	20	55.56
年龄	20—29 岁	6	16.66
	30—40 岁	19	52.78
	41—50 岁	7	19.44
	51—60 岁	4	11.12
学历	大专	6	16.66
	本科	13	36.11
	硕士	10	27.78
	博士	7	19.45
职业	家庭主妇	1	2.78
	在校研究生	3	8.33
	个体经营者	2	5.56
	专业技术人员	10	27.78
	教育科研工作者	8	22.22
	企事业单位管理者	3	8.33
	商业与服务业人员	9	25.00

分类项目	统计变量	人数（人）	占比（%）
	江苏	16	44.44
	北京	7	19.44
所在地	上海	7	19.44
	浙江	3	8.34
	广东	3	8.34

二 基于扎根理论的影响因素筛选

依据质性研究的流程，本书基于扎根理论对深度访谈资料进行整理、分析与归纳，通过开放式编码、主轴编码和选择性编码三个过程，以获取绿色生活方式引导政策体验效用的影响因素及其作用机制，并建立概念和范畴要素之间的联系，据此构建绿色生活方式引导政策体验效用影响机制的综合理论模型。

本书首先对访谈资料进行了整理并形成访谈记录，接着随机抽取 2/3 的访谈记录用于扎根编码分析，将余下 1/3 的访谈资料用于理论饱和度检验。为保证质性研究的信度和效度，本书严格依据扎根编码技术程序进行编码操作。此外，为消除主观因素对编码结果的影响，本书采用个人编码和专家咨询相结合的方式以提高编码的客观性和科学性。

（一）开放式编码

开放式编码亦称开放式登录或一级登录，是编码过程中的一级编码，其主要目的在于通过对代表性原始语句的归纳，提炼研究范畴。为避免主观偏见等个人因素对编码结果的影响，在开放式编码阶段，本书尽量采用受访者的原话，从中直接命名概念或抽取相关概念。本书邀请 7 名相关专业的研究人员，对访谈资料进行全面而细致的整理，最终收集到 1282 条对"绿色生活方式引导政策体验效用"的表达。接着，反复地阅读和斟酌这些语句，删除访谈记录中相对简单、过于模糊或者前后矛盾的回答语句，以深度挖掘绿色生活方式引导政策体验效用的影响因素，最终得到 800 余条原始语句和相应的初始概念。进一步地，本书选择重复频次在 5 次以上的初始概念进行范畴化以保证每个范畴的相对独立性。在第一次访谈结束后，本书对访谈资料进行开放式编码，整理出一些概念并进行相关性和差异性分析，归纳得到一些初始的范畴。根据已得的初始概念和编码过程中发现的问题，本书有针对性地组织了第二次访谈。按照此模式多次访谈，直至抽取的概念和范畴相对丰富，且在编码过程中不断重复出现。本书对原始访谈资料概念化和范畴化的过程见附录 2，范畴化的结果即为绿色生活方式引导政策体验效用的相关影响因素。受篇幅限制，本书针对每个范畴仅选择代表性强的原始记录语句和初始概念予以罗列，受访者的详细回答信息见附录 3。

（二）主轴编码

主轴编码亦称关联式登录或轴心登录，是编码过程中的二级编码，其主要目的在于发现并建立相关范畴之间的联系。主轴编码要求针对一个范畴进行深度分析，通过对变量间可能存在的相关关系解析，明确每个范畴在概念层次上是否存在潜在的相关关系；同时，还需对组内范畴的级别进行识别，辨识出主范畴和子范畴。通过持续的比较分析，建立主范畴和子范畴间的关系。本书主轴编码过程，即主范畴形成过程见表 5 – 3。

表5 – 3　　　　　　　　绿色生活方式引导政策体验效用
影响因素的主轴编码过程

主范畴	子范畴	范畴关系的内涵
个体因素	自主学习能力	城市居民的自主学习能力会影响其对绿色生活方式引导政策的体验效用，属于个体层面的因素
	阶层认同	城市居民对自己在社会阶层中所占据位置的感知会影响其对绿色生活方式引导政策的体验效用，属于个体层面的因素
	规范内化	城市居民将规范内化为自己行为准则的程度会影响其对绿色生活方式引导政策的体验效用，属于个体层面的因素

续表

主范畴	子范畴	范畴关系的内涵
个体因素	偏好	城市居民的偏好会影响其对绿色生活方式引导政策的体验效用，属于个体层面的因素
	象征价值关注度	城市居民对象征价值的关注度会影响其对绿色生活方式引导政策的体验效用，属于个体层面的因素
群体因素	群体压力	群体的压力和评价会影响城市居民对绿色生活方式引导政策的体验效用，属于群体层面的影响因素
	群体氛围	群体践行绿色生活方式引导政策的氛围会影响城市居民对绿色生活方式引导政策的体验效用，属于群体层面的影响因素
	群体消费文化	排场、攀比等消费文化会影响城市居民对绿色生活方式引导政策的体验效用，属于群体层面的影响因素
	专业知识水平	群体的专业知识水平会影响城市居民对绿色生活方式引导政策的认知及体验效用，属于群体层面的影响因素
心理授权感知	践行意义感知	城市居民感知到践行绿色生活方式引导政策的意义会影响其对绿色生活方式引导政策的体验效用
	自我效能感知	城市居民对自己能否执行好绿色生活方式引导政策的主观判断会影响其对绿色生活方式引导政策的体验效用
	自主性感知	城市居民感知到自己执行绿色生活方式引导政策的自主性会影响其对绿色生活方式引导政策的体验效用
	影响力感知	城市居民感知到执行绿色生活方式引导政策给自己带来的影响力会影响其对绿色生活方式引导政策的体验效用
社会互动	结构特征	城市居民人际关系网络的密度以及与他人互动的强度是影响其对绿色生活方式引导政策体验效用的社会互动层面因素，反映了社会互动的结构特征
	功能特征	政策知识和行为技能是影响其对绿色生活方式引导政策体验效用的社会互动层面因素，反映了社会互动的功能特征
	关系特征	城市居民与互动对象间的信任是影响其对绿色生活方式引导政策体验效用的社会互动层面因素，反映了社会互动的关系特征
	信息特征	城市居民与他人互动时涉及绿色生活方式引导政策相关信息的频次、互动信息的方向是影响体验效用的社会互动层面因素，反映了社会互动的信息特征

续表

主范畴	子范畴	范畴关系的内涵
政策推行程度	政策普及程度	政策普及程度是影响城市居民体验效用的政策推行程度层面因素，属于情境因素
	政策执行效度	政策执行效度影响城市居民体验效用的政策推行程度层面因素，属于情境因素
政策实施成本	货币成本	经济方面的花费是影响城市居民绿色生活方式引导政策体验效用的货币成本层面因素，属于情境因素
	非货币成本	时间和便利性等是影响城市居民绿色生活方式引导政策体验效用的非货币成本层面因素，属于情境因素
社会人口学变量	个体统计变量	年龄、性别、学历、职业、收入水平
	组织统计变量	单位性质
	家庭统计变量	家庭成员总数
	城市统计变量	城市特征

（三）选择性编码

选择性编码的目的是在主轴编码的基础上挖掘和识别范畴间的关系。通过从主范畴中挖掘出核心范畴，系统建立核心范畴与其他范畴间的联结关系。选择性编码可以清晰刻画多数范畴间的关系构成，可以被重复证明对大多数范畴具有统领性，并可以将大多数范畴纳入研究的理论框架。本书通过开放式编码、主轴编码和选择性编码三个编码过程，归纳所得的核心范畴即为绿色生活方式引导政策体验效用的影响机理。在此基础上，架构了主范畴间的典型关系结构，见表5-4。

（四）饱和度检验

饱和度检验是停止采样的鉴定标准，用于判断针对某一结构范畴的取样是否饱和。本书运用预留的1/3的访谈记录进行饱和度检验。结果显示，在绿色生活方式引导政策体验效用的主范畴以及主范畴内均未有新的发现，说明本书构建的范畴模型已经发展得足够丰富。因此，可以判定前述扎根分析在理论上达到饱和。

表5-4　绿色生活方式引导政策体验效用影响因素的选择性编码过程

核心范畴	典型关系结构	关系结构的内涵
绿色生活方式引导政策体验效用的影响机制	个体因素→体验效用	自主学习能力、阶层认同、偏好、规范内化、象征价值关注度等会影响绿色生活方式引导政策体验效用
	群体因素→体验效用	群体压力、消费文化、专业知识水平、群体氛围等会影响绿色生活方式引导政策体验效用
	心理授权感知→体验效用	心理授权感知是体验效用的内驱因素，心理授权感知直接决定绿色生活方式引导政策体验效用
	人口统计学变量→体验效用	绿色生活方式引导政策体验效用在社会人口统计学变量上存在差异性
	体验效用→心理授权感知	绿色生活方式引导政策体验效用可以强化城市居民的心理授权感知
	社会互动 ↓ 心理授权感知→体验效用	社会互动影响绿色生活方式引导政策体验效用，社会互动能够调节心理授权感知与体验效用之间的关系，属于目标群体主导的情境因素
	政策推行程度 ↓ 心理授权感知→体验效用	政策推行程度是影响绿色生活方式引导政策体验效用的外部情境因素，能够调节心理授权感知与体验效用之间的关系，属于制定者主导的情境因素
	政策推行程度实施成本 ↓ 心理授权感知→体验效用	政策实施成本是影响绿色生活方式引导政策体验效用的外部情境因素，能够调节心理授权感知与体验效用之间的关系，属于制定者主导的情境因素

三　研究变量界定

通过对绿色生活方式、绿色生活方式引导政策、体验效用、决策效用等相关研究的文献梳理，本书发现未有学者关注绿色生活方式引导政策体验效用及其影响因素的研究。根据研究目标和质性研究结果，本书对绿色生活方式引导政策体验效用及其影响因素的相关变量进行了界定，具体描述如下。

（一）绿色生活方式引导政策体验效用（Experienced Utility of Green Lifestyle Guiding Policies，EUGLGP）

本书在第一章和第三章对绿色生活方式引导政策体验效用进行了概念界定，是指目标群体依据自身的价值判断标准，结合现实生活的实际需求，对某一绿色生活方式引导政策能够满足自我需求或欲望程度做出的主观判断。质性分析结果显示绿色生活方式引导政策体验效用包括功能体验效用（Functional Experienced Utility，FEU）、成本体验效用（Cost Experienced Utility，CEU）、社会体验效用（Social Experienced Utility，SEU）、情感体验效用（Emotional Experience Utility，EEU）和绿色体验效用（Green Experience Utility，GEU）五个维度。其中，功能体验效用是指践行绿色生活方式引导政策可以满足目标群体在知识获取、健康保养、政治参与等方面的现实需求；成本体验效用是指践行绿色生活方式引导政策能够满足目标群体在经济收入或经济回报等方面的需求；社会体验效用是指践行绿色生活方式引导政策能够满足目标群体在他人认可、个人形象提升等方面的需求；情感体验效用是指践行绿色生活方式引导政策能够满足目标群体在欢喜、愉悦等积极情感获取方面的需求；绿色体验效用指的是践行绿色生活方式引导政策能够满足目标群体在环境保护方面的需求。

（二）个体因素（Individual Factors，IF）

1. 自主学习能力（Self-learning Ability，SLA）

自主学习能力是一种"控制自我学习的能力"，要求行为个体对学习过程中遇到的多方面问题做出判断和决策，是一种主动的、积极的建构性学习过程（谢洪明等，2014）。城市居民的自主学习能力对其绿色生活方式引导政策体验效用具有至关重要的作用。自主学习能力不仅反映了城市居民接受新鲜事物的能力，更是一种反思和行动能力的表达，传达了城市居民乐于学习绿色生活方式引导政策、敢于改变既有生活习惯去践行绿色生活方式引导政策的勇气和决心。

质性分析结果显示，自主学习能力会影响目标群体的绿色生活方式引导政策体验效用。因此，本书引入自主学习能力这一变量，分析其对绿色生活方式引导政策体验效用的影响作用。

2. 规范内化（Normative Internalization，NI）

规范内化指的是个体将绿色生活方式引导政策纳入自我行为准则框架，将绿色生活方式引导政策作为自我行为选择的约束条件而不是目标函数（丁绒等，2014），以自我唤醒的形式自觉、主动地践行绿色生活方式引导政策。显然，规范内化程度高的城市居民更容易或更有可能对绿色生活方式引导政策产生"好感"，其感知的体验效用也有可能越高。质性分析结果也证实规范内化确有可能影响绿色生活方式引导政策体验效用，所以本书引入规范内化这一变量，考察其可能对绿色生活方式引导政策体验效用产生的影响。

3. 偏好（Preferences）

偏好反映了个体对不同产品和服务的喜好程度，是一种心理状态、结果或前景。根据偏好理论，决策者会基于个人经验和已有知识对各种方案进行评估并形成方案偏好。当再次面临选择时，决策者依然会按照个人评估的偏好顺序进行选择（陈叶烽等，2012）。众多实验经济学和文献研究也显示偏好可能会对绿色生活方式引导政策体验效用产生影响（唐金环，2016）。结合质性研究结果，本书引入偏好变量，并从舒适偏好（Preferences of Comfort，PC）、经济偏好（Preferences of Economy，PE）和环保偏好（Preferences of Environmental protection，PEP）三个维度来评价城市居民的偏好。其中，舒适偏好指的是人们在选择时更加偏向于情感和情绪享受，如追求开心、方便性、舒适性、社会地位等；经济偏好指人们在决策时表现出追求个人利益最大化或者损失最小化的稳定倾向，如金钱最大化或者时间最小化；环保偏好指的是个体在行为选择时更加关注自我行为对环境可能产生的威胁和影响，表现为有目的、自觉地支配和调节行为以达到保护环境的目的。

4．阶层认同（Class identification，CI）

阶层认同是个体对自身在社会阶层结构中所处位置的感知（张海东和杨城晨，2017），是处于一定社会阶层结构、阶层地位的个体基于一定的客观条件，并综合个人的主观感觉而对社会的不平等状况和自己所处的社会经济地位做出的主观判断。质性分析结果显示，城市居民对自己的阶层认同可能会影响其对绿色生活方式引导政策的体验效用。基于此，本书引入阶层认同这一变量，分析其对绿色生活方式引导政策体验效用可能产生的影响。

5．象征价值关注度（Symbolic Value Attention，SVA）

根据自我形象一致理论，如果个体认为践行政策的象征价值与自我认同相匹配，他们就会对绿色生活方式引导政策产生积极的态度（符国群和丁嘉莉，2008），体验效用就会明显提升。比如，通过践行绿色生活方式引导政策，城市居民可以向周围的人传递"保护环境""对社会负责""积极健康""减少碳排放"等信息。结合质性分析结果，本书引入象征价值关注度这一变量，并将其界定为城市居民在评估体验效用时，对践行绿色生活方式引导政策带来的理念象征价值，如环保、公益、健康、文明的关注程度。本书将在后文设计并实施实证研究以探析象征价值关注度对绿色生活方式引导政策体验效用可能存在的影响机制。

（三）群体因素（Reference Group Factor，RGF）

1．群体压力（Group Pressure，GP）

群体压力指的是城市居民感知的所在群体对其践行绿色生活方式引导政策的阻力。结合以往研究和质性分析结果，本书引入群体压力这一变量，分析其对绿色生活方式引导政策体验效用的影响作用。

2．专业知识水平（Level of Expertise，LE）

专业知识水平指的是城市居民周围的人或所在群体内成员对绿色生活方式引导政策的认知、理解、见识、主张的权威程度。理论上，若所在群体内有对绿色生活方式引导政策非常了解的专业、权威人士，则城市居民对相关政策就会越了解，对践行政策得失利弊的判断就有可能会改变，就会进一步影响绿色生活方式引导政策体验效用。质性研究结果也显示群内成员的专业知识水平确实会影响绿色生活方式引导政策体验效用。所以，本书加入专业知识水平这一变量，探析其与绿色生活方式引导政策体验效用间的关系。

3. 群体消费文化（Consumer Culture，CC）

群体消费文化是在某个特定的历史阶段，人们在物质生产、精神生产、社会生活以及消费活动中所展现的消费理念、消费方式、消费行为和消费环境的集合（叶德珠等，2012）。在本书中，群体消费文化是指城市居民生活和工作环境中，群体对某种消费行为或消费文化的主流意见和看法。研究表明，消费文化会对个体产生无形的压力，直接或者间接地影响个体对绿色生活方式引导政策的态度，继而影响他们对有关政策的体验效用。结合质性分析结果，可以推测消费文化会影响绿色生活方式引导政策体验效用。为此，本书引入消费文化这一变量，并在后文通过实证研究来解析其与绿色生活方式引导政策体验效用间的关系。

4. 群体氛围（Group Atmosphere，GA）

群体氛围指的是在日常工作和生活环境中，周围群体践行绿色生活方式引导政策的气氛。人际行为理论模型认为，社会因素会影响个体的行为意向，继而影响特定行为发生的可能性（Triandis，1980）。王建明和孙彦（2018）通过质性研究发现群体氛围会影响家庭节能行为。结合质性分析结果，本书引入群体氛围这一变量，在后续研究中通过实证研究以明晰其对绿色生活方式引导政策体验效用的影响作用。

（四）心理授权感知（Perception of Psychological Empowerment，PPE）

心理授权感知是城市居民对绿色生活方式引导政策体验效用的主观判断或心理感知整合（Thomas 和 Velthouse，1990），主要包括践行意义、自我效能、自主性和影响力（Spreitzer，1995）四个方面。根据质性分析结果，本书发现践行意义感知（Perception of Practice Meaning，PP）、自我效能感知（Perception of Self-Efficacy，PS）、自主性感知（Perception of Autonomy，PA）和影响力感知（Perception of Influence，PI）会影响绿色生活方式引导政策体验效用。其中，践行意义感知是指城市居民依据自己的标准对践行绿色生活方式引导政策的重要性或价值的判断或认知；自我效能感知是指城市居民对自己是否有能力践行绿色生活方式引导政策的认知；自主性感知是指城市居民对自己践行绿色生活方式引导政策的行为或方式是否有控制权的认知；影响力感知是指城市居民对自己践行绿色生活方式引导政策所带来的个人、社会影响程度的认知。基于上述分析，本书将心理授权感知作为绿色生活方式引导政策体验效用的影响因素进行分析，并从践行意义感知、自我效能感知、自主性感知和影响力感知四个维度刻画心理授权感知。

（五）社会互动（Social Interaction，SI）

1. 结构特征（Structural Characteristics，SC）

结构特征反映了城市居民就绿色生活方式引导政策与他人互动的社会网络拓扑结构。一方面，个体社交网络的密集程度（本书将其界定为网络密度）会影响社会互动的结构特征（柯江林等，2007）；另一方面，个体与其他社会成员互动交流的频繁程度也会影响社会互动的结构特征（何兴邦，2016）。因为前者为个体的社会互动提供可能或者客观条件，后者则是个体社会互动的主动选择或主观映像。质性研究结果也显示，社会互动的结构特征的确影响绿色生活方式引导政策体验效用。因此，本书引入结构特征这一变量，并用网络密度（Network Density，ND）和互动强度（Interaction Intensity，II）两个二级变量刻画社会互动的结构特征，进而分析其对绿色生活方式引导政策体验效用的影响作用。

2. 功能特征（Functional Characteristics，FC）

功能特征指的是城市居民通过社会互动，在绿色生活方式引导政策相关方面得到的收获。质性研究结果显示，社会互动的功能特征包括政策知识（Policy Knowledge，PK）和行为技能（Behavioral Skills，BS）两个方面。也就是说，城市居民通过社会互动，一方面学到了政策知识，另一方面学到了践行绿色生活方式引导政策的行为技能。政策知识的提高和行为技能的掌握可能会改变城市居民对绿色生活方式引导政策体验效用的初始判断。所以，本书引入功能特征这一变量，并用政策知识和行为技能两个二级变量描述社会互动的功能特征，进而在后续研究中通过实证研究来解析功能特征与绿色生活方式引导政策体验效用之间的关系。

3. 关系特征（Relational Characteristics，RC）

关系特征指的是社会互动中通过关系创造的可利用资产，刻画了互动对象间的关系强度。借鉴社会资本关系维度的研究（Nahapiet，Ghosha，1998），关系特征包含信任、依赖（Fukuyama，1995）、义务、期望、认同、承诺、互惠（Coleman，1990）等变量。在众多变量中，信任引起越来越多学者的关注，被认为是关系维度中最核心的概念（熊捷和孙道银，2017）。质性研究结果也显示，信任是社会互动关系特征的关键和核心变量。所以，本书将信任作为关系特征的代理变量，进而分析其对绿色生活方式引导政策体验效用的影响作用。

4. 信息特征（Informational Characteristics，IC）

信息扩散和信息交换是社会互动最基本的内容，信息特征则是刻画社会互动中扩散或交换的信息特征。研究显示，互动信息具有方向性，且对个体决策具有不同的影响（Herr等，1991）。此外，本书在质性研究中发现，城市居民在社会互动中涉及关于绿色生活方式引导政策信息的频率（本书将其界定为信息强度）也会影响绿色生活方式引导政策体验效用。因此，本书引入信息特征这一变量，并用信息强度（Information Intensity，INI）和信息方向（Direction of the Information，DI）两个二级变量描述社会互动的信息特征，进而在后续研究中通过实证研究以解析这些变量与绿色生活方式引导政策体验效用之间的关系。

（六）政策推行程度（Implementation of Policy，IP）

政策推行程度指的是绿色生活方式引导政策普及和执行的效果。结合质性分析结果，本书通过政策普及程度（Popularization and Effect of Policy，PEP）和政策执行效度（Execution and Validity of Policy，EVP）两个变量来衡量政策推行程度。其中，政策普及程度指的是现有绿色生活方式引导政策的普及效果，主要通过城市居民对绿色生活方式相关引导政策的了解程度来衡量。政策执行效度指的是政府颁发的各类政策、标准和规范是否被目标群体所认可，是否得到了落实，主要通过考察政策执行力度以及目标群体的行为是否受过政策的影响来判断。

（七）政策实施成本（Cost of Policy Implementation，CPI）

政策实施成本指的是目标群体践行绿色生活方式引导政策的投入。结合以往研究和质性分析结果，本书用货币成本（Monetary Costs，MC）和非货币成本（Non-monetary cost，NMC）两个变量衡量城市居民践行绿色生活方式引导政策的成本。其中，货币成本指的是城市居民践行绿色生活方式引导政策的经济投入；非货币成本是指践行绿色生活方式引导政策的非经济投入，如时间、便利度、心情等。

（八）社会人口学变量（Social Demography Variables，SDV）

绿色生活方式引导政策体验效用不仅受到个人因素的影响，也与家庭规模、企业文化和城市制度息息相关。因此，应该从个体统计特征、家庭统计特征、组织统计特征和城市统计特征四个层面来界定影响绿色生活方式引导政策体验效用的社会人口学变量。结合质性分析结果，选取性别、年龄、婚姻状况、受教育水平、月收入、职业领域共六个变量来评价个体统计特征，选取家庭成员人口数来衡量家庭统计特征，选择组织性质来衡量组织统计特征，选择所在省市来衡量城市统计特征，并进一步探究这些变量与绿色生活方式引导政策体验效用之间的关系。

四　研究假设提出

（一）个体因素影响绿色生活方式引导政策体验效用的关系假设

本书用自主学习能力、阶层认同、规范内化、偏好和象征价值关注度五个变量反映城市居民的个体因素，且绿色生活方式引导政策体验效用包括功能体验效用、成本体验效用、社会体验效用、情感体验效用和绿色体验效用五个维度。因此，个体因素影响绿色生活方式引导政策体验效用的关系假设包括以下五个部分。

1. 自主学习能力影响绿色生活方式引导政策体验效用的关系假设

自主学习能力是一种主动的、积极的建构性学习过程，不仅反映了城市居民接受新事物的能力，而且是反思和行动能力的表达。在深度访谈中，我们发现自主学习能力强的城市居民，更愿意改变既有的生活习惯，更乐于学习、接受绿色生活方式引导政策。一些实证研究结果也证实了自主学习能力与效用之间的正向关系（吴晓波等，2009）。因此，根据研究目标，在深度访谈的基础上，本书对自主学习能力与绿色生活方式引导政策体验效用的关系假设如下：

H1：自主学习能力显著影响绿色生活方式引导政策体验效用；

H1-1：自主学习能力正向影响绿色生活方式引导政策的功能体验效用；

H1-2：自主学习能力正向影响绿色生活方式引导政策的成本体验效用；

H1-3：自主学习能力正向影响绿色生活方式引导政策的社会体验效用；

H1-4：自主学习能力正向影响绿色生活方式引导政策的情感体验效用；

H1-5：自主学习能力正向影响绿色生活方式引导政策的绿色体验效用。

2. 阶层认同影响绿色生活方式引导政策体验效用的关系假设

研究显示，虽然计划行为理论模型被广泛应用于个体环境行为研究，但其忽略了社会认同、自我认同等与身份相关联的因素在计划行为理论模型中应该起到的作用（Terry 等，2011）。进一步地，研究发现阶层认同可以直接或间接地预测个体环境行为及其对环境政策的态度（Case 等，2016）。实证研究结果表明，社会、经济地位自评较高的公众，其践行环境引导政策的意愿更高（Li 等，2020）。因此，本书对阶层认同与绿色生活方式引导政策体验效用的关系假设如下：

H2：阶层认同显著影响绿色生活方式引导政策体验效用；

H2 - 1：阶层认同正向影响绿色生活方式引导政策的功能体验效用；

H2 - 2：阶层认同正向影响绿色生活方式引导政策的成本体验效用；

H2 - 3：阶层认同正向影响绿色生活方式引导政策的社会体验效用；

H2 - 4：阶层认同正向影响绿色生活方式引导政策的情感体验效用；

H2 - 5：阶层认同正向影响绿色生活方式引导政策的绿色体验效用。

3. 规范内化影响绿色生活方式引导政策体验效用的关系假设

根据计划行为理论模型，主观规范会影响行为意愿，继而影响特定行为的发生（Ajzen，1991）。而规范内化则是指个体主动地将社会规范内化为自我行为准则，将主流的社会规范作为自我行为选择的约束条件而不是决策的目标之一（牛贺，2017）。研究表明，规范内化程度越高的个体越有可能实施利他行为（韦倩，2009）。在深度访谈时也发现，规范内化程度高的城市居民更容易或更有可能对绿色生活方式引导政策产生"好感"，其感知的体验效用也越有可能更高。所以，本书对规范内化与绿色生活方式引导政策体验效用的关系假设如下：

H3：规范内化显著影响绿色生活方式引导政策体验效用；

H3－1：规范内化正向影响绿色生活方式引导政策的功能体验效用；

H3－2：规范内化正向影响绿色生活方式引导政策的成本体验效用；

H3－3：规范内化正向影响绿色生活方式引导政策的社会体验效用；

H3－4：规范内化正向影响绿色生活方式引导政策的情感体验效用；

H3－5：规范内化正向影响绿色生活方式引导政策的绿色体验效用。

4. 偏好影响绿色生活方式引导政策体验效用的关系假设

根据偏好理论，决策者会基于个人经验和已有知识对各种方案进行评估并形成方案偏好。当再次面临选择时，决策者依然会按照个人评估的偏好顺序进行选择（傅强和朱浩，2014）。质性分析结果表明，城市居民在评估绿色生活方式引导政策体验效用时表现出舒适偏好、经济偏好和环保偏好三类（Geng 等，2016）。研究发现，具有舒适偏好和经济偏好的个体践行绿色生活方式引导政策的意愿较低且不稳定，具有环保偏好的个体践行绿色生活方式引导政策的意愿更强，行为也更加稳定（Cheng 等，2019b）。基于上述分析，本书对偏好与绿色生活方式引导政策体验效用的关系假设如下：

H4：偏好显著影响绿色生活方式引导政策体验效用；

H4－1：舒适偏好负向影响绿色生活方式引导政策体验效用；

H4－2：舒适偏好负向影响绿色生活方式引导政策的功能体验效用；

H4－3：舒适偏好负向影响绿色生活方式引导政策的成本体验效用；

H4－4：舒适偏好负向影响绿色生活方式引导政策的社会体验

效用；

H4 - 5：舒适偏好负向影响绿色生活方式引导政策的情感体验效用；

H4 - 6：舒适偏好负向影响绿色生活方式引导政策的绿色体验效用。

H4 - 7：经济偏好负向影响绿色生活方式引导政策体验效用；

H4 - 8：经济偏好负向影响绿色生活方式引导政策的功能体验效用；

H4 - 9：经济偏好负向影响绿色生活方式引导政策的成本体验效用；

H4 - 10：经济偏好负向影响绿色生活方式引导政策的社会体验效用；

H4 - 11：舒适偏好负向影响绿色生活方式引导政策的情感体验效用；

H4 - 12：经济偏好负向影响绿色生活方式引导政策的绿色体验效用。

H4 - 13：环保偏好正向影响绿色生活方式引导政策体验效用；

H4 - 14：环保偏好正向影响绿色生活方式引导政策的功能体验效用；

H4 - 15：环保偏好正向影响绿色生活方式引导政策的成本体验效用；

H4 - 16：环保偏好正向影响绿色生活方式引导政策的社会体验效用；

H4 - 17：环保偏好正向影响绿色生活方式引导政策的情感体验效用；

H4 - 18：环保偏好正向影响绿色生活方式引导政策的绿色体验效用。

5. 象征价值关注度影响绿色生活方式引导政策体验效用的关系假设

深度访谈发现，践行绿色生活方式引导政策会产生如环保、责任感、健康等形象价值。根据自我形象一致理论，如果个体认为践行某一政策的象征价值与其自我认同相匹配，他们就会对该政策产生积极的态度（曹颖和符国群，2012），体验效用就会明显提升。实证研究也表明，象征价值的关注度可以正向影响个体的行为决策（龚艳萍和范书利，2008）。因此，对象征价值关注度与绿色生活方式引导政策体验效用的关系假设如下：

H5：象征价值关注度显著影响绿色生活方式引导政策体验效用；

H5－1：象征价值关注度正向影响绿色生活方式引导政策的功能体验效用；

H5－2：象征价值关注度正向影响绿色生活方式引导政策的成本体验效用；

H5－3：象征价值关注度正向影响绿色生活方式引导政策的社会体验效用；

H5－4：象征价值关注度正向影响绿色生活方式引导政策的情感体验效用；

H5－5：象征价值关注度正向影响绿色生活方式引导政策的绿色体验效用。

（二）群体因素影响绿色生活方式引导政策体验效用的关系假设

1. 群体压力影响绿色生活方式引导政策体验效用的关系假设

个体总是处于不同的群体中，在不同群体内扮演不同的社会角色。自然地，个体的行为选择会受到群体的约束与影响。质性分析结果显示，城市居民感知的群体压力越小，绿色生活方式引导政策体验效用就越高。一些研究也证实了群体压力与环境行为选择间的关系（周志家，2011）。因此，本书对群体压力与绿色生活方式引导体验效用的关系假设如下：

H6：群体压力显著影响绿色生活方式引导政策体验效用；

H6－1：群体压力负向影响绿色生活方式引导政策的功能体验效用；

H6－2：群体压力负向影响绿色生活方式引导政策的成本体验效用；

H6－3：群体压力负向影响绿色生活方式引导政策的社会体验效用；

H6－4：群体压力负向影响绿色生活方式引导政策的情感体验效用；

H6－5：群体压力负向影响绿色生活方式引导政策的绿色体验效用。

2. 群体氛围影响绿色生活方式引导政策体验效用的关系假设

人具有社会属性。个体处于不同的群体中，能够切实感受到群体内各种因素的影响，个体感知到践行绿色生活方式引导政策的氛围会对体验效用产生重要影响。结合深度访谈结论，除了群体压力，群体氛围因素也是影响绿色生活方式引导政策体验效用的重要因素。此外，群体氛围对个体践行环保行为的影响已经得到众多学者的关注并在实证研究中得到印证（Raus 等，2015）。因此，本书对群体氛围与绿色生活方式引导政策体验效用的关系假设如下：

H7：群体氛围显著影响绿色生活方式引导政策体验效用；

H7－1：群体氛围正向影响绿色生活方式引导政策的功能体验效用；

H7－2：群体氛围正向影响绿色生活方式引导政策的成本体验效用；

H7－3：群体氛围正向影响绿色生活方式引导政策的社会体验效用；

H7－4：群体氛围正向影响绿色生活方式引导政策的情感体验效用；

H7－5：群体氛围正向影响绿色生活方式引导政策的绿色体验

效用。

3. 专业知识水平影响绿色生活方式引导政策体验效用的关系假设

深度访谈时发现，若周围有了解绿色生活方式引导政策的专业人士，则城市居民参与政策的意愿就越高，对绿色生活方式引导政策的评价就越积极。可见，群内成员的专业知识水平对体验效用具有重要的影响作用。一些研究也论证了业内人士在提高群体可信度和群体信息性影响的积极作用（彭皓玥和赵国浩，2019）。所以，本书对专业知识水平与绿色生活方式引导政策体验效用的关系假设如下：

H8：专业知识水平显著影响绿色生活方式引导政策体验效用

H8 - 1：专业知识水平正向影响绿色生活方式引导政策的功能体验效用；

H8 - 2：专业知识水平正向影响绿色生活方式引导政策的成本体验效用；

H8 - 3：专业知识水平正向影响绿色生活方式引导政策的社会体验效用；

H8 - 4：专业知识水平正向影响绿色生活方式引导政策的情感体验效用；

H8 - 5：专业知识水平正向影响绿色生活方式引导政策的绿色体验效用。

4. 消费文化影响绿色生活方式引导政策体验效用的关系假设

研究已证实消费文化对个体行为选择以及政策响应的影响效果（刁雅静等，2019）。特别是在中国关系型的文化环境中，消费文化对个体决策的影响更加显著（Chen等，2014）。深度访谈发现，城市居民对绿色生活方式引导政策的体验效用显著受到消费文化的影响。当城市居民感知的消费文化越正面和积极时，其对绿色生活方式引导政策的好感度就越高，感知到的体验效用就越高。基于上述分析，本书对消费文化与绿色生活方式引导政策体验效用的关系假设如下：

H9：消费文化显著影响绿色生活方式引导政策体验效用；

H9 - 1：消费文化正向影响绿色生活方式引导政策的功能体验效用；

H9 - 2：消费文化正向影响绿色生活方式引导政策的成本体验效用；

H9 - 3：消费文化正向影响绿色生活方式引导政策的社会体验效用；

H9 - 4：消费文化正向影响绿色生活方式引导政策的情感体验效用；

H9 - 5：消费文化正向影响绿色生活方式引导政策的绿色体验效用。

（三）心理授权感知在个体因素与绿色生活方式引导政策体验效用关系中的中介作用假设

本书从以下三个方面阐释心理授权感知在个体因素与绿色生活方式引导政策体验效用关系中的中介作用。第一，心理授权感知与绿色生活方式引导政策体验效用的关系。决策理论认为，行为结果的利害关系对决策者效用的判断具有决定性的影响（Higgins，2000）。而心理授权的意义感知和影响力感知正是对这种利害关系的量化，对效用的评估具有一定的抑制或促进作用。此外，自主性感知是行为控制权的表达，是行为人舒适和自由体验感的展现；自我效能感知是自信度的刻画，是自我认同体验感的反映。可见，自主性和自我效能感也是体验效用的影响因素。研究已证实心理授权感知对个体决策行为的作用（Singh 和 Sarkar，2015）。因此，本研究认为心理授权感知可能会影响绿色生活方式引导政策体验效用。第二，关于个体因素与心理授权感知的关系。研究表明，心理因素往往会影响个体的心理授权（陈永霞等，2006）。深度访谈发现，不同心理特征的城市居民感知到的践行意义、自我效能感、自主性和影响力也不尽相同。因此，本书认为城市居民的心理授权水平极有可能受到个体心理认知因素的影响。第三，关于个体因素与绿色生活方式引导政策体验效用的关系。由前文分析已知，个体因素是影响绿色生活方式体验效用的重要因素。

综上所述，个体因素会影响城市居民的心理授权感知和绿色生活方式引导政策体验效用，且心理授权感知会影响绿色生活方式引导政策体验效用。此外，个体因素并不是完全直接作用于绿色生活方式引导政策体验效用，而是一定程度上通过心理授权感知发挥作用。因此，本研究认为个体因素对绿色生活方式引导政策体验效用产生直接作用的同时，也有可能通过心理授权感知对绿色生活方式引导政策体验效用产生间接的作用，即心理授权感知在个体因素与绿色生活方式引导政策体验效用的关系中具有中介作用。因此，本书提出如下假设：

H10：自主学习能力通过心理授权感知影响绿色生活方式引导政策体验效用；

H10-1：自主学习能力通过心理授权感知影响绿色生活方式引导政策的功能体验效用；

H10-2：自主学习能力通过心理授权感知影响绿色生活方式引导政策的成本体验效用；

H10-3：自主学习能力通过心理授权感知影响绿色生活方式引导政策的社会体验效用；

H10-4：自主学习能力通过心理授权感知影响绿色生活方式引导政策的情感体验效用；

H10-5：自主学习能力通过心理授权感知影响绿色生活方式引导政策的绿色体验效用。

H11：阶层认同通过心理授权感知影响绿色生活方式引导政策体验效用；

H11-1：阶层认同通过心理授权感知影响绿色生活方式引导政策的功能体验效用；

H11-2：阶层认同通过心理授权感知影响绿色生活方式引导政策的成本体验效用；

H11-3：阶层认同通过心理授权感知影响绿色生活方式引导政

策的社会体验效用；

H11－4：阶层认同通过心理授权感知影响绿色生活方式引导政策的情感体验效用；

H11－5：阶层认同通过心理授权感知影响绿色生活方式引导政策的绿色体验效用。

H12：规范内化通过心理授权感知影响绿色生活方式引导政策体验效用

H12－1：规范内化通过心理授权感知影响绿色生活方式引导政策的功能体验效用；

H12－2：规范内化通过心理授权感知影响绿色生活方式引导政策的成本体验效用；

H12－3：规范内化通过心理授权感知影响绿色生活方式引导政策的社会体验效用；

H12－4：规范内化通过心理授权感知影响绿色生活方式引导政策的情感体验效用；

H12－5：规范内化通过心理授权感知影响绿色生活方式引导政策的绿色体验效用。

H13：偏好通过心理授权感知影响绿色生活方式引导政策体验效用；

H13－1：舒适偏好通过心理授权感知影响绿色生活方式引导政策体验效用；

H13－2：舒适偏好通过心理授权感知影响绿色生活方式引导政策的功能体验效用；

H13－3：舒适偏好通过心理授权感知影响绿色生活方式引导政策的成本体验效用；

H13－4：舒适偏好通过心理授权感知影响绿色生活方式引导政策的社会体验效用；

H13－5：舒适偏好通过心理授权感知影响绿色生活方式引导政策的情感体验效用；

H13 – 6：舒适偏好通过心理授权感知影响绿色生活方式引导政策的绿色体验效用；

H13 – 7：经济偏好通过心理授权感知影响绿色生活方式引导政策体验效用；

H13 – 8：经济偏好通过心理授权感知影响绿色生活方式引导政策的功能体验效用；

H13 – 9：经济偏好通过心理授权感知影响绿色生活方式引导政策的成本体验效用；

H13 – 10：经济偏好通过心理授权感知影响绿色生活方式引导政策的社会体验效用；

H13 – 11：经济偏好通过心理授权感知影响绿色生活方式引导政策的情感体验效用；

H13 – 12：经济偏好通过心理授权感知影响绿色生活方式引导政策的绿色体验效用；

H13 – 13：环保偏好通过心理授权感知影响绿色生活方式引导政策体验效用；

H13 – 14：环保偏好通过心理授权感知影响绿色生活方式引导政策的功能体验效用；

H13 – 15：环保偏好通过心理授权感知影响绿色生活方式引导政策的成本体验效用；

H13 – 16：环保偏好通过心理授权感知影响绿色生活方式引导政策的社会体验效用；

H13 – 17：环保偏好通过心理授权感知影响绿色生活方式引导政策的情感体验效用；

H13 – 18：环保偏好通过心理授权感知影响绿色生活方式引导政策的绿色体验效用。

H14：象征价值关注度通过心理授权感知影响绿色生活方式引导政策体验效用；

H14 – 1：象征价值关注度通过心理授权感知影响绿色生活方式

引导政策的功能体验效用；

H14-2：象征价值关注度通过心理授权感知影响绿色生活方式引导政策的成本体验效用；

H14-3：象征价值关注度通过心理授权感知影响绿色生活方式引导政策的社会体验效用；

H14-4：象征价值关注度通过心理授权感知影响绿色生活方式引导政策的情感体验效用；

H14-5：象征价值关注度通过心理授权感知影响绿色生活方式引导政策的绿色体验效用。

（四）心理授权感知在群体因素与绿色生活方式引导政策体验效用关系中的中介作用假设

本书从三个方面阐释心理授权感知在群体因素与绿色生活方式引导政策体验效用关系中的中介作用。第一，群体因素与心理授权感知的关系。深度访谈发现，践行绿色生活方式引导政策的氛围越好，消费文化越正面，群体压力越小，接触到环保政策领域的业内人士越多，城市居民越认可国家推行的绿色生活方式引导政策，对自己践行政策的能力和产生的影响力越乐观。此外，研究也证实群体因素对心理授权的促进作用。如孙春玲等（2014）发现由业主和承包商复合而成的群体授权氛围对项目经理的心理授权具有显著影响。因此，本研究认为群体因素可能会影响城市居民的心理授权感知。第二，心理授权感知与绿色生活方式引导政策体验效用的关系。由前文分析已知，心理授权水平会对绿色生活方式引导政策体验效用产生影响。第三，关于群体因素与绿色生活方式引导政策体验效用的关系。由前文分析已知，群体因素是影响绿色生活方式体验效用的重要因素。

综上所述，群体因素会影响城市居民的心理授权感知和绿色生活方式引导政策体验效用，且心理授权感知会影响绿色生活方式引导政策体验效用。此外，群体因素并不是完全直接作用于绿色生活方式引导政策体验效用，而是一定程度上通过心理授权感知发挥作用。因此，本研究认为群体因素对绿色生活方式引导政策体验效用产生直接作用的同时，也有可能通过心理授权感知对绿色生活方式引导政策体验效用产生间接的作用，即心理授权感知在群体因素与绿色生活方式引导政策体验效用的关系中具有中介作用。因此，本书提出如下假设：

H15：群体压力通过心理授权感知影响绿色生活方式引导政策体验效用；

H15－1：群体压力通过心理授权感知影响绿色生活方式引导政策的功能体验效用；

H15－2：群体压力通过心理授权感知影响绿色生活方式引导政策的成本体验效用；

H15－3：群体压力通过心理授权感知影响绿色生活方式引导政策的社会体验效用；

H15－4：群体压力好通过心理授权感知影响绿色生活方式引导政策的情感体验效用；

H15－5：群体压力通过心理授权感知影响绿色生活方式引导政策的绿色体验效用。

H16：群体氛围通过心理授权感知影响绿色生活方式引导政策体验效用；

H16－1：群体氛围通过心理授权感知影响绿色生活方式引导政策的功能体验效用；

H16－2：群体氛围通过心理授权感知影响绿色生活方式引导政策的成本体验效用；

H16－3：群体氛围通过心理授权感知影响绿色生活方式引导政策的社会体验效用；

H16－4：群体氛围通过心理授权感知影响绿色生活方式引导政策的情感体验效用；

H16－5：群体氛围通过心理授权感知影响绿色生活方式引导政策的绿色体验效用。

H17：专业知识水平通过心理授权感知影响绿色生活方式引导政策体验效用；

H17－1：专业知识水平通过心理授权感知影响绿色生活方式引导政策的功能体验效用；

H17－2：专业知识水平通过心理授权感知影响绿色生活方式引导政策的成本体验效用；

H17－3：专业知识水平通过心理授权感知影响绿色生活方式引导政策的社会体验效用；

H17－4：专业知识水平通过心理授权感知影响绿色生活方式引导政策的情感体验效用；

H17－5：专业知识水平通过心理授权感知影响绿色生活方式引导政策的绿色体验效用。

H18：消费文化通过心理授权感知影响绿色生活方式引导政策体验效用；

H18－1：消费文化通过心理授权感知影响绿色生活方式引导政策的功能体验效用；

H18－2：消费文化通过心理授权感知影响绿色生活方式引导政策的成本体验效用；

H18－3：消费文化通过心理授权感知影响绿色生活方式引导政策的社会体验效用；

H18－4：消费文化通过心理授权感知影响绿色生活方式引导政策的情感体验效用；

H18－5：消费文化通过心理授权感知影响绿色生活方式引导政策的绿色体验效用。

（五）绿色生活方式引导政策体验效用影响心理授权感知的关系假设

深度访谈结果表明，城市居民感知的体验效用很有可能会影响他们对践行意义、胜任力、自主性和影响力的认知。换言之，绿色生活方式引导政策体验效用反过来会影响城市居民的心理授权感知。

因此，本书认为绿色生活方式引导政策体验效用会反作用于心理授权感知，并提出如下假设：

H19：绿色生活方式引导政策体验效用显著影响心理授权感知；

H19-1：绿色生活方式引导政策的功能体验效用显著影响心理授权感知；

H19-2：绿色生活方式引导政策的成本体验效用显著影响心理授权感知；

H19-3：绿色生活方式引导政策的社会体验效用显著影响心理授权感知

H19-4：绿色生活方式引导政策的情感体验效用显著影响心理授权感知；

H19-5：绿色生活方式引导政策的绿色体验效用显著影响心理授权感知。

（六）社会互动在心理授权感知与绿色生活方式引导政策体验效用关系中的调节作用假设

社会互动不仅会产生信息交换和行为模仿，也会影响绿色生活方式引导政策体验效用。由前文分析可知，社会互动包括结构特征、功能特征、关系特征和信息特征四个维度。通过深度访谈发现，绿色生活方式引导政策体验效用往往受到社会互动的影响。例如，有受访者表示垃圾分类是一项好政策是因为子女给他看了海洋生物被塑料垃圾勒死的新闻。因此，本研究认为社会互动是影响绿色生活方式引导政策体验效用的重要影响因素，并且很有可能在心理授权感知与绿色生活方式引导政策体验效用的关系中存在调节作用。所以，本书提出如下研究假设：

H20：社会互动在心理授权感知与绿色生活方式引导政策体验效用关系中起调节作用；

H20-1：社会互动结构特征在心理授权感知与绿色生活方式引导政策体验效用关系中起调节作用；

H20-2：社会互动结构特征在心理授权感知与绿色生活方式引

导政策的功能体验效用关系中起调节作用;

　　H20-3:社会互动结构特征在心理授权感知与绿色生活方式引导政策的成本体验效用关系中起调节作用;

　　H20-4:社会互动结构特征在心理授权感知与绿色生活方式引导政策的社会体验效用关系中起调节作用;

　　H20-5:社会互动结构特征在心理授权感知与绿色生活方式引导政策的情感体验效用关系中起调节作用;

　　H20-6:社会互动结构特征在心理授权感知与绿色生活方式引导政策的绿色体验效用关系中起调节作用;

　　H20-7:社会互动功能特征在心理授权感知与绿色生活方式引导政策体验效用关系中起调节作用;

　　H20-8:社会互动功能特征在心理授权感知与绿色生活方式引导政策的功能体验效用关系中起调节作用;

　　H20-9:社会互动功能特征在心理授权感知与绿色生活方式引导政策的成本体验效用关系中起调节作用;

　　H20-10:社会互动功能特征在心理授权感知与绿色生活方式引导政策的社会体验效用关系中起调节作用;

　　H20-11:社会互动功能特征在心理授权感知与绿色生活方式引导政策的情感体验效用关系中起调节作用;

　　H20-12:社会互动功能特征在心理授权感知与绿色生活方式引导政策的绿色体验效用关系中起调节作用;

　　H20-13:社会互动关系特征在心理授权感知与绿色生活方式引导政策体验效用关系中起调节作用;

　　H20-14:社会互动关系特征在心理授权感知与绿色生活方式引导政策的功能体验效用关系中起调节作用;

　　H20-15:社会互动关系特征在心理授权感知与绿色生活方式引导政策的成本体验效用关系中起调节作用;

　　H20-16:社会互动关系特征在心理授权感知与绿色生活方式引导政策的社会体验效用关系中起调节作用;

H20-17：社会互动关系特征在心理授权感知与绿色生活方式引导政策的情感体验效用关系中起调节作用；

H20-18：社会互动关系特征在心理授权感知与绿色生活方式引导政策的绿色体验效用关系中起调节作用；

H20-19：社会互动信息特征在心理授权感知与绿色生活方式引导政策体验效用关系中起调节作用；

H20-20：社会互动信息特征在心理授权感知与绿色生活方式引导政策的功能体验效用关系中起调节作用；

H20-21：社会互动信息特征在心理授权感知与绿色生活方式引导政策的成本体验效用关系中起调节作用；

H20-22：社会互动信息特征在心理授权感知与绿色生活方式引导政策的社会体验效用关系中起调节作用；

H20-23：社会互动信息特征在心理授权感知与绿色生活方式引导政策的情感体验效用关系中起调节作用；

H20-24：社会互动信息特征在心理授权感知与绿色生活方式引导政策的绿色体验效用关系中起调节作用。

（七）政策推行程度在心理授权感知与绿色生活方式引导政策体验效用关系中的调节作用假设

大量研究表明，政策推行程度会显著影响目标群群体对政策的响应程度和对引导政策的满意度（Cheng等，2020）。深度访谈发现，政策宣传不到位或相关职能部门不作为是造成绿色生活方式引导政策体验效用低的重要原因。因此，本研究认为政策推行程度是影响绿色生活方式引导政策体验效用的重要影响因素，并且很有可能在心理授权感知与绿色生活方式引导政策体验效用的关系中存在调节作用。由质性分析结果可知，本书用政策普及程度和政策执行效度两个变量衡量政策推行程度，所以，本书提出如下研究假设：

H21：政策普及程度在心理授权感知与绿色生活方式引导政策体验效用关系中起调节作用；

H21-1：政策普及程度在心理授权感知与绿色生活方式引导政

策的功能体验效用关系中起调节作用；

H21－2：政策普及程度在心理授权感知与绿色生活方式引导政策的成本体验效用关系中起调节作用；

H21－3：政策普及程度在心理授权感知与绿色生活方式引导政策的社会功能体验效用关系中起调节作用；

H21－4：政策普及程度在心理授权感知与绿色生活方式引导政策的情感体验效用关系中起调节作用；

H21－5：政策普及程度在心理授权感知与绿色生活方式引导政策的绿色体验效用关系中起调节作用。

H22：政策执行效度在心理授权感知与绿色生活方式引导政策体验效用关系中起调节作用；

H22－1：政策执行效度在心理授权感知与绿色生活方式引导政策的功能体验效用关系中起调节作用；

H22－2：政策执行效度在心理授权感知与绿色生活方式引导政策的成本体验效用关系中起调节作用；

H22－3：政策执行效度在心理授权感知与绿色生活方式引导政策的社会功能体验效用关系中起调节作用；

H22－4：政策执行效度在心理授权感知与绿色生活方式引导政策的情感体验效用关系中起调节作用；

H22－5：政策执行效度在心理授权感知与绿色生活方式引导政策的绿色体验效用关系中起调节作用。

（八）政策实施成本在心理授权感知与绿色生活方式引导政策体验效用关系中的调节作用假设

目前，已有一些学者关注并论证了实施成本对政策响应的影响（Kabak 等，2018）。深度访谈也发现，许多城市居民对绿色电动汽车持观望态度的一个主要原因是购置成本较高。此外，一些受访者高度认可垃圾分类、公共交通政策，但在日常生活中却因为时间不够、太麻烦、不方便等理由对这类政策敬而远之。因此，结合质性分析结果，本书将政策实施成本分为货币成本和非货币两类，认为政策实施成本是影响绿色生活方式引导政策体验效用的重要影响因素，并且很有可能在心理授权感知与绿色生活方式引导政策体验效用的关系中存在调节作用。因此，本书提出如下研究假设：

H23：货币成本在心理授权感知与绿色生活方式引导政策体验效用关系中起调节作用；

H23-1：货币成本在心理授权感知与绿色生活方式引导政策的功能体验效用关系中起调节作用；

H23-2：货币成本在心理授权感知与绿色生活方式引导政策的成本体验效用关系中起调节作用；

H23-3：货币成本在心理授权感知与绿色生活方式引导政策的社会功能体验效用关系中起调节作用；

H23-4：货币成本在心理授权感知与绿色生活方式引导政策的情感体验效用关系中起调节作用；

H23-5：货币成本在心理授权感知与绿色生活方式引导政策的绿色体验效用关系中起调节作用。

H24：非货币成本在心理授权感知与绿色生活方式引导政策体验效用关系中起调节作用；

H24-1：非货币成本在心理授权感知与绿色生活方式引导政策的功能体验效用关系中起调节作用；

H24-2：非货币成本在心理授权感知与绿色生活方式引导政策的成本体验效用关系中起调节作用；

H24-3：非货币成本在心理授权感知与绿色生活方式引导政策的社会功能体验效用关系中起调节作用；

H24-4：非货币成本在心理授权感知与绿色生活方式引导政策的情感体验效用关系中起调节作用；

H24-5：非货币成本在心理授权感知与绿色生活方式引导政策的绿色体验效用关系中起调节作用。

（九）绿色生活方式引导政策体验效用关于人口统计学变量具有差异性的假设

根据以往研究和质性分析结果，本书从个人、家庭、组织和城市四个层面共选择了9个社会人口学变量，分别为个人特征因素中的性别、年龄、婚姻状况、受教育水平、月收入、职业领域变量，家庭特征因素中的家庭成员人口数变量，组织特征因素的组织性质变量，和城市特征因素中的所在省市变量。基于此，本书提出如下假设：

H25：绿色生活方式引导政策体验效用关于人口统计学变量具有显著差异；

H25-1：绿色生活方式引导政策的体验效用在性别上具有显著差异；

H25-2：绿色生活方式引导政策的功能体验效用在性别上具有显著差异；

H25-2：绿色生活方式引导政策的成本体验效用在性别上具有显著差异；

H25-4：绿色生活方式引导政策的社会体验效用在性别上具有显著差异；

H25-5：绿色生活方式引导政策的情感体验效用在性别上具有显著差异；

H25-6：绿色生活方式引导政策的绿色体验效用在性别上具有显著差异；

H25-7：绿色生活方式引导政策体验效用在年龄上具有显著差异；

H25-8：绿色生活方式引导政策的功能体验效用在年龄上具有显著差异；

H25-9：绿色生活方式引导政策的成本体验效用在年龄上具有显著差异；

H25-10：绿色生活方式引导政策的社会体验效用在年龄上具有

显著差异；

H25 – 11：绿色生活方式引导政策的情感体验效用在年龄上具有显著差异；

H25 – 12：绿色生活方式引导政策的绿色体验效用在年龄上具有显著差异；

H25 – 13：绿色生活方式引导政策体验效用在婚姻状况上具有显著差异；

H25 – 14：绿色生活方式引导政策的功能体验效用在婚姻状况上具有显著差异；

H25 – 15：绿色生活方式引导政策的成本体验效用在婚姻状况上具有显著差异；

H25 – 16：绿色生活方式引导政策的社会体验效用在婚姻状况上具有显著差异；

H25 – 17：绿色生活方式引导政策的情感体验效用在婚姻状况上具有显著差异；

H25 – 18：绿色生活方式引导政策的绿色体验效用在婚姻状况上具有显著差异；

H25 – 19：绿色生活方式引导政策体验效用在学历水平上具有显著差异；

H25 – 20：绿色生活方式引导政策的功能体验效用在学历水平上具有显著差异；

H25 – 21：绿色生活方式引导政策的成本体验效用在学历水平上具有显著差异；

H25 – 22：绿色生活方式引导政策的社会体验效用在学历水平上具有显著差异；

H25 – 23：绿色生活方式引导政策的情感体验效用在学历水平上具有显著差异；

H25 – 24：绿色生活方式引导政策的绿色体验效用在学历水平上具有显著差异；

H25-25：绿色生活方式引导政策的体验效用在月收入上具有显著差异；

H25-26：绿色生活方式引导政策的功能体验效用在月收入上具有显著差异；

H25-27：绿色生活方式引导政策的成本体验效用在月收入上具有显著差异；

H25-28：绿色生活方式引导政策的社会体验效用在月收入上具有显著差异；

H25-29：绿色生活方式引导政策的情感体验效用在月收入上具有显著差异；

H25-30：绿色生活方式引导政策的绿色体验效用在月收入上具有显著差异；

H25-31：绿色生活方式引导政策体验效用在职业领域上具有显著差异；

H25-32：绿色生活方式引导政策的功能体验效用在职业领域上具有显著差异；

H25-33：绿色生活方式引导政策的成本体验效用在职业领域上具有显著差异；

H25-34：绿色生活方式引导政策的社会体验效用在职业领域上具有显著差异；

H25-35：绿色生活方式引导政策的情感体验效用在职业领域上具有显著差异；

H25-36：绿色生活方式引导政策的绿色体验效用在职业领域上具有显著差异；

H25-37：绿色生活方式引导政策的体验效用在家庭成员数上具有显著差异；

H25-38：绿色生活方式引导政策的功能体验效用在家庭成员数上具有显著差异；

H25-39：绿色生活方式引导政策的成本体验效用在家庭成员数

上具有显著差异；

H25-40：绿色生活方式引导政策的社会体验效用在家庭成员数上具有显著差异；

H25-41：绿色生活方式引导政策的情感体验效用在家庭成员数上具有显著差异；

H25-42：绿色生活方式引导政策的绿色体验效用在家庭成员数上具有显著差异；

H25-43：绿色生活方式引导政策的体验效用在组织性质上具有显著差异；

H25-44：绿色生活方式引导政策的功能体验效用在组织性质上具有显著差异；

H25-45：绿色生活方式引导政策的成本体验效用在组织性质上具有显著差异；

H25-46：绿色生活方式引导政策的社会体验效用在组织性质上具有显著差异；

H25-47：绿色生活方式引导政策的情感体验效用在组织性质上具有显著差异；

H25-48：绿色生活方式引导政策的绿色体验效用在组织性质上具有显著差异；

H25-49：绿色生活方式引导政策的体验效用在所在城市上具有显著差异；

H25-50：绿色生活方式引导政策的功能体验效用在所在城市上具有显著差异；

H25-51：绿色生活方式引导政策的成本体验效用在所在城市上具有显著差异；

H25-52：绿色生活方式引导政策的社会体验效用在所在城市上具有显著差异；

H25-53：绿色生活方式引导政策的情感体验效用在所在城市上具有显著差异；

H25 - 54：绿色生活方式引导政策的绿色体验效用在所在城市上具有显著差异。

五　影响机制的理论模型阐释

由上述分析可知，绿色生活方式引导政策体验效用的影响因素包括个体因素、群体因素、心理授权感知、社会互动、政策推行程度、政策实施成本和社会人口统计学变量。基于现有文献和质性分析结果，结合研究目标，本书构建了绿色生活方式引导政策体验效用影响机理的理论模型，见图 5 - 1。

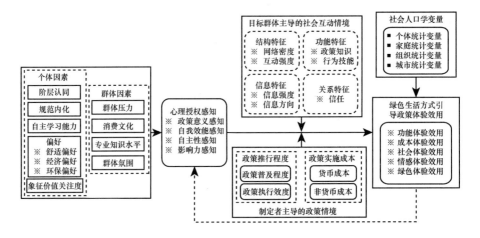

图 5 - 1　绿色生活方式引导政策体验效用影响机制的理论模型

在探究绿色生活方式引导政策体验效用的影响机制时，本书发现个体因素、群体因素、社会互动、政策推行程度、政策实施成本、心理授权感知和社会人口统计学变量七个范畴均会影响绿色生活方式引导政策体验效用，但是每个因素作用于绿色生活方式引导政策体验效用的机制不尽相同，本书将分别具体阐述。

（一）个体因素和群体因素直接影响绿色生活方式引导政策体验效用

根据访谈结果，本书用阶层认同、规范内化、自主学习能力、偏好和象征价值关注度 5 个变量来衡量个体因素，用群体压力、群体氛围、专业知识水平和消费文化 4 个变量来评价群体因素。研究表明，尽管决策者自身的态度、认知等个体因素在决策时起主导作用，但群体也会在很大程度上影响个体的决策和行为选择（宫秀双等，2017）。尤其是在中国关系型的文化背景下，决策者的社会化程度越高、人际关系越紧密，群体对个体决策的影响越大（解芳等，2019）。此外，研究显示，个体偏好主要包括舒适偏好、经济偏好和环保偏好 3 类（Cheng 等，2019b），且相较态度，偏好对个体决策的影响更持久和强烈（Chen 和 Hong，2014）。因此，本书将深入探究偏好、阶层认同、自主学习能力等个体因素，以及群体压力、群体氛围等群体因素直接影响绿色生活方式引导政策体验效用的作用。

（二）心理授权感知与绿色生活方式引导政策体验效用存在双向影响作用

根据卷入理论（Theory of Involvement）和积极心理学（Positive Psychology）相关观点，个体对事件的参与感知越强，投入度就越高（Toubia 和 Stephen，2013），体验感就会越强（Simmons 等，2011）。质性分析结果显示，绿色生活方式引导政策体验效用会影响城市居民对践行意义、自我胜任力、自主性和影响力的心理感受。因此，本书认为城市居民的心理授权感知会影响绿色生活方式引导政策体验效用；同时，城市居民绿色生活方式引导政策体验效用会反作用于心理授权感知，即心理授权感知与绿色生活方式引导政策体验效用存在双向影响作用。

（三）个体因素和群体因素通过心理授权感知间接作用于绿色生活方式引导政策体验效用

质性分析结果显示，个体因素和群体因素并不是完全直接作用于绿色生活方式引导政策体验效用，而是在一定程度上通过心理授权感知发挥影响作用。换言之，个体因素和群体因素通过心理授权感知间接作用于绿色生活方式引导政策体验效用。

（四）社会互动对绿色生活方式引导政策的体验效用具有重要影响，在心理授权感知与绿色生活方式引导政策体验效用的关系中存在调节作用

Simon 认为决策者是有限理性的（Simon，1955）。一方面，决策环境的复杂性和不确定性决定了决策者所获得信息的不完全性；另一方面，受限制于环境认知与计算能力，决策者不可能无所不知。因此，现实中，决策者会情不自禁地、自然而然地与其他成员发生互动，产生信息交换和行为模仿等互动行为。尤其是随着信息通信技术的发展，人与人之间的社会联系逐渐增强，个体决策变得相互依赖。社会互动对个体决策和行为选择的影响将会愈加强烈。质性分析结果也表明，城市居民在评估绿色生活方式引导政策体验效用时会寻求周围人的意见，参照他们的行为。因此，本书认为社会互动是影响绿色生活方式引导政策体验效用的重要因素，并可能在心理授权感知与绿色生活方式引导政策体验效用的关系中存在调节效应。

（五）政策推行程度是绿色生活方式引导政策体验效用的情境因素，在心理授权感知和绿色生活方式引导政策体验效用之间存在调节作用

研究表明，政策普及程度和执行效度在很大程度上影响着绿色生活方式引导政策体验效用（Ahmed 等，2018）。由深度访谈资料可发现，城市居民对绿色生活方式引导政策体验效用评价不高，其中的原因就包括对政策不够了解，或认为相关执行部门在敷衍，政策没有得到很好的执行。基于此，本书认为政策推行程度是绿色生活方式引导政策体验效用的情境因素，在心理授权感知和体验效用之间存在调节作用。

（六）政策实施成本是绿色生活方式引导政策体验效用的情境因素，在心理授权感知和绿色生活方式引导政策体验效用之间存在调节作用

目标群体在评估政策的体验效用时，会考虑践行绿色生活方式

引导政策的成本。研究显示，实施成本是影响绿色生活方式引导政策体验效用的重要因素（Duarte 等，2016）。质性研究进一步表明，城市居民践行绿色生活方式引导政策的成本包括货币成本和非货币成本；其中，货币成本指的是践行绿色生活方式引导政策的经济投入，如绿色产品或服务的溢价；而非货币成本则多是指时间消耗、便利度和情绪影响。因此，本书认为政策实施成本是绿色生活方式引导政策体验效用的情境因素，在心理授权感知和绿色生活方式引导政策体验效用之间存在调节作用。

（七）绿色生活方式引导政策体验效用在社会人口统计学变量上存在显著性差异

根据质性分析结果，本书发现年龄、性别、学历水平、职业领域、家庭成员数、组织性质和所在省市等关键词多次被受访者提到。因此，本书认为，绿色生活方式引导政策体验效用在社会人口统计学变量（个人统计变量、家庭统计变量、组织统计变量和城市统计变量）上存在显著性差异。

第二节　体验效用测量量表开发

一　量表开发的流程与评价方法

（一）量表开发的流程

量表开发是调查问卷研究的前提和基础；量表的质量决定了研究结果是否具有可靠性。因此，量表的开发必须具备充分的理论支撑和经验支持。本书的量表开发流程见图 5－2。首先，在文献研究、专家咨询和居民访谈的基础上，确定研究问题和研究目标，通过概念提取和语句凝练，构建理论模型并提出研究假设。其次，根据相关变量的成熟量表，结合专家建议和调查对象访谈结果进行量表的本土化设计；再次，对一些变量的量表进行自行开发设计，生成初始问卷。接着进行预调研，利用收集的数据对初始问卷的信度和效度进行检验，进而对初始量表进行修正。最后，形成正式量表。

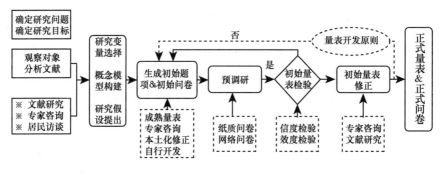

图5-2　量表开发的流程

（二）量表开发的原则

在初始量表和正式量表开发过程中，应该遵循问卷的外观、语言、结构、篇幅等原则。首先，在问卷首页应该明确问卷的学术研究目的，消除答题人的顾虑；其次，对一些关键概念进行简短说明，并给以明确的答卷指导。在语言方面，应该通俗易懂，力求简洁明了。避免带有双重、多重含义或倾向性的语句。必要时，利用反向题项来减少调研误差。在结构方面，根据具体研究需要对量表和指标的编排顺序进行合理地调整，问题安排由浅入深、由简至难。在篇幅方面，问卷不宜过长，以5—20分钟完成为宜，最多不超过30分钟。就目前量表的使用情况而言，Likert量表是最常用的一种；且大多数情况下5点量表的可靠性最高 Wilson and Dowlatabadi，2007。因此，本书采用 Likert 5 分等级量表进行问卷设计。

（三）量表的评价方法

1. 信度检验

信度检验（Reliability Test）主要用于判断量表的稳定性和内在一致性。量表的信度越大，其测量的标准误差就越小。就调查问卷方法而言，目前应用最广泛的是通过计算 Cronbach's α 系数判断量表的可靠性。一般认为，Cronbach's α 系数 > 0.9 表示最佳，0.8 左右表示非常好，0.7 左右表示一般，0.5 是可以接受的最小值。

2. 效度检验

效度是指能够测量到该试验所预测（使用者所设计的）心理或行为特质到何种程度。相应地，效度检验主要用于刻画测量指标对目标变量预测的准确程度，涉及内容效度和结构效度两方面。其中，内容效度用于衡量内容或测量题目与测量目标间的吻合度，可采用理论探索、测试和专家评估等方式进行判定。结构效度指的是测量结果与理论预期一致性的程度，通常采用探索性因子分析或验证性因子分析进行检验。具体地，探索性因子分析用于首次开发的新问卷量表的效度分析；验证性因子分析用于成熟量表的结构效度检验。需要说明的是，在进行探索性因子分析之前，需要首先进行 KMO 和 Bartlett 球形检验。KMO 的值 > 0.5，并且 Bartlett 球形检验显著时方可进行探索性分析。在采用主成分分析方法提取初始公因子时，根据以往研究，通常认为因子载荷 > 0.71 是优秀，0.63 是非常好，0.55 是好，0.45 是尚可，0.32 是较差。按照该标准，载荷 < 0.45 的题项应予以删除（Patrick，1991）。验证性因子分析的评价标准一般包括绝对适配量、增值拟适配量和精简适配量，评价标准见表 5 - 5。此外，也有一些研究通过每个题项的"Item-to-total 项目与总体关系系数"和每个因子的"α 系数"来考察每个量表的结构效度。通常认为，"Item-to-total 项目与总体关系系数"应该全部 > 0.3；"α 系数"应该全部 > 0.6。

表 5 - 5　　　　　　　　　**验证性因子分析的评价标准**

评价维度	评价项目	评价标准	评价项目	评价标准
绝对适配量	卡方（χ^2）	越小越好且 $P > 0.05$	标准根方均残差（SRMR）	> 0.05
	非集中性参数（NCP）	越小越好	近似误差均方根（RMSEA）	< 0.10
	适配度指数（GFI）	> 0.90	调整拟合优度指数（AGFI）	> 0.90
	残均方和平方根（RMR）	< 0.05		

续表

评价维度	评价项目	评价标准	评价项目	评价标准
增值适配量	赋范拟合指数（NFI）	>0.90	递增拟合指数（IFI）	>0.90
	比较拟合指数（CFI）	>0.90	相对拟合指数（RFI）	>0.90
精简适配量	简约赋范拟合指数（PN-FI）	>0.50	讯息系数（AIC）	越小越好
	关键样本指数（CN）	>200		

二　初始题项的生成与修正

本书通过如下两种途径设计研究量表的初始题项。第一，依据质性分析结果，结合城市居民践行绿色生活方式引导政策的实际情况，对已有成熟量表进行本土化修正和改进。具体地，本书从已有文献以及城市居民对绿色生活方式引导政策体验效用的相关描述中提取研究变量，从语义和情境两个方面对外文文献中涉及的相关描述进行本土化修正。着重考虑中国城市居民践行绿色生活方式引导政策的实际情况和深度访谈内容。第二，结合访谈结果与专家咨询意见，本书对相关变量的内涵进行了操作化定义，在此基础上自行开发部分变量的研究量表。

初始题项生成以后，本书通过专家咨询和普通居民访谈的方式对量表初始题项进行探讨和修正。其中，咨询专家的目的是核实量表中变量选择、变量概念化和操作化定义，以及具体题项设计是否具有合理性与有效性；居民访谈的主要目的是确认本书所选变量是否是城市居民的关注点，具体题项是否符合城市居民日常生活习惯和消费习惯，以及题项表达是否含义明确，是否通俗易懂。在此基础上，对部分题项进行修正和改进。此后，再次邀请多名专家从理论意义和实践意义对量表整体结构效度和内容效度进行评估检验，最终完成绿色生活方式引导政策体验效用初始调查量表，见表5-6。

表 5 - 6　　　　　　　　　　**初始量表构成**

研究变量		维度/因素	对应题项	参考文献
社会人口学变量		性别	Q1	自行开发
		年龄	Q2	
		所在城市	Q3	
		婚姻状况	Q4	
		受教育水平	Q5	
		月收入	Q6	
		家庭成员数	Q7	
		职业领域	Q8	
		组织性质	Q9	
个体因素		阶层认同	Q10 - 1—Q10 - 9	Mallett 和 Melchiori（2016）
		学习能力	Q11 - 1—Q11 - 5	陈国权（2008）
		规范内化	Q11 - 6—Q11 - 10	Aquino 和 Reed（2002）
	偏好	舒适偏好	Q11 - 11—Q11 - 13	自行开发
		经济偏好	Q11 - 14—Q11 - 16	自行开发
		环保偏好	Q11 - 17—Q11 - 19	自行开发
群体因素		象征价值关注度	Q11 - 20—Q11 - 22	自行开发
		群体压力	Q12 - 1—Q12 - 3	自行开发
		专业知识水平	Q12 - 4—Q12 - 6	
		消费文化	Q12 - 7—Q12 - 9	
		群体氛围	Q12 - 10—Q12 - 12	
社会互动	结构特征	网络密度	Q13 - 1—Q13 - 3	Chiu 等（2006）；自行开发
		互动强度	Q13 - 4—Q13 - 6	
	功能特征	政策知识	Q13 - 7—Q13 - 9	自行开发
		行为技能	Q13 - 10—Q13 - 12	
	关系特征	信任	Q13 - 13—Q13 - 17	Ridings 等（2002）；自行开发
	信息特征	自行开发	信息强度　Q13 - 18—Q13 - 20 信息方向　Q13 - 21—Q13 - 23	
政策推行程度		政策普及程度	Q14 - 1—Q14 - 3	自行开发
		政策执行效度	Q14 - 4—Q14 - 6	

续表

研究变量	维度/因素	对应题项	参考文献
政策实施成本	货币成本	Q14－7—Q14－9	自行开发
	非货币成本	Q14－10—Q14－12	
心理授权感知	践行意义感知	Q15－1—Q15－3	孙春玲等（2014）；自行开发
	自我效能感知	Q15－4—Q15－6	
	自主性感知	Q15－7—Q15－9	
	影响力感知	Q15－10—Q15－12	
体验效用	功能体验效用	Q16－1—Q16－4	自行开发
	成本体验效用	Q16－5—Q16－8	
	社会体验效用	Q16－9—Q16－12	
	情感体验效用	Q16－13—Q16－16	
	绿色体验效用	Q16－17—Q16－20	

三　预调研与初始量表检验

初始量表设计完成后，需要进行预调研以检验问卷的信度和效度，进而对初始量表进行一定的修订和改进以形成正式问卷。研究表明，量表预调研的数量应该为量表中最大分量表所包含题项的3—5倍（吴明隆，2000），且预调研样本数量越大，量表的信效度检验结果越可靠。本书最大分量表为个体因素的测量量表，由31个题项组成。因此，预调研有效样本的数量应该不低于93份。本书依据分层抽样方法确定调查对象以保证样本选择的科学性、代表性和有效性。初始量表基于专业的问卷调查网站（问卷星）进行问卷发放，同时借助微信、QQ等平台对问卷网址链接进行转发和扩散。在转发问卷之前，和受访者进行有效的沟通，详细说明了调研的目的和调查的注意事项，并解释了问卷中绿色生活方式引导政策的内涵，以最大限度保证问卷的回收率和有效率。预调研于2019年10月2日至2019年10月28日进行，共收回问卷692份。其中106份问卷因连续8题以上选择同一选项而被剔除（Cheng等，2021），最终有效问卷为586份，占有效问卷的84.93%。本次预调研的有效样本数量约为最大分量表题项数量的 19 倍，符合预调研问卷数目的要求。

本书主要采用 SPSS 22.0 软件对问卷进行信度和效度检验。在此之前，本书首先对采用负向指标测量的变量进行了正向转换，以保证量表的一致性。本文初始量表的信度和效度检验主要包括个体因素、群体因素、社会互动、政策推行程度、政策实施成本、心理授权感知和绿色生活方式引导政策体验效用7个部分。

（一）信度检验

信度检验的目的在于检验测量数据或结果是否具有一致性或稳定性。由于本研究设计的量表主要通过多个题目测量同一变量，因此有必要对量表的一致性进行检验。本书采用 Cronbach's α 系数法对预调研问卷进行信度检验。根据前文分析，正式量表的 Cronbach's α 系数 >0.7 时为最好，>0.6 时为可接受水平。本书对个体因素、群体因素等7个分量表进行信度检验，检验结果见表5-7。由表可知，预调研问卷中个体因素、群体因素、社会互动、政策推行政策、政策实施成本、心理授权感知和绿色生活方式引导政策体验效用7个分量表的 Cronbach's α 均在0.7以上，表明预调研问卷中7个分量表均具有较高的信度。

表5-7　　　　　　　预调研问卷中分量表的信度检验结果

变量	个体因素	群体因素	社会互动	政策推行程度	政策实施成本	心理授权感知	体验效用
N	31	12	23	6	6	12	20
Cronbach's α	0.845	0.731	0.912	0.818	0.915	0.835	0.792

此外，本书对预调研中各个变量进行了信度检验，并测算了各变量题项的"项目与总体相关系数"，见表5-8。根据前文所述，各变量题项的"项目与总体相关系数"均应满足 >0.3。由信度检验结果可知，自主学习能力、规范内化、舒适偏好、经济偏好、环保偏好、象征价值关注度、阶层认同、群体压力等变量的量表

Cronbach's α 均 > 0.7，表明这些变量的信度较高。消费文化的
Cronbach's α 系数为 0.575，< 0.6，需要对此量表进行重新审查。经
过对消费文化变量 3 个题项的深入分析，发现题项"大牌才是品位
的象征，没有人关注产品是不是环保"与总体相关系数为 0.275，
< 0.3，故将该题项删除。删除该题项后重新对变量消费文化进行信
度检验，发现该量表的 Cronbach's α 系数增加到 0.842，"项目与总
体相关系数"为"0.617— 0.821"，表明量表可以接受。

表 5 - 8　　　　　　　　预调研问卷中各变量的信度检验结果

变量	变量符号	题项数	均值	Cronbach's α	项目与总体相关系数
自主学习能力	SLA	5	3.26	0.921	0.559— 0.872
规范内化	NI	5	2.72	0.876	0.355— 0.749
舒适偏好	PC	3	3.48	0.915	0.501— 0.930
经济偏好	PE	3	3.56	0.885	0.483— 0.862
环保偏好	PEP	3	3.24	0.924	0.371— 0.738
象征价值关注度	SVA	9	3.60	0.895	0.401— 0.725
阶层认同	CI	9	3.40	0.910	0.522— 0.861
群体压力	GP	3	2.75	0.912	0.362— 0.804
专业知识水平	LE	3	3.13	0.904	0.375— 0.816
消费文化	CC	3	3.86	0.575	0.275— 0.735
群体氛围	GA	3	3.62	0.667	0.264— 0.627
结构特征	SC	6	3.10	0.931	0.422— 0.850
功能特征	FC	6	3.55	0.878	0.350— 0.752
关系特征	RC	5	3.94	0.920	0.417— 0.875
信息特征	IC	4	3.35	0.863	0.529— 0.814
政策普及程度	PEP	3	3.33	0.951	0.342— 0.870
政策执行效度	EVP	2	3.43	0.912	0.464— 0.876
货币成本	MC	3	3.24	0.864	0.398— 0.856
非货币成本	NMC	3	3.98	0.928	0.438— 0.762

续表

变量	变量符号	题项数	均值	Cronbach's α	项目与总体相关系数
践行意义感知	PP	3	3.57	0.871	0.361—0.826
自我效能感知	PS	3	4.04	0.922	0.511—0.873
自主性感知	PA	3	3.41	0.875	0.644—0.836
影响力感知	PI	3	3.11	0.726	0.363—0.733
功能体验效用	FEU	4	2.92	0.953	0.382—0.826
成本体验效用	CEU	4	2.76	0.907	0.441—0.854
社会体验效用	SEU	4	3.22	0.919	0.505—0.882
情感体验效用	EEU	4	3.15	0.878	0.403—0.813
绿色体验效用	GEU	4	3.88	0.895	0.423—0.797

（二）效度检验

效度检验的目的在于判断测量指标对目标变量预测的吻合程度，包括内容效度和结构效度两个方面。由于本书是基于现有成熟量表并根据中国实际情况进行了改进和完善，同时咨询了相关的专家，并且在数据预调研后进行了相关检验和进一步修订，所以可认为本研究量表具有良好的内容效度。本书采用 SPSS 22.0 软件对多维度结构量表的结构效度进行探索性因子分析，包括个体因素、群体因素、社会互动、政策推行程度、政策实施成本、心理授权感知和绿色生活方式引导政策体验效用。需要说明的是，在进行探索性因子分析之前，一般先进行 KMO 和 Bartlett 球形度检验判断数据是否适合因子分析。

1. 个体因素的探索性因子分析

表 5-9 描述了个体因素的 KMO 和 Bartlett 球形度检验结果。可以发现，KMO 的度量值为 0.940，Bartlett 的球形度检验的卡方值较大且具有显著性（Sig. = 0.000），表明个体因素适合进行探索性因子分析。

表 5 - 9 个体因素初始量表的 KMO 和 Bartlett 检验结果

取样足够的 Kaiser-Meyer-Olkin 度量		0.940
Bartlett 的球形度检验	近似卡方	5065.531
	253.000	df
	0.000	Sig.

本书采用主成分分析法对个体因素的测量题项进行主成分提取，提取标准为特征值 >1，旋转方法为 Kaiser 标准化最大方差法，提取结果见表 5 - 10。结果显示，个体因素的量表提取了 7 个公因子，总方差解释率为 78.816%，表明提取的 7 个公因子对个体因素具有较好的解释能力。

表 5 - 10 个体因素初始题项因子解释的总方差

成分	初始特征值			提取平方和载入			旋转平方和载入		
	合计	方差的%	累计百分比（%）	合计	方差的%	累计百分比（%）	合计	方差的%	累计百分比（%）
1	10.899	47.385	47.385	10.899	47.385	47.385	6.752	29.357	29.357
2	2.759	11.996	59.381	2.759	11.996	59.381	2.804	12.193	41.551
3	1.249	5.428	64.809	1.249	5.428	64.809	2.603	11.317	52.867
4	1.028	4.468	69.278	1.028	4.468	69.278	2.030	8.825	61.692
5	0.830	3.608	72.886	0.830	3.608	72.886	1.904	8.280	69.972
6	0.763	3.318	76.204	0.763	3.318	76.204	1.033	4.490	74.462
7	0.601	2.612	78.816	0.601	2.612	78.816	1.001	4.354	78.816

表 5 - 11 描述了个体因素初始题项的正交旋转矩阵结果，可以发现，31 个题项较好地分布在 7 个潜在因子上，且各个因子的载荷值均 >0.7，而在其他因子上的载荷值均 <0.4。可以断定本书中个体因素量表具有较好的结构效度。

表 5 - 11　　　　　　**个体因素初始题项的正交旋转成分矩阵**

	成分						
	1	2	3	4	5	6	7
SLA1	0.718	0.179	0.187	0.296	0.215	0.037	−0.265
SLA2	0.758	0.168	0.047	0.226	0.226	0.035	−0.124
SLA3	0.838	0.155	0.135	−0.011	0.108	0.056	0.141
SLA4	0.817	0.098	0.127	−0.016	0.219	0.020	0.142
SLA5	0.793	0.153	0.166	0.021	0.238	−0.037	0.055
NI1	0.039	0.117	0.286	0.221	0.276	−0.001	0.707
NI2	0.079	0.060	0.305	0.195	0.013	0.052	0.784
NI3	0.330	0.074	0.312	0.139	0.092	0.069	0.724
NI4	0.143	0.066	0.229	0.051	0.200	−0.025	0.719
NI5	0.156	0.192	0.160	0.208	0.186	0.021	0.818
PC1	0.266	0.819	0.148	0.133	0.057	0.046	0.000
PC2	0.081	0.881	0.007	0.139	0.148	−0.037	0.031
PC3	0.087	0.864	−0.003	0.206	0.106	0.007	0.100
PE1	0.165	0.179	0.029	0.763	0.130	0.130	0.126
PE2	0.066	0.071	−0.068	0.800	0.146	0.045	0.003
PE3	0.225	0.111	0.021	0.769	0.068	0.059	0.058
PEP1	0.154	0.062	0.860	0.096	0.233	−0.014	0.031
PEP2	0.274	0.024	0.740	0.084	0.167	0.015	0.097
PEP3	0.230	0.026	0.805	0.008	0.168	−0.023	0.044
SVA1	0.227	0.185	0.150	0.091	0.792	−0.008	0.041
SVA2	0.308	0.304	0.003	0.129	0.866	0.052	0.359
SVA3	0.343	0.117	0.026	0.230	0.760	−0.075	−0.073
CI1	−0.042	0.015	−0.008	0.096	−0.013	0.791	0.029
CI2	0.217	0.017	0.123	0.032	0.002	0.831	0.023
CI3	0.135	0.053	0.129	0.016	0.010	0.769	0.126
CI4	0.008	0.281	0.229	0.021	0.051	0.851	0.005
CI5	0.103	0.241	0.005	0.228	0.213	0.764	0.134
CI6	0.233	0.142	0.016	0.120	0.156	0.812	0.142
CI7	0.301	0.205	0.057	0.059	0.108	0.843	0.218
CI8	0.215	0.241	0.045	0.085	0.075	0.754	0.013
CI9	0.122	0.012	0.035	0.241	0.045	0.820	0.014

2. 群体因素的探索性因子分析

采用 KMO 和 Bartlett 球形检验判断群体因素是否适合探索性因子分析，检验结果见表 5 - 12。可以发现，KMO 的度量值为 0.833，Bartlett 的球形度检验的卡方值较大且具有显著性（Sig. = 0.000），表明群体因素适合进行探索性因子分析。

表 5 - 12   **群体因素量表的 KMO 和 Bartlett 检验结果**

取样足够的 Kaiser-Meyer-Olkin 度量		0.833
Bartlett 的球形度检验	近似卡方	1998.746
	45.000	df
	0.000	Sig.

本书采用主成分分析法对群体因素的测量题项进行主成分提取，提取标准为特征值 > 1，旋转方法为 Kaiser 标准化最大方差法，提取结果见表 5 - 13。结果显示，群体因素的量表提取了 4 个公因子，总方差解释率为 84.965%，表明提取的 4 个公因子对个体因素具有较好的解释能力。

表 5 - 13   **群体因素初始题项因子解释的总方差**

成分	初始特征值			提取平方和载入			旋转平方和载入		
	合计	方差的%	累计百分比（%）	合计	方差的%	累计百分比（%）	合计	方差的%	累计百分比（%）
1	4.821	48.206	48.206	4.821	48.206	48.206	2.653	26.530	26.530
2	1.908	19.078	67.284	1.908	19.078	67.284	2.465	24.650	51.179
3	1.193	11.934	79.218	1.193	11.934	79.218	1.823	18.226	69.405
4	0.575	5.747	84.965	0.575	5.747	84.965	1.556	15.561	84.965

群体因素初始题项的正交旋转成分矩阵见表 5 - 14。可以发现，12 个题项较好地分布在 4 个潜在因子上，且各个因子的载荷值

均 >0.8，而在其他因子上的载荷值均 <0.4。可以断定本书中群体因素量表具有较好的结构效度。

表5-14　　　　　　　群体因素初始题项的正交旋转成分矩阵

	成分			
	1	2	3	4
GP1	0.874	0.302	0.059	0.201
GP2	0.892	0.279	0.054	0.180
GP3	0.882	0.198	0.099	0.182
LE1	0.221	0.875	0.042	0.112
LE2	0.218	0.880	0.113	0.095
LE3	0.251	0.809	0.031	0.140
CC1	−0.001	0.057	0.901	0.229
CC2	0.140	0.075	0.879	0.242
CC3	0.021	0.034	0.856	0.126
GA1	0.223	0.180	0.273	0.847
GA2	0.293	0.145	0.263	0.862
GA3	0.015	0.267	0.206	0.843

3. 社会互动的探索性因子分析

表5-15描述了社会互动的 KMO 和 Bartlett 球形检验结果。可以发现，KMO 的度量值为 0.953，Bartlett 的球形度检验的卡方值较大且具有显著性（Sig. = 0.000），表明社会互动适合进行探索性因子分析。随后，本书采用主成分分析法对社会互动的测量题项进行主成分提取，提取标准为特征值 >1，旋转方法为 Kaiser 标准化最大方差法，提取结果见表5-16。结果显示，社会互动的量表提取了4个公因子，总方差解释率为 81.223%，表明提取的4个公因子对社会互动具有较好的解释能力。

表 5 – 15 社会互动量表的 KMO 和 Bartlett 检验结果

取样足够的 Kaiser-Meyer-Olkin 度量		0.953
Bartlett 的球形度检验	近似卡方	6782.712
	210.000	df
	0.000	Sig.

表 5 – 16 社会互动初始题项因子解释的总方差

成分	初始特征值			提取平方和载入			旋转平方和载入		
	合计	方差的%	累计百分比（%）	合计	方差的%	累计百分比（%）	合计	方差的%	累计百分比（%）
1	12.195	58.071	58.071	12.195	58.071	58.071	7.125	33.929	33.929
2	2.974	14.161	72.232	2.974	14.161	72.232	4.644	22.116	56.046
3	1.033	4.921	77.153	1.033	4.921	77.153	4.258	20.276	76.321
4	0.855	4.071	81.223	0.855	4.071	81.223	1.029	4.902	81.223

表 5 – 17 报告了社会互动初始题项的正交旋转成分矩阵。可知，23 个题项较好地分布在 4 个潜在因子上，且各个因子的载荷值均 >0.7，而在其他因子上的载荷值均 <0.4。因此，可以判定本书中社会互动量表具有较好的结构效度。

表 5 – 17 社会互动初始题项的正交旋转成分矩阵

	成分			
	1	2	3	4
SC1	0.826	0.147	0.323	0.182
SC2	0.801	0.163	0.305	0.188
SC3	0.820	0.176	0.246	0.143
SC4	0.867	0.079	0.214	0.256
SC5	0.832	0.137	0.341	0.215
SC6	0.813	0.154	0.304	0.272
FC1	0.119	0.254	0.768	0.131
FC2	0.164	0.142	0.782	0.141

续表

	成分			
	1	2	3	4
FC3	0.098	0.322	0.755	0.159
FC4	0.140	0.341	0.773	0.194
FC5	0.191	0.306	0.805	0.222
FC6	0.294	0.320	0.811	0.219
RC1	0.168	0.785	0.224	0.115
RC2	0.181	0.801	0.258	0.160
RC3	0.166	0.890	0.198	0.040
RC4	0.046	0.890	0.199	0.075
RC5	0.080	0.867	0.207	0.087
IC1	0.161	0.203	0.287	0.817
IC2	0.040	0.196	0.223	0.772
IC3	0.230	0.131	0.219	0.818
IC4	0.213	0.075	0.310	0.735
IC5	0.128	0.215	0.203	0.862
IC6	0.016	0.142	0.107	0.754

4. 政策推行程度的探索性因子分析

表 5 - 18 报告了政策推行程度的 KMO 和 Bartlett 球形检验结果。可以发现，KMO 的度量值为 0.878，Bartlett 的球形度检验的卡方值较大且具有显著性（Sig. = 0.000），表明政策推行程度适合进行探索性因子分析。随后，本书采用主成分分析法对政策推行程度的测量题项进行主成分提取，提取结果见表 5 - 19。结果显示，政策推行程度的量表提取了 2 个公因子，总方差解释率为 85.417%，表明提取的 2 个公因子对政策推行程度具有较好的解释能力。

表 5 - 18　　　**政策推行程度量表的 KMO 和 Bartlett 检验结果**

取样足够的 Kaiser-Meyer-Olkin 度量		0.878
Bartlett 的球形度检验	近似卡方	1110.738
	10.000	df
	0.000	Sig.

表 5 - 19   政策推行程度初始题项因子解释的总方差

成分	初始特征值			提取平方和载入			旋转平方和载入		
	合计	方差的%	累计百分比（%）	合计	方差的%	累计百分比（%）	合计	方差的%	累计百分比（%）
1	3.769	75.379	75.379	3.769	75.379	75.379	2.547	50.939	50.939
2	0.502	10.037	85.417	0.502	10.037	85.417	1.724	34.478	85.417

政策推行程度初始题项的正交旋转成分矩阵见表 5 - 20。可以发现，6 个题项较好地分布在 2 个潜在因子上，且各个因子的载荷值均 > 0.7，而在其他因子上的载荷值均 < 0.3。可以断定本书中政策推行程度量表具有较好的结构效度。

表 5 - 20   政策推行程度初始题项的正交旋转成分矩阵

	成分	
	1	2
PEP1	0.847	0.291
PEP2	0.776	0.118
PEP3	0.852	0.285
EVP1	0.247	0.752
EVP2	0.289	0.930
EVP3	0.134	0.861

5. 政策实施成本的探索性因子分析

表 5 - 21 描述了政策实施成本的 KMO 和 Bartlett 球形检验结果。可以发现，KMO 的度量值为 0.858，Bartlett 的球形度检验的卡方值较大且具有显著性（Sig. = 0.000），因此政策实施成本适合进行探索性因子分析。

表 5 – 21　　　　　　政策实施成本量表的 KMO 和 Bartlett 检验结果

取样足够的 Kaiser-Meyer-Olkin 度量		0. 858
Bartlett 的球形度检验	近似卡方	1523. 228
	15. 000	df
	0. 000	Sig.

本书采用主成分分析法对政策实施成本的测量题项进行主成分提取，提取标准为特征值 >1，旋转方法为 Kaiser 标准化最大方差法，提取结果见表 5 – 22。结果显示，政策实施成本的量表提取了 2 个公因子，总方差解释率为 86.070%，表明提取的 2 个公因子对政策实施成本具有较好的解释能力。

表 5 – 22　　　　　　政策实施成本初始题项因子解释的总方差

成分	初始特征值			提取平方和载入			旋转平方和载入		
	合计	方差的%	累计百分比（%）	合计	方差的%	累计百分比（%）	合计	方差的%	累计百分比（%）
1	4. 223	70. 383	70. 383	4. 223	70. 383	70. 383	2. 780	46. 325	46. 325
2	0. 941	15. 687	86. 070	0. 941	15. 687	88. 070	2. 385	39. 745	86. 070

表 5 – 23 为政策实施成本初始题项的正交旋转成分矩阵。可以发现，6 个题项较好地分布在 2 个潜在因子上，且各个因子的载荷值均 >0.8，而在其他因子上的载荷值均 <0.4。可以断定本书中政策实施成本量表具有较好的结构效度。

表 5 – 23　　　　　　政策实施成本初始题项的正交旋转成分矩阵

	成分	
	1	2
MC1	0. 193	0. 879
MC2	0. 319	0. 856

	成分	
	1	2
MC3	0.170	0.874
NMC1	0.896	0.306
NMC2	0.908	0.283
NMC3	0.889	0.326

6. 心理授权感知的探索性因子分析

利用 KMO 和 Bartlett 球形检验判断心理授权感知是否适合进行探索性因子分析，检验结果见表 5 - 24。KMO 的度量值为 0.887，Bartlett 的球形度检验的卡方值较大且显著（Sig. = 0.000），表明心理授权感知适合进行探索性因子分析。

表 5 - 24　　　　心理授权感知量表的 KMO 和 Bartlett 检验结果

取样足够的 Kaiser-Meyer-Olkin 度量		0.887
Bartlett 的球形度检验	近似卡方	2480.639
	55.000	df
	0.000	Sig.

本书采用主成分分析法对心理授权感知的测量题项进行主成分提取，提取标准为特征值 >1，旋转方法为 Kaiser 标准化最大方差法，提取结果见表 5 - 25。结果显示，心理授权感知的量表提取了 4 个公因子，总方差解释率为 83.498%，表明提取的 4 个公因子对心理授权感知具有较好的解释能力。

表 5 - 25　　　　心理授权感知初始题项因子解释的总方差

成分	初始特征值			提取平方和载入			旋转平方和载入		
	合计	方差的%	累计百分比（%）	合计	方差的%	累计百分比（%）	合计	方差的%	累计百分比（%）
1	6.016	54.692	6.016	6.016	54.692	54.692	2.903	26.392	26.392

成分	初始特征值			提取平方和载入			旋转平方和载入		
	合计	方差的%	累计百分比（%）	合计	方差的%	累计百分比（%）	合计	方差的%	累计百分比（%）
2	1.743	15.846	70.538	1.743	15.846	70.538	2.510	22.819	49.211
3	0.845	7.679	78.217	0.845	7.679	78.217	2.055	18.678	67.889
4	0.581	5.281	83.498	0.581	5.281	83.498	1.717	15.609	83.498

　　表5-26描述了心理授权感知初始题项的正交旋转成分矩阵。可以发现，11个题项较好地分布在4个潜在因子上，且各个因子的载荷值均大于0.7，而在其他因子上的载荷值均小于0.4。可以断定本书中心理授权感知量表具有较好的结构效度。

表5-26　　　　心理授权感知初始题项的正交旋转成分矩阵

	成分			
	1	2	3	4
PP1	0.906	0.219	0.136	0.099
PP2	0.904	0.171	0.095	0.200
PP3	0.913	0.205	0.057	0.184
PS1	0.278	0.724	0.181	0.234
PS2	0.318	0.761	0.167	0.256
PS3	0.162	0.797	0.071	0.053
PA1	0.263	0.208	0.161	0.782
PA2	0.178	0.075	0.153	0.821
PA3	0.314	-0.065	0.071	0.741
PI2	0.164	0.048	0.774	0.313
PI3	-0.015	0.174	0.831	0.067

　　7. 绿色生活方式引导政策体验效用的探索性因子分析

　　表5-27为绿色生活方式引导政策体验效用的 KMO 和 Bartlett 球形检验结果。可以发现，KMO 的度量值为0.947，Bartlett 的球形度检验的卡方值较大且具有显著性（Sig. = 0.000），表明该变量适合进行探索性因子分析。

表 5 - 27   **绿色生活方式引导政策体验效用量表的**
KMO 和 Bartlett 检验结果

取样足够的 Kaiser-Meyer-Olkin 度量		0.947
Bartlett 的球形度检验	近似卡方	4884.844
	190.000	df
	0.000	Sig.

本书采用主成分分析法对绿色生活方式引导政策体验效用的测量题项进行主成分提取,提取标准为特征值 >1,旋转方法为 Kaiser 标准化最大方差法,提取结果见表 5 - 28。结果显示,绿色生活方式引导政策体验效用的量表提取了 5 个公因子,总方差解释率为 79.161%,表明提取的 5 个公因子对绿色生活方式引导政策体验效用具有较好的解释能力。

表 5 - 28   **绿色生活方式引导政策体验效用初始题项因子解释的总方差**

成分	初始特征值			提取平方和载入			旋转平方和载入		
	合计	方差的%	累计百分比（%）	合计	方差的%	累计百分比（%）	合计	方差的%	累计百分比（%）
1	11.059	55.295	55.295	11.059	55.295	55.295	4.260	21.301	21.301
2	2.046	10.230	65.525	2.046	10.230	65.525	3.360	16.800	38.100
3	1.110	5.549	71.074	1.110	5.549	71.074	3.271	16.353	54.453
4	0.887	4.437	75.511	0.887	4.437	75.511	2.482	12.412	66.865
5	0.730	3.650	79.161	0.730	3.650	79.161	2.459	12.296	79.161

表 5 - 29 报告了绿色生活方式引导政策体验效用初始题项的正交旋转成分矩阵。可以发现,20 个题项较好地分布在 5 个潜在因子上,且各个因子的载荷值均 >0.7,而在其他因子上的载荷值均 <0.4。可以断定本书中绿色生活方式引导政策体验效用量表具有较好的结构效度。

表 5 - 29 **绿色生活方式引导政策体验效用初始题项的**
正交旋转成分矩阵

	成分				
	1	2	3	4	5
FEU1	0.092	0.235	0.259	0.731	0.292
FEU2	0.249	0.155	0.322	0.803	0.207
FEU3	0.128	0.184	0.224	0.755	0.103
FEU4	0.099	0.123	0.260	0.767	0.247
CEU1	0.326	0.281	0.090	0.250	0.848
CEU2	0.114	0.263	0.315	0.229	0.758
CEU3	0.219	0.257	0.012	0.196	0.746
CEU4	0.121	0.217	0.293	0.231	0.774
SEU1	0.155	0.839	0.191	0.169	0.242
SEU2	0.093	0.830	0.203	0.241	0.203
SEU3	0.303	0.776	0.317	0.143	0.201
SEU4	0.173	0.794	0.339	0.190	0.147
EEU1	0.320	0.279	0.796	0.228	0.257
EEU2	0.222	0.265	0.763	0.221	0.208
EEU3	0.170	0.327	0.856	0.272	0.210
EEU4	0.227	0.244	0.738	0.229	0.278
GEU1	0.860	0.141	0.177	0.197	0.095
GEU2	0.888	0.153	0.208	0.110	0.164
GEU3	0.871	0.162	0.204	0.170	0.137
GEU4	0.828	0.131	0.127	0.198	0.224

四 初始量表修订与正式量表

基于信度检验和效度检验结果，结合 9 位能源政策领域的专家（4 位教授、2 位副教授、3 位博士研究生）与 12 位普通城市居民的意见，本书对初始量表进行了修正和改进。量表修订情况如下：

根据信度和效度检验结果，由于某些题项的"项目与总体相关系数" <0.3，且该变量 Cronbach's α 系数 <0.6，需要对这些题项进行删除。删除的题项是群体因素量表中的"大牌才是品位的象征，

没有人关注产品是不是环保"。根据效度检验结果，心理授权感知量表中的题项"践行绿色生活方式引导政策可以推动环保事业发展"不符合探索性因子分析的要求，因此予以删除。此外，对于其他信度或者效度指标较差的题项，也根据文献和专家意见进行了修订。

将问卷上述修订情况与专家进行研讨，发现某些题项的统计指标可能不符合要求，但考虑到该题项的理论和现实意义，对其修改后仍然保留在正式量表中。如群体氛围量表中，题项"我周围的人没有很好地执行绿色生活方式引导政策"的"项目与总体相关系数"较小，但考虑到周围人对城市居民践行绿色生活方式引导政策的参照作用，依然将其保留在正式问卷中。此外，消费文化变量以及影响力感知在删除指标题项后只剩下 2 个题项，为了保证每个维度上指标题项符合变量的测量要求，分别对这两个变量各增加 1 个题项。消费文化量表中增加题项"据我观察，注重大牌、奢侈品等形象消费的现象依然很多"，影响力感知的测量量表增加题项"践行绿色生活方式引导政策可以改善生活环境"。

本书在量表的修订过程中充分考虑了调查对象的反馈意见。根据受访者反馈结果，社会互动结构特征中测量题项"我会与身边的朋友、同事保持稳定且密切的联系以交流彼此对绿色生活方式引导政策的看法"表达不清晰，因此对其进行修改，改成"有联系密切的朋友与我讨论绿色生活方式·引导政策"。同时，对其他变量的指标题项进行适当修改（如将题项"我能从与身边人互动交流中得到践行绿色生活方式所需要的技巧"修改成"我能从与别人的讨论中学到践行绿色生活方式的技巧"；将题项"我经常借鉴他人的经验以确定是否响应某项绿色生活方式引导政策"修改成"在决定是否执行绿色生活方式引导政策时，我经常借鉴他人的经验"），以保证每个题项通俗易懂，简洁明了。

初始量表的修改情况如表 5-30 所示。经过修订得到正式问卷。修改后的正式量表共有 108 个题项，具体题项见附录 4。

表 5 – 30　　　　　　　　　　**量表修正情况**

变量	符号	原有题项	删除题项	新增题项	现有题项	正式问卷对应题号
自主学习能力	SLA	5	0	0	5	Q11 – 1—Q11 – 5
规范内化	NI	5	0	0	5	Q11 – 6—Q11 – 10
舒适偏好	PC	3	0	0	3	Q11 – 11—Q11 – 13
经济偏好	PE	3	0	0	3	Q11 – 14—Q11 – 16
环保偏好	PEP	3	0	0	3	Q11 – 17—Q11 – 19
象征价值关注度	SVA	3	0	0	3	Q11 – 20—Q11 – 22
阶层认同	CI	9	0	0	9	Q10 – 1—Q10 – 9
群体压力	GP	3	0	0	3	Q12 – 1—Q12 – 3
专业知识水平	LE	3	0	0	3	Q12 – 4—Q12 – 6
消费文化	CC	3	1	1	3	Q12 – 7—Q12 – 9
群体氛围	GA	3	0	0	3	Q12 – 10—Q12 – 12
结构特征	SC	6	0	0	6	Q13 – 1—Q13 – 6
功能特征	FC	6	0	0	6	Q13 – 71—Q13 – 12
关系特征	RC	5	0	0	5	Q13 – 13—Q13 – 17
信息特征	IC	6	0	0	4	Q13 – 18—Q13 – 23
政策普及程度	PEP	3	0	0	3	Q14 – 1—Q14 – 3
政策执行效度	EVP	3	0	0	3	Q14 – 4—Q14 – 6
货币成本	MC	3	0	0	3	Q14 – 7—Q14 – 9
非货币成本	NMC	3	0	0	3	Q14 – 10—Q14 – 12
践行意义感知	PP	3	0	0	3	Q15 – 1—Q15 – 3
自我效能感知	PS	3	0	0	3	Q15 – 4—Q15 – 6
自主性感知	PA	3	0	0	3	Q15 – 7—Q15 – 9
影响力感知	PI	3	1	1	3	Q15 – 10—Q15 – 12
功能体验效用	FEU	4	0	0	4	Q16 – 1—Q16 – 4
成本体验效用	FC	4	0	0	4	Q16 – 5—Q16 – 8
社会体验效用	SEU	4	0	0	4	Q16 – 9—Q16 – 12
情感体验效用	EEU	4	0	0	4	Q16 – 13—Q16 – 16
绿色体验效用	GEU	4	0	0	4	Q16 – 17—Q16 – 20

第三节 数据收集与正式量表检验

一 数据收集过程

本书选取中国东部地区的城市居民作为调查对象，对绿色生活方式引导政策体验效用开展一次大规模调查问卷。选择东部地区的主要原因包括以下三点：第一，绿色生活方式引导政策的实施目的在于引导个体转变生活方式，减少个体生活、工作中的能源与资源消耗，减缓个体行为对环境的危害。东部地区作为环境污染较为严重的地区，理应得到足够的重视；第二，相较于其他地区，东部地区开展绿色生活方式的宣传工作较早，相应的绿色生活方式引导政策较为全面和成熟；第三，绿色生活方式是一种后现代文明的生活模式，具有较强的前瞻性和引领性，要求城市居民具有较高的社会责任感和较强的开放性。基于上述分析，本书对东部地区的北京、天津、河北、山东、江苏、上海、浙江、福建、广东和海南 10 个省市的城市居民展开调查问卷。在正式问卷发放之前，本书通过分层抽样的方法确定调研对象，使其在地域、年龄、性别、受教育水平、收入水平等方面合理分布，以保证样本的多样性、代表性和科学性。根据第六次人口普查数据，中国东部地区的总人口数为 457188418人（约 4.6 亿人），本书按照 0.0005% 的比例确定调研样本总量。因此，本书最少需要调研 2286 份样本。

本书采用网络问卷和纸质问卷相结合的方式收集数据。通过专业的调查问卷网站（问卷星），利用微信、QQ、微博等网络通信平台进行问卷网址链接的扩散。本书用纸质问卷对网络问卷进一步补充，以弥补网络问卷样本特征的不足。值得说明的是，对于部分年龄偏大的调研对象，本书采用一对一结构化访谈的方式由调研者根据调研对象的描述进行问卷填写，以最大限度保证问卷的有效性和真实性。本书自 2019 年 11 月 8 日至 2020 年 1 月 10 日开展正式调研，为期 2 个月。共发放问卷 4046 份，最终收回网络问卷 2950 份，纸质问卷 1216 份。按照无漏填、无连续 8 题以上选择相同评价值的原则（Cheng 等，2021），对回收问卷进行了筛选。最终回收有效问卷 3257 份，有效回收率为 80.50%，具体见表 5-31。

表 5-31 　　　　　　　　**正式调查问卷发放及回收情况统计**

问卷形式	发放问卷	回收问卷	有效问卷	有效回收率（%）
纸质问卷	1566	1216	1012	83.22
网络问卷	2950	2950	2245	76.10
总计	4046	4166	3257	80.50

二　样本特征分析

本书从个人统计学特征、家庭人口统计学特征、组织统计学特征和城市统计学特征四个方面对有效问卷进行描述性分析，见表 5-32。从性别情况来看，男性和女性调查对象的数量分别为 1648 人和 1609 人，分布较为均匀。从婚姻状况来看，调查对象以未婚和已婚两种状态为主，分别占比 51.61% 和 45.10%。就家庭成员数来讲，3 人和 4 人数量最多，分别为 936 人和 1034 人。从年龄来看，21—30 岁，31—40 岁两个年龄段的数量最多，占比分别为 48.36% 和 28.31%，表明调查对象的年龄属性具有明显的橄榄形结构特征。同样地，调查对象的月收入也具有橄榄形特征，月收入在 5001—10000 元区间的人最多，为 1632 人。从受教育水平来看，拥有本科和硕士及以上学历的调查对象数量最多，分别占比 52.96% 和 24.26%。从调查对象的职业领域来看，各个职业领域的样本数量相差不大，表明样本分布较为均匀。其中，数量最多的是制造业领域，占比 10.26%。从调查对象所在单位的组织性质来看，民营企业和国有企业数量最多，分别占比 22.66% 和 16.34%。最后，从调查对象所在省市来看，江苏省的调查对象数量最多，占比达到 16.08%，河北省、上海市、浙江省和山东省的占比也超过 10%。综上所述，本书认为正式调研的样本分部较为合理且符合中国的实际情况。

表5-32　　　　有效样本的社会人口学统计特征描述性分析

	变量	数量	占比（%）	变量		数量	占比（%）
性别	男	1648	50.60	婚姻状况	未婚	1981	60.82
	女	1609	49.40		已婚	1169	35.89
家庭成员数	1—2 人	602	18.48		离异	45	1.38
	3 人	936	28.74		再婚	41	1.26
	4 人	1034	31.75		其他	21	0.65
	≥5 人	685	21.03	月收入	≤2000 元	652	20.02
年龄	20 岁及以下	122	3.75		2001—5000 元	816	25.05
	21—30 岁	1575	48.36		5001—10000 元	1632	50.11
	31—40 岁	922	28.31		10001—20000 元	106	3.25
	41—50 岁	396	12.16		≥20001 元	51	1.57
	51 岁及以上	242	7.42	受教育水平	初中及以下	72	2.21
职业	农林牧渔业	152	4.68		高中或中专	294	9.03
	采矿业	84	2.60		大专	376	11.54
	制造业	334	10.26		本科	1725	52.96
	水利水电	216	6.64		硕士及以上	790	24.26
	建筑/房地产	169	5.20	单位的组织性质	政府部门	115	3.53
	现代物流业	181	5.57		事业单位	347	10.65
	金融/保险业	273	8.40		国有企业	532	16.34
	信息业	209	6.21		民营企业	738	22.66
	批发/零售业	243	7.47		港澳台独合资	206	6.32
	住宿/餐饮业	131	4.03		外商独合资	136	4.18
	环境和公共设施管理业	82	2.53	所在省市	其他	1183	36.32
	租赁和商务服务业	158	4.87		北京	321	9.86
	居民服务业	176	5.41		天津	322	9.89
	教育/科研机构	202	6.24		河北	337	10.35
	文体娱乐业	43	1.33		上海	398	12.22
	政府部门和社会组织	104	3.20		江苏	524	16.08

续表

变量		数量	占比（%）	变量		数量	占比（%）
职业	医药卫生	72	2.22	所在省市	浙江	326	10.01
	军队/警察	30	0.91		福建	186	5.71
	自由职业者	67	2.06		山东	373	11.45
	退休及家庭主妇	46	1.42		广东	297	9.12
	在校大学生或研究生	262	8.04		海南	173	5.31
	其他	23	0.71				

三　正式量表的检验

（一）正态性检验

本书在对正式问卷数据分析之前，首先对调研数据进行正态性检验。根据以往研究，可采用偏度和峰度系数法对量表数据的正态性进行检验。判断标准是：如果峰度和偏度系数的绝对值<2，则数据符合正态性检验，数据近似服从正态分布（Mardia 和 Foster，1983）。本书运用 SPSS 22.0 软件对相关量表进行正态性检验，检验结果见表 5-33。可以发现，正式问卷中所有变量测量题项的偏度和峰度系数绝对值均<2，表明问卷数据符合正态性检验标准，量表数据近似服从正态分布。

表 5-33　　　　　　　　　　　正式量表的正态性检验结果

变量	偏度		峰度		变量	偏度		峰度	
	统计量	标准误差	统计量	标准误差		统计量	标准误差	统计量	标准误差
FEU1	-0.797	0.049	1.312	0.099	LE2	-0.067	0.049	-0.317	0.099
FEU2	-0.300	0.049	0.020	0.099	LE3	-0.042	0.049	-0.844	0.099
FEU3	-1.088	0.049	1.560	0.099	CC1	-0.619	0.049	0.230	0.099
FEU4	-0.287	0.049	-0.473	0.099	CC2	-0.572	0.049	0.038	0.099
CEU1	-0.318	0.049	0.039	0.099	CC3	-0.177	0.049	-0.941	0.099
CEU2	-0.317	0.049	-0.092	0.099	GA1	-0.199	0.049	-0.398	0.099
CEU3	-0.463	0.049	0.032	0.099	GA2	-0.229	0.049	-0.352	0.099
CEU4	-0.682	0.049	0.339	0.099	GA3	-0.143	0.049	-0.129	0.099

续表

变量	偏度		峰度		变量	偏度		峰度	
	统计量	标准误差	统计量	标准误差		统计量	标准误差	统计量	标准误差
SEU1	-0.382	0.049	-0.190	0.099	SC1	-0.076	0.049	-0.651	0.099
SEU2	-0.307	0.049	-0.259	0.099	SC2	-0.065	0.049	-0.637	0.099
SEU3	-0.724	0.049	0.412	0.099	SC3	-0.161	0.049	-0.621	0.099
SEU4	-0.357	0.049	-0.274	0.099	SC4	-0.013	0.049	-0.683	0.099
EEU1	-0.578	0.049	0.324	0.099	SC5	-0.095	0.049	-0.641	0.099
EEU2	-0.461	0.049	-0.158	0.099	SC6	-0.001	0.049	-0.653	0.099
EEU3	-0.413	0.049	-0.175	0.099	FC1	-0.350	0.049	-0.320	0.099
EEU4	-0.487	0.049	0.052	0.099	FC2	-0.411	0.049	-0.109	0.099
GEU1	-1.202	0.049	1.267	0.099	FC3	-0.536	0.049	0.104	0.099
GEU2	-1.183	0.049	1.073	0.099	FC4	-0.407	0.049	-0.114	0.099
GEU3	-1.156	0.049	1.209	0.099	FC5	-0.412	0.049	-0.134	0.099
GEU4	-1.087	0.049	0.964	0.099	FC6	-0.550	0.049	0.147	0.099
SLA1	-0.693	0.049	0.816	0.099	RC1	-0.676	0.049	0.300	0.099
SLA2	-0.460	0.049	0.099	0.099	RC2	-0.545	0.049	0.105	0.099
SLA3	-0.511	0.049	0.144	0.099	RC3	-0.720	0.049	0.568	0.099
SLA4	-0.417	0.049	-0.118	0.099	RC4	-0.788	0.049	0.449	0.099
SLA5	-0.506	0.049	0.199	0.099	RC5	-0.831	0.049	0.698	0.099
NI1	-0.528	0.049	0.321	0.099	IC1	-0.198	0.049	-0.446	0.099
NI2	-0.629	0.049	0.188	0.099	IC2	-0.160	0.049	-0.652	0.099
NI3	-0.569	0.049	0.231	0.099	IC3	-0.138	0.049	-0.556	0.099
NI4	-0.206	0.049	-0.309	0.099	IC4	-0.405	0.049	0.556	0.099
NI5	-0.470	0.049	0.167	0.099	IC5	-0.023	0.049	0.234	0.099
PC1	-0.449	0.049	-0.172	0.099	IC6	0.105	0.049	0.215	0.099
PC2	-0.124	0.049	-0.725	0.099	PEP1	-0.144	0.049	-0.337	0.099
PC3	-0.322	0.049	-0.437	0.099	PEP2	-0.101	0.049	-0.491	0.099
PE1	-0.161	0.049	-0.643	0.099	PEP3	-0.275	0.049	-0.281	0.099
PE2	-0.416	0.049	-0.369	0.099	EVP1	-0.193	0.049	-0.402	0.099
PE3	-0.822	0.049	0.392	0.099	EVP2	-0.379	0.049	-0.103	0.099
SVA1	-0.436	0.049	0.018	0.099	MC3	-0.045	0.049	-0.577	0.099
SVA2	-0.128	0.049	-0.384	0.099	NMC1	-0.099	0.049	-0.618	0.099
SVA3	-0.647	0.049	0.313	0.099	NMC2	0.060	0.049	-0.698	0.099

续表

变量	偏度		峰度		变量	偏度		峰度	
	统计量	标准误差	统计量	标准误差		统计量	标准误差	统计量	标准误差
CI1	− 0.130	0.049	0.019	0.099	NMC3	− 0.043	0.049	− 0.725	0.099
CI2	− 0.234	0.049	0.021	0.099	PP1	− 0.810	0.049	0.692	0.099
CI3	− 0.008	0.049	0.330	0.099	PP2	− 0.722	0.049	0.231	0.099
CI4	− 0.157	0.049	0.002	0.099	PP3	− 0.744	0.049	0.400	0.099
CI5	− 0.308	0.049	0.014	0.099	PS1	− 0.149	0.049	− 0.313	0.099
CI6	− 0.325	0.049	0.027	0.099	PS2	− 0.315	0.049	− 0.097	0.099
CI7	− 0.102	0.049	0.028	0.099	PS3	− 0.270	0.049	− 0.247	0.099
CI8	− 0.561	0.049	0.054	0.099	PA1	− 0.262	0.049	− 0.281	0.099
CI9	− 0.211	0.049	0.032	0.099	PA2	− 0.249	0.049	− 0.318	0.099
GP1	0.346	0.049	− 1.006	0.099	PA3	− 0.470	0.049	− 0.216	0.099
GP2	0.154	0.049	− 0.999	0.099	PI1	− 0.671	0.049	0.254	0.099
GP3	0.086	0.049	− 0.977	0.099	PI2	− 0.244	0.049	− 0.171	0.099
LE1	− 0.030	0.049	− 0.335	0.099	PI3	− 0.212	0.049	− 0.415	0.099

（二）信度检验

本书首先对正式量表中各个分量表的信度进行了检验，检验结果见表 5 - 34。可以发现，各个分量表的 Cronbach's α 系数均大于 0.8，表明各个分量表具有较高的信度。在此基础上，本书对所有变量的量表进行了信度检验，检验结果见表 5 - 35。可知，所有变量量表的 Cronbach's α 系数均 > 0.7。同时，各变量题项的"项目与总体相关系数"均 > 0.3，表明各个变量的量表也具有较高的信度。因此，可以判定正式量表具有较好的内部性一致性、稳定性和可靠性。

表 5 - 34　　　　　　　　　正式量表的信度检验结果

变量	个体因素	群体因素	社会互动	政策推行程度	政策实施成本	心理授权感知	体验效用
N	31	12	23	6	6	12	20
Cronbach's α	0.883	0.914	0.878	0.864	0.892	0.933	0.921

表5-35 正式问卷中各变量的信度检验结果

因素	题项数	均值	Cronbach's α	项目与总体相关系数
学习能力	5	3.24	0.793	0.334—0.713
规范内化	5	2.74	0.879	0.461—0.735
舒适偏好	3	3.47	0.763	0.413—0.814
经济偏好	3	3.59	0.862	0.608—0.797
环保偏好	3	3.19	0.870	0.477—0.817
象征价值关注度	3	3.62	0.886	0.367—0.782
阶层认同	9	3.41	0.852	0.426—0.842
群体压力	3	2.75	0.890	0.614—0.815
专业知识水平	3	3.12	0.822	0.455—0.611
消费文化	3	3.85	0.823	0.419—0.683
群体氛围	3	3.61	0.772	0.709—0.896
结构特征	6	3.13	0.934	0.424—0.805
功能特征	6	3.57	0.901	0.517—0.731
关系特征	5	3.93	0.866	0.512—0.788
信息特征	4	3.34	0.875	0.363—0.679
政策普及程度	3	3.32	0.817	0.564—0.792
政策执行效度	3	3.43	0.907	0.527—0.755
货币成本	3	3.22	0.826	0.335—0.714
非货币成本	3	3.97	0.858	0.392—0.780
践行意义感知	3	4.06	0.845	0.403—0.802
自我效能感知	3	3.39	0.872	0.459—0.731
自主性感知	3	3.55	0.884	0.427—0.659
影响力感知	3	3.08	0.873	0.502—0.713
功能体验效用	4	2.93	0.835	0.479—0.708
成本体验效用	4	2.76	0.842	0.566—0.826
社会体验效用	4	3.21	0.836	0.489—0.601
情感体验效用	4	3.15	0.825	0.333—0.827
绿色体验效用	4	3.87	0.927	0.498—0.826

（三）效度检验

1. 探索性因子分析

本书利用 SPSS 22.0 数据分析软件，分别对自变量、因变量、中介变量和调节变量进行探索性因子分析。

（1）自变量的探索性因子分析

本部分对自变量中自主学习能力、规范内化、偏好、阶层认同、象征价值关注度、群体压力、专业知识水平、消费文化、群体氛围进行探索性因子分析，其中偏好包括舒适偏好、经济偏好和环保偏好共 3 个变量，因此自变量共存在 11 个维度。本书首先对自变量进行 KMO 和 Bartlett 球形检验以判断其是否适合探索性因子分析，检验结果见表 5 - 36。可以发现，KMO 的度量值为 0.944，Bartlett 的球形度检验的卡方值较大且具有显著性（Sig. = 0.000），表明自变量适合进行探索性因子分析。

表 5 - 36　　　　**自变量正式量表的 KMO 和 Bartlett 检验结果**

取样足够度的 Kaiser-Meyer-Olkin 度量		0.944
Bartlett 的球形度检验	近似卡方	36757.948
	df	630.000
	Sig.	0.000

本书采用主成分分析法对自变量的测量题项进行主成分提取，提取标准为特征值大于 1，旋转方法为 Kaiser 标准化最大方差法，提取结果见表 5 - 37。结果显示，自变量的量表提取了 11 个公因子，总方差解释率为 66.623%，表明提取的 11 个公因子对个体因素具有较好的解释能力。

表 5 – 37　　　　　　　　　自变量正式量表因子解释的总方差

成分	初始特征值			提取平方和载入		
	合计	方差的%	累计百分比（%）	合计	方差的%	累计百分比（%）
1	9.399	26.109	26.109	9.399	26.109	26.109
2	4.605	12.792	38.901	4.605	12.792	38.901
3	2.495	6.929	45.830	2.495	6.929	45.830
4	1.359	3.775	49.606	1.359	3.775	49.606
5	1.083	3.009	52.615	1.083	3.009	52.615
6	0.988	2.744	55.359	0.988	2.744	55.359
7	0.922	2.561	57.920	0.922	2.561	57.920
8	0.828	2.299	60.219	0.828	2.299	60.219
9	0.798	2.218	62.437	0.798	2.218	62.437
10	0.773	2.148	64.585	0.773	2.148	64.585
11	0.734	2.038	66.623	0.734	2.038	66.623

表 5 – 38 描述了自变量正式量表的正交旋转成分矩阵。可以发现，提取的 11 个因子在各因子的载荷值均 > 0.7，且在其他因子的载荷值均 < 0.4，说明自变量正式量表具有较好的结构效度。

（2）因变量的探索性因子分析

表 5 – 39 描述了因变量的 KMO 和 Bartlett 球形检验结果。可知，KMO 的度量值为 0.945，Bartlett 的球形度检验的卡方值较大且具有显著性（Sig. = 0.000），表明因变量适合进行探索性因子分析。接着，本书采用主成分分析法对因变量的测量题项进行主成分提取，提取标准为特征值 > 1，旋转方法为 Kaiser 标准化最大方差法，提取结果见表 5 – 40。结果显示，因变量的量表提取了 5 个公因子，总方差解释率为 64.685%，表明提取的 5 个公因子对因变量具有较好的解释能力。

表 5 – 38 自变量正式量表的旋转成分矩阵

	成分										
	1	2	3	4	5	6	7	8	9	10	11
SLA1	0.756	-0.287	0.088	0.038	0.109	0.165	-0.357	0.206	0.073	-0.135	0.222
SLA2	0.738	-0.241	0.068	0.081	0.090	0.065	-0.323	0.334	-0.085	-0.215	0.308
SLA3	0.875	-0.302	-0.130	0.041	0.156	0.213	-0.200	-0.057	-0.113	0.053	0.002
SLA4	0.782	-0.347	-0.138	-0.018	0.075	0.204	-0.122	-0.049	-0.105	0.050	-0.224
SLA5	0.815	-0.332	-0.106	0.031	0.007	0.205	-0.151	-0.034	0.045	-0.016	-0.224
NI1	0.220	-0.158	0.065	-0.020	0.093	0.752	0.042	-0.111	0.057	0.027	-0.198
NI2	0.191	-0.192	0.092	0.051	0.077	0.813	0.005	-0.221	0.059	-0.063	-0.128
NI3	0.129	-0.209	-0.117	0.004	0.136	0.889	0.142	-0.102	-0.041	0.013	-0.207
NI4	0.298	-0.143	-0.237	-0.049	0.153	0.793	-0.048	-0.030	-0.099	0.042	-0.008
NI5	0.026	-0.309	-0.041	0.054	0.011	0.888	0.029	-0.063	0.122	-0.048	0.000
PC1	0.358	0.153	0.344	0.740	-0.124	0.268	0.086	-0.225	-0.125	0.284	0.201
PC2	0.370	0.283	0.187	0.757	-0.105	0.110	-0.008	-0.065	-0.004	0.072	0.010
PC3	0.273	0.307	0.320	0.880	-0.163	0.141	0.061	-0.072	-0.026	0.182	0.092
PE1	0.211	0.387	0.143	0.283	0.035	-0.068	0.840	0.139	0.015	-0.114	-0.114
PE2	0.395	0.389	0.424	0.258	0.013	-0.077	0.779	0.121	0.035	-0.268	-0.133
PE3	0.392	-0.116	0.251	0.173	0.023	-0.179	0.883	0.066	0.116	-0.348	-0.225
PEP1	0.043	0.779	0.072	-0.040	-0.011	-0.123	0.195	-0.082	0.029	-0.076	0.184
PEP2	0.147	0.799	0.087	-0.053	0.026	-0.153	0.233	-0.160	0.005	-0.004	0.320

续表

| | 成分 | | | | | | | | | | |
	1	2	3	4	5	6	7	8	9	10	11
PEP3	0.206	0.853	0.103	-0.060	0.010	-0.179	0.225	-0.138	-0.052	-0.158	0.274
SVA1	0.089	-0.143	-0.005	0.093	-0.074	-0.453	-0.268	-0.012	-0.131	0.791	-0.037
SVA2	0.134	0.182	-0.194	0.104	0.016	-0.353	-0.219	0.018	-0.052	0.775	0.003
SVA3	0.042	-0.303	0.161	0.018	-0.127	-0.434	-0.059	0.056	0.049	0.773	-0.169
CI1	-0.111	-0.063	0.274	0.073	0.197	0.019	0.286	0.385	0.015	0.351	0.004
CI2	0.362	0.289	0.059	-0.030	0.076	0.008	-0.095	-0.015	-0.007	-0.088	0.867
CI3	0.201	0.154	0.041	0.042	0.057	0.207	0.034	0.056	0.024	0.314	0.753
CI4	0.003	0.025	0.026	0.127	0.052	0.304	0.033	0.227	0.022	0.241	0.820
CI5	0.125	0.024	0.034	0.071	0.174	0.217	0.221	0.204	0.314	0.126	0.753
CI6	0.087	0.318	0.127	0.004	0.164	0.012	0.023	0.301	0.054	0.205	0.812
CI7	0.020	0.215	0.245	0.205	0.023	0.124	0.085	0.031	0.004	0.201	0.831
CI8	0.031	0.112	0.034	0.301	0.053	0.004	0.064	0.202	0.005	0.001	0.825
CI9	0.020	0.124	0.024	0.414	0.014	0.007	0.066	0.207	0.007	0.004	0.784
GP1	0.108	0.021	-0.260	-0.078	0.755	-0.040	-0.029	-0.133	0.165	-0.019	0.774
GP2	0.108	0.283	-0.198	-0.130	0.793	-0.062	-0.006	-0.199	0.222	-0.014	0.057
GP3	0.177	0.398	-0.110	-0.137	0.837	-0.056	-0.034	-0.213	0.244	-0.043	0.046
LE1	0.143	0.133	-0.315	-0.021	-0.165	0.020	0.202	0.806	0.020	0.064	-0.006
LE2	0.097	0.131	-0.358	0.026	-0.176	0.085	0.179	0.742	0.046	0.024	0.010

续表

	1	2	3	4	5	成分6	7	8	9	10	11
LE3	0.265	0.150	-0.184	0.038	-0.179	0.045	0.149	0.720	0.053	0.002	-0.027
CC1	0.328	-0.066	0.800	-0.374	-0.230	0.109	-0.072	0.105	0.350	0.119	-0.009
CC2	0.226	0.008	0.765	-0.435	-0.206	0.108	-0.023	0.147	0.245	0.218	0.025
CC3	0.269	0.382	0.843	-0.293	0.020	0.036	-0.029	-0.055	-0.155	-0.088	-0.046
GA1	0.194	0.371	0.235	-0.347	0.002	0.017	0.096	0.021	0.741	-0.057	-0.057
GA2	0.197	0.295	0.252	-0.386	0.001	0.034	0.070	0.017	0.810	-0.003	-0.022
GA3	0.193	-0.007	-0.378	0.032	-0.139	0.032	0.253	0.218	0.750	-0.061	0.016

表5-39 因变量正式量表的 KMO 和 Bartlett 检验结果

取样足够的 Kaiser-Meyer-Olkin 度量		0.945
Bartlett 的球形度检验	近似卡方	15164.246
	190.000	df
	0.000	Sig.

表5-40 因变量正式量表因子解释的总方差

成分	初始特征值			提取平方和载入			旋转平方和载入		
	合计	方差的%	累计百分比（%）	合计	方差的%	累计百分比（%）	合计	方差的%	累计百分比（%）
1	8.055	40.277	40.277	0.055	40.277	40.277	3.355	16.773	16.773
2	1.800	9.000	49.277	1.800	9.000	49.277	2.697	13.484	30.258
3	1.249	6.245	55.522	1.249	6.245	55.522	2.691	13.456	43.714
4	0.972	4.859	60.381	0.972	4.859	60.381	2.142	10.712	54.426
5	0.861	4.304	64.685	0.861	4.304	64.685	2.052	10.258	64.685

因变量的正交旋转成分矩阵见表5-41。可以发现，提取的5个因子在各个因子上的载荷值均 > 0.7，且在其他因子上的载荷值均 < 0.4，表明因变量具有较好的结构效度。

表5-41 因变量正式量表的旋转成分矩阵

	成分				
	1	2	3	4	5
FEU1	0.236	0.168	0.187	0.831	0.182
FEU2	0.115	0.251	0.116	0.811	0.219
FEU3	0.064	0.189	0.135	0.862	0.135
FEU4	0.007	0.203	0.296	0.771	0.179
CEU1	0.151	0.084	0.180	0.242	0.803
CEU2	0.130	0.215	0.139	0.199	0.751
CEU3	0.184	0.041	0.186	0.113	0.789

	成分				
	1	2	3	4	5
CEU4	0.312	0.309	0.163	0.169	0.864
SEU1	0.119	0.127	0.766	0.160	0.213
SEU2	0.128	0.172	0.800	0.160	0.137
SEU3	0.307	0.244	0.736	0.149	0.119
SEU4	0.107	0.248	0.755	0.176	0.124
EEU1	0.231	0.719	0.173	0.244	0.156
EEU2	0.221	0.732	0.197	0.178	0.171
EEU3	0.082	0.711	0.250	0.228	0.181
EEU4	0.211	0.789	0.175	0.142	0.224
GEU1	0.814	0.149	0.133	0.140	0.121
GEU2	0.810	0.131	0.108	0.121	0.132
GEU3	0.797	0.170	0.138	0.127	0.125
GEU4	0.748	0.154	0.134	0.098	0.150

（3）中介变量的探索性因子分析

本书首先对中介变量采用 KMO 度量与 Bartlett 球形检验进行探索性因子分析的适用性检验，检验结果见表 5 – 42。KMO 的度量值为 0.904，Bartlett 的球形度检验的卡方值较大且具有显著性（Sig. = 0.000），表明中介变量适合进行探索性因子分析。在此基础上，本书采用主成分分析法对中介变量的测量题项进行主成分提取，提取标准为特征值 > 1，旋转方法为 Kaiser 标准化最大方差法，提取结果见表 5 – 43。结果显示，中介变量的量表提取了 4 个公因子，总方差解释率为 73.063%，表明提取的 4 个公因子对因变量具有较好的解释能力。

表 5 – 42 **中介变量正式量表的 KMO 和 Bartlett 检验结果**

取样足够的 Kaiser-Meyer-Olkin 度量		0.904
Bartlett 的球形度检验	近似卡方	8067.697
	55.000	df
	0.000	Sig.

表5 –43　　　　　　　　中介变量正式量表因子解释的总方差

成分	初始特征值			提取平方和载入			旋转平方和载入		
	合计	方差的%	累计百分比（%）	合计	方差的%	累计百分比（%）	合计	方差的%	累计百分比（%）
1	4.981	45.283	45.283	4.981	45.283	45.283	2.432	22.110	22.110
2	1.705	15.498	60.781	1.705	15.498	60.781	2.402	21.837	43.947
3	0.768	6.986	67.766	0.768	6.986	67.766	2.079	18.899	62.845
4	0.583	5.297	73.063	0.583	5.297	73.063	1.124	10.217	73.063

表5 –44描述了中介变量的正交旋转成分矩阵。可以发现提取的4个因子在各个因子上的载荷值均 >0.7，且在其他因子上的载荷值均 <0.4，表明中介变量具有较好的结构效度。

表5 –44　　　　　　　　中介变量正式量表的旋转成分矩阵

	成分			
	1	2	3	4
PP1	0.859	0.120	0.139	0.082
PP2	0.856	0.136	0.077	0.072
PP3	0.833	0.185	0.074	0.090
PS1	0.204	0.797	0.005	0.014
PS2	0.290	0.768	0.129	-0.031
PS3	0.204	0.867	0.326	-0.035
PA1	0.179	0.334	0.128	0.833
PA2	0.033	0.064	0.335	0.739
PA3	0.190	0.197	0.239	0.872
PI1	0.102	0.082	0.815	0.211
PI2	0.176	0.174	0.880	0.211
PI3	-0.006	0.173	0.812	0.314

（4）调节变量的探索性因子分析

本书首先采用 KMO 度量与 Bartlett 球形检验对调节变量进行探索性因子分析的适用性检验，检验结果见表5 –45。KMO 的度量值为0.963，Bartlett 的球形度检验的卡方值较大且具有显著性（Sig. =

0.000），表明调节变量适合进行探索性因子分析。在此基础上，本书采用主成分分析法对调节变量的测量题项进行主成分提取，提取标准为特征值大于 1，旋转方法为 Kaiser 标准化最大方差法，提取结果见表 5－46。结果显示，调节变量的量表提取了 8 个公因子，总方差解释率为 71.528%，表明提取的 8 个公因子对调节变量具有较好的解释能力。

表 5－45　　　　　**调节变量正式量表的 KMO 和 Bartlett 检验结果**

取样足够度的 Kaiser-Meyer-Olkin 度量		0.963
Bartlett 的球形度检验	近似卡方	48390.873
	df	496.000
	Sig.	0.000

表 5－46　　　　　　　**调节变量正式量表因子解释的总方差**

成分	初始特征值			提取平方和载入		
	合计	方差的%	累计百分比（%）	合计	方差的%	累计百分比（%）
1	12.049	37.654	37.654	12.049	37.654	37.654
2	3.865	12.078	49.732	3.865	12.078	49.732
3	2.421	7.567	57.299	2.421	7.567	57.299
4	1.337	4.179	61.477	1.337	4.179	61.477
5	0.901	2.817	64.294	0.901	2.817	64.294
6	0.888	2.776	67.070	0.888	2.776	67.070
7	0.749	2.339	69.409	0.749	2.339	69.409
8	0.678	2.119	71.528	0.678	2.119	71.528

调节变量的正交旋转成分矩阵见表 5－47。可以发现提取的 8 个因子在各个因子上的载荷值均 >0.7，且在其他因子上的载荷值均 <0.4，表明调节变量具有较好的结构效度。

表 5 – 47　　　　　　　　调节变量正式量表的旋转成分矩阵

	成分							
	1	2	3	4	5	6	7	8
SC1	0.767	0.090	− 0.260	− 0.040	0.106	− 0.196	− 0.104	0.145
SC2	0.765	0.046	− 0.230	− 0.085	0.121	− 0.184	− 0.151	0.085
SC3	0.760	0.043	− 0.253	− 0.087	0.117	− 0.181	− 0.181	0.108
SC4	0.756	0.151	− 0.274	− 0.049	0.050	− 0.196	− 0.117	0.013
SC5	0.793	0.072	− 0.247	− 0.083	0.032	− 0.160	− 0.092	0.082
SC6	0.789	0.070	− 0.253	− 0.062	0.046	− 0.153	− 0.090	0.007
FC1	− 0.127	0.728	− 0.042	− 0.273	− 0.053	0.054	− 0.063	0.147
FC2	− 0.209	0.712	− 0.008	− 0.293	− 0.037	0.161	− 0.022	0.070
FC3	− 0.254	0.774	0.054	− 0.341	− 0.048	0.179	0.033	0.062
FC4	− 0.221	0.781	0.041	− 0.339	− 0.070	0.181	0.009	− 0.132
FC5	− 0.201	0.777	0.044	− 0.328	− 0.069	0.187	0.069	− 0.117
FC6	− 0.273	0.831	0.130	− 0.312	− 0.070	0.231	0.143	− 0.084
RC1	0.463	− 0.351	0.727	0.057	− 0.044	− 0.200	0.018	0.068
RC2	0.175	− 0.243	0.793	0.102	− 0.054	− 0.114	− 0.012	− 0.093
RC3	0.209	− 0.166	0.733	0.094	− 0.012	− 0.135	− 0.004	0.016
RC4	0.386	− 0.088	0.867	0.129	0.030	− 0.152	− 0.011	0.038
RC5	0.375	− 0.194	0.780	0.145	0.043	− 0.194	− 0.066	0.056
IC1	0.070	0.010	− 0.097	0.762	0.021	− 0.108	0.111	− 0.404
IC2	0.174	0.055	− 0.174	0.722	0.003	− 0.064	0.200	− 0.295
IC3	0.115	0.093	− 0.195	0.790	− 0.023	− 0.056	0.152	− 0.254
IC4	0.251	− 0.240	0.054	0.851	0.086	0.313	0.008	− 0.039
IC5	0.123	0.314	0.012	0.753	0.014	0.135	0.102	0.134
IC6	0.012	0.024	0.311	0.721	0.005	0.024	0.004	0.021
PEP1	0.108	0.067	− 0.135	0.206	− 0.038	− 0.045	0.748	− 0.019
PEP2	0.096	0.069	− 0.162	0.362	− 0.137	0.107	0.794	0.102
PEP3	0.176	− 0.050	− 0.080	0.286	− 0.096	0.192	0.786	0.174
EVP1	0.182	0.045	− 0.144	0.349	− 0.129	0.695	0.069	0.101
EVP2	0.323	− 0.043	0.009	0.351	− 0.106	0.760	− 0.093	0.257
EVP3	0.056	0.053	0.001	0.214	0.317	0.783	0.063	0.127
MC1	0.304	− 0.073	0.324	0.073	0.874	0.108	− 0.323	− 0.229

	成分							
	1	2	3	4	5	6	7	8
MC2	0.381	−0.031	0.367	0.062	0.795	0.187	−0.338	−0.098
MC3	0.390	−0.034	0.346	0.056	0.832	0.091	−0.236	−0.068
NMC1	0.307	0.157	0.394	−0.108	0.082	−0.042	0.214	0.791
NMC2	0.316	0.076	0.316	−0.123	0.108	−0.109	0.266	0.708
NMC3	0.314	0.114	0.336	−0.139	0.063	−0.087	0.291	0.795

2. 验证性因子分析

本书利用 Amos 23.0 软件，采用极大似然估计法进行验证性因子分析，并从绝对适配量、增值适配量和简效适配量三个方面验证社会互动和绿色生活方式引导政策体验效用的假设模型与实际数据的契合程度。

（1）社会互动的验证性因子分析

表 5 - 48 报告了社会互动验证性因子分析的模型适配度评价结果。可以发现，在绝对适配量、增值适配量和简效适配量三个维度，社会互动的适配度指标均达到了检验标准。因此，可以认为社会互动量表验证性因子分析模型与实际观察数据的适配情形良好，模型的外在质量较好，测量模型的收敛效度较佳。

表 5 - 48　　　　社会互动验证性因子分析的模型适配度评价

适配度评价维度	评价项目	适配标准	检验结果数据	适配判断
绝对适配量	χ^2	越小越好	92.000	是
	NCP	越接近 0 越好	0.012	是
	GFI	>0.90	0.973	是
	RMR	<0.05	0.021	是
	SRMR	>0.05	0.110	是
	RMSEA	<0.10	0.037	是
	AGFI	>0.90	0.952	是

续表

适配度评价维度	评价项目	适配标准	检验结果数据	适配判断
增值适配量	NFI	>0.90	0.937	是
	CFI	>0.90	0.973	是
	IFI	>0.90	0.952	是
	RFI	>0.90	0.956	是
简效适配量	PNFI	>0.50	0.823	是
	AIC	越小越好	642.030	是
	CN	>200	487.940	是

图 5-3 为社会互动验证性因子分析的标准化参数估计模型。可以发现，社会互动的四个潜在因子共 23 个题项的因子载荷均 >0.7，满足传统的因子载荷 >0.4 的要求。因此，社会互动通过验证性因子检验，具有较好的结构效度。

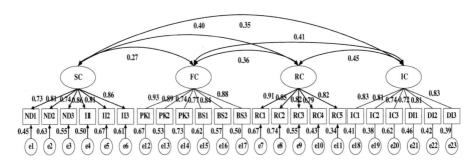

图 5-3 社会互动验证性因子分析的标准化参数估计模型

（2）绿色生活方式引导政策体验效用的验证性因子分析

绿色生活方式引导政策体验效用的验证性因子分析的适配度检验见表 5-49。可以发现，绿色生活方式引导政策体验效用在绝对适配量、增值适配量和简效适配量三个维度均达到了检验标准。所以，可以判定绿色生活方式引导政策体验效用量表验证性因子分析模型与实际观察数据的适配情形良好，模型的外在质量较好，测量模型的收敛效度较佳。

表 5 - 49　　　　**绿色生活方式引导政策体验效用验证性因子**
分析的模型适配度评价

适配度评价维度	评价项目	适配标准	检验结果数据	适配判断
绝对适配量	χ^2	越小越好	106.000	是
	NCP	越接近 0 越好	0.003	是
	GFI	>0.90	0.952	是
	RMR	<0.05	0.030	是
	SRMR	>0.05	0.102	是
	RMSEA	<0.10	0.048	是
	AGFI	>0.90	0.937	是
增值适配量	NFI	>0.90	0.948	是
	CFI	>0.90	0.956	是
	IFI	>0.90	0.956	是
	RFI	>0.90	0.939	是
简效适配量	PNFI	>0.50	0.799	是
	AIC	越小越好	743.016	是
	CN	>200	806.353	是

绿色生活方式引导政策体验效用验证性因子分析的标准化参数估计模型见图 5 - 4。体验效用的五个潜在因子共 20 个题项的因子载荷均大于 0.7，满足传统的因子载荷大于 0.4 的要求。因此，绿色生活方式引导政策体验效用通过验证性因子检验，具有较好的结构效度。

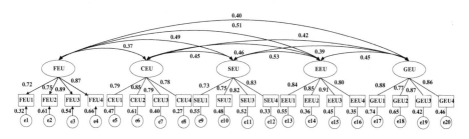

图 5 - 4　绿色生活方式引导政策体验效用验证性因子分析的标准化参数估计模型

第 六 章

体验效用的测量及
影响机制分析

由于决策效用是独立于目标群体的确定值，所以提高体验效用成为降低政策效用错位度的关键。考虑目标群体的复杂性和多样性，厘清绿色生活方式引导政策体验效用的影响机理对政策效用错位度的研究至关重要。所以，本章将在第五章的基础上，利用收集的3257份有效问卷测量绿色生活方式引导政策体验效用并重点分析体验效用的影响机制。包括对体验效用及其五个维度的测量、绿色生活方式引导政策体验效用的差异性分析，以及各影响因素间作用机制的实证检验。

第一节　体验效用的测量及差异性分析

一　体验效用测量

本书将绿色生活方式引导政策体验效用分为功能体验效用、成本体验效用、社会体验效用、情感体验效用和绿色体验效用5个维度，并通过 Likert 5 分等级量表对体验效用及其五个维度进行测量，得分越高表明效用越大。由于 1 分和 2 分别指被试者实际情况与对

应题项"非常不符合"和"比较不符合"，3 分指的是"一般"，4
分和 5 分别指的是"比较符合"和"非常符合"，因此，本书将均
值低于 3 分的值界定为劣性值（Cheng 等，2021）。

通过对 3257 份有效问卷的统计分析，本书报告了绿色生活方式
引导政策体验效用及其五个维度的均值、标准差与劣性值检出率，
见表 6 - 1。由测量结果可知，绿色生活方式引导政策体验效用的均
值是 3.18，劣性值检出率为 32.67%。通过对体验效用五个维度的
比较分析可以发现，绿色体验效用的均值最高，为 3.87，其次是社
会体验效用和情感体验效用，均值分别为 3.21 和 3.15。值得注意的
是，功能体验效用和成本体验效用的均值分别为 2.93 和 2.76，劣性
值检出率分别为 48.91% 和 57.32%。可见，功能体验效用和成本体
验效用是绿色生活方式引导政策体验效用的薄弱环节，应该引起学
者和相关政策制定者的关注。

表 6 - 1　　　　　　　　**体验效用的均值与劣性值检出率**

变量	均值	标准差	劣性值（均值 <3）	
			频数	检出率（%）
功能体验效用	2.93	0.660	1593	48.91
成本体验效用	2.76	0.645	1867	57.32
社会体验效用	3.21	0.742	933	28.65
情感体验效用	3.15	0.721	865	26.56
绿色体验效用	3.87	0.719	473	14.52
体验效用	3.18	0.557	1064	32.67

（一）功能体验效用

功能体验效用的测量题项有 4 项，分别为 Q16 - 1（FEU1：践行
绿色生活方式引导政策让我掌握了更多的知识和生活技巧）、Q16 -
2（FEU2：执行绿色生活方式引导政策满足了我日常生活的实际需
求）、Q16 - 3（FEU3：践行绿色生活方式引导政策有助于我的身体

健康）、Q16 - 4（FEU4：执行绿色生活方式引导政策实现了我参与国家事务的愿望）。功能体验效用各个题项的得分及其频度见表6 - 2。

表6 - 2　　　　　　　　　功能体验效用的题项得分及其频度

变量：FEU；均值：2.93；标准差：0.660

题项	均值	标准差	非常不符合	比较不符合	一般	比较符合	非常符合
FEU1	3.09	0.799	9.17%	21.78%	32.93%	23.97%	12.15%
FEU2	2.76	0.863	13.27%	32.37%	28.15%	18.61%	7.60%
FEU3	3.18	0.841	8.31%	19.56%	31.36%	29.08%	11.69%
FEU4	2.69	1.033	12.95%	35.23%	24.62%	22.47%	4.73%

注：FEU 表示功能体验效用。

由表6 - 2可知，功能体验效用的整体均值较低（2.93），<3，反映了绿色生活方式引导政策功能体验效用不高的事实。就各个题项而言，FEU4得分最低（2.69），其次是FEU2（2.76）。从各题项的得分频度来看，48.18%的城市居民在FEU4题项中选择1（非常不符合）和2（比较不符合），45.64%的城市居民在FEU2题项中选择1（非常不符合）和2（比较不符合），即FEU4和FEU2的劣性值比例分别高达48.18%和45.64%。换言之，分别有48.18%和45.64%的城市居民认为践行绿色生活方式引导政策无法满足日常生活和参与国家事务的需求。值得注意的是，FEU3得分最高（3.18），且远高于功能体验效用的其他3个测量题项；此外，分别有8.31%和19.56%的城市居民在该题项中选择1（非常不符合）和2（比较不符合），即FEU3的劣性值检出率为27.87%，远低于FEU4和FEU2。由此可见，强调践行绿色生活方式引导政策对自身健康的益处有助于改善绿色生活方式引导政策的功能体验效用。

（二）成本体验效用

成本体验效用的测量题项共有4项，分别为Q16 - 5（CEU1：

践行绿色生活方式引导政策花费的金钱通常可以接受)、Q16 – 6
(CEU2:执行绿色生活方式引导政策花费的时间比较合理)、Q16 –
7(CEU3:履行绿色生活方式引导政策花费的体力和精力是可以接
受的)、Q16 – 8(CEU4:总的来说,践行绿色生活方式是物有所值
的)。成本体验效用各个题项的得分及其频度见表6 – 3。

表6 –3　　　　　　　　　**成本体验效用的题项得分及其频度**

变量:CEU;均值:2.76;标准差:0.645

题项	均值	标准差	非常不符合	比较不符合	一般	比较符合	非常符合
CEU1	3.16	0.867	6.19%	19.92%	42.63%	15.06%	16.20%
CEU2	2.54	0.873	13.13%	36.24%	36.32%	10.16%	4.15%
CEU3	2.62	0.859	12.73%	37.68%	30.23%	11.24%	8.12%
CEU4	2.72	0.861	9.91%	35.87%	35.29%	11.03%	7.90%

注:CEU 表示成本体验效用。

由表6 –3可知,成本体验效用的整体均值较低(2.76),说明
绿色生活方式引导政策的成本体验效用亟待改善。就具体题项而言,
CEU2 得分最低(2.54),其次是CEU3(2.62)。从各题项的得分频
度来看,49.37%的居民在 CEU2 题项中选择1(非常不符合)和2
(比较不符合),50.41%的居民在 CEU3 题项中选择1(非常不符
合)和2(比较不符合),即 CEU2 和 CEU3 的劣性值比例分别高达
49.37%和50.41%。换言之,分别有 50.41%和49.37%的城市居民
认为践行绿色生活方式引导政策花费的精力和时间过多。因此,减
少居民践行绿色生活方式引导政策花费的时间和精力是提高政策成
本体验效用需要着重考虑的方面。

(三)社会体验效用

社会体验效用的测量题项共有4项,分别为 Q16 –9(SEU1:践
行绿色生活方式引导政策可以提升别人对我的看法)、Q16 – 10
(SEU2:执行绿色生活方式引导政策可以为我赢得更多的赞许)、

Q16 - 11（SEU3：践行绿色生活方式引导政策帮我树立积极健康的个人形象）、Q16 - 12（SEU4：践行绿色生活方式引导政策能让我得到他人的认可）。社会体验效用各个题项的得分及其频度见表6 - 4。

表6 - 4 社会体验效用的题项得分及其频度

变量：SEU；均值：3.21；标准差：0.742

题项	均值	标准差	非常不符合	比较不符合	一般	比较符合	非常符合
SEU1	3.24	0.932	5.77%	15.87%	37.41%	28.96%	11.99%
SEU2	3.10	0.918	7.13%	13.28%	40.82%	32.53%	6.24%
SEU3	3.53	0.873	3.21%	9.84%	32.23%	41.32%	13.40%
SEU4	2.97	0.934	9.16%	24.35%	36.16%	21.97%	8.36%

注：SEU 表示社会体验效用。

由表6 - 4可知，社会体验效用的总体均值为3.21，表明绿色生活方式引导政策的社会体验效用处于中等水平。从具体题项来看，SEU3得分最高（3.53），其次为SEU1（3.24），表明践行绿色生活方式引导政策在传达个人健康形象、提升他人对行为个体的看法等方面具有重要效果。此外，有30.33%—54.72%的城市居民认为践行绿色生活方式引导政策可以带来较高的社会体验效用，有13.05%—33.51%的城市居民认为践行绿色生活方式引导政策产生的社会体验效用较低，有32.23%—40.82%的城市居民认为践行绿色生活方式引导政策产生的社会体验效用较为一般。可见，大部分城市居民对践行绿色生活方式引导政策产生的社会体验效用持不确定和观望态度。无疑，这种摇摆不定的态度会负向影响城市居民持续、长久地践行绿色生活方式引导政策。

（四）情感体验效用

情感体验效用的测量题项共有4项，分别为Q16 - 13（EEU1：执行绿色生活方式引导政策能让我心情得到放松）、Q16 - 14（EEU2：践行绿色生活方式引导政策是一种让人享受的行为）、

Q16 - 15（EEU3：履行绿色生活方式引导政策能给我带来强烈的精神愉悦感）、Q16 - 16（EEU4：执行绿色生活方式引导政策是一件有趣的事情）。情感体验效用各个题项的得分及其频度见表6 - 5。

表6 - 5 情感体验效用的题项得分及其频度

变量：EEU；均值：3.15；标准差：0.722

题项	均值	标准差	非常不符合	比较不符合	一般	比较符合	非常符合
EEU1	3.32	0.867	6.52%	9.32%	38.21%	35.53%	10.42%
EEU2	2.93	0.906	12.03%	19.45%	35.89%	26.37%	6.26%
EEU3	3.49	0.940	4.54%	7.83%	35.37%	40.21%	12.05%
EEU4	2.86	0.897	13.19%	25.52%	32.17%	22.33%	6.79%

注：EEU 表示情感体验效用。

由表6 - 5可知，情感体验效用的整体均值为3.15，说明城市居民践行绿色生活方式引导政策产生的情感体验效用较为一般。从各个题项的得分来看，EEU3 和 EEU1 的得分 > 3，分别为 3.49 和 3.32；EEU2 和 EEU4 的得分均 < 3，分别为 2.93 和 2.86，表明城市居民对践行绿色生活方式引导政策可能产生的情感体验效用呈模糊、冲突、不确定的状态。由各题项得分的频度统计数据来看，情感体验效用的劣性值检出率在 12.37%—38.71%。换言之，有 12.37% 至 38.71% 的城市居民认为践行绿色生活方式引导政策产生的情感体验效用较低。

（五）绿色体验效用

绿色体验效用的测量题项共有 4 项，分别为 Q16 - 17（GEU1：执行绿色生活方式引导政策有助于改善生态环境）、Q16 - 18（GEU2：践行绿色生活方式引导政策会减少对环境的污染）、Q16 - 19（GEU3：践行绿色生活方式引导政策能给社会带来重要的环保价值）、Q16 - 20（GEU4：践行绿色生活方式引导政策对缓解气候变化有好处）。绿色体验效用各个题项的得分及其频度如表6 - 6。

表6－6   绿色体验效用的题项得分及其频度

变量：GEU；均值：3.87；标准差：0.719

题项	均值	标准差	非常不符合	比较不符合	一般	比较符合	非常符合
GEU1	3.83	0.854	4.29%	6.08%	25.18%	33.31%	31.14%
GEU2	3.94	0.852	6.15%	3.19%	18.83%	35.61%	36.22%
GEU3	3.79	0.863	7.23%	4.56%	22.32%	35.28%	30.61%
GEU4	3.92	0.883	3.02%	3.61%	27.56%	30.85%	34.96%

注：GEU 表示绿色体验效用。

由表6－6可知，绿色体验效用的总体均值较高，为3.87，远高于功能体验效用、成本体验效用、社会体验效用和情感体验效用。就具体题项而言，四个题项的得分由高到低分别为 GEU2（3.94）、GEU4（3.92）、GEU1（3.83）和 GEU3（3.79）。由各题项得分的频度统计数据来看，绿色体验效用的劣性值检出率在6.63%—11.79%，处于较低水平。进一步地，高达64.45%—71.83%的城市居民认为践行绿色生活方式引导政策可以带来较高的绿色体验效用。这传达出非常积极的信息，即绝大多数城市居民认可践行绿色生活方式引导政策产生的环境效益，并切身感受到践行绿色生活方式引导政策带来的环境改善。这为进一步推广绿色生活方式引导政策、深化生活方式变革打下了良好的群众基础。

二 体验效用的差异性分析

本部分主要探究绿色生活方式引导政策体验效用在人口统计学上的差异性，研究方法主要包括独立样本 T 检验（Dependent Sample T-test）和单因素方差分析（One-Way ANOVA）。需要说明的是，独立样本 T 检验和方差分析的前提是观测变量总体应服从正态分布且方差相等。由第六章可知，本书中所有观测变量均通过了正态性检验。因此，本部分只需对相关数据进行方差齐次性检验。具体地，当方差齐次性检验的 P 值大于显著性水平 α（α 设为0.05）时，说明方差齐次，可以选择 F 检验或者 T 检验；若方差齐次性检验的 P 值小于显著性水平 α（α 设为 0.05）时，说明方差不齐次，不可用 F 检验或者 T 检验。在这种情况，本书选择 Welch 检验对各组均值之间的差异性进行比较，从而确定绿色生活方式引导政策体验效用在相应人口统计学变量上的差异性。

（一）性别

基于受访者的性别，本书对绿色生活方式引导政策体验效用及其各维度进行方差齐次性检验。结果显示情感体验效用的方差具有齐次性，而功能体验效用、成本体验效用、社会体验效用、绿色体验效用和体验效用均不具有齐次性。因此，本书采用 F 检验分析情感体验效用在性别特征上的差异性，采用 Welch 检验分析功能体验效用、成本体验效用、社会体验效用、绿色体验效用和体验效用在性别特征上的差异性，检验结果见表 6－7。可以发现，绿色生活方式引导政策体验效用及其五个维度（功能体验效用、成本体验效用、社会体验效用、情感体验效用、绿色体验效用）均在性别上存在显著差异。进一步比较不同组别的均值可以发现，女性的功能体验效用、社会体验效用、情感体验效用、绿色体验效用和体验效用的均值均高于男性，而成本体验效用低于男性。

表6－7　　绿色生活方式引导政策体验效用在性别上的差异性检验

变量	方差是否齐次	均值		F/Welch	P
		男	女		
FEU	不齐次	2.72	3.15	15.343	0.000
CEU	不齐次	2.83	2.61	22.602	0.000
SEU	齐次	3.03	3.27	5.256	0.001
EEU	不齐次	3.08	3.35	15.573	0.000
GEU	不齐次	3.73	4.02	83.752	0.000
EU	不齐次	3.01	3.27	32.907	0.000

注：FEU、CEU、SEU、EEU、GEU、EU 分别表示功能体验效用、成本体验效用、社会体验效用、情感体验效用、绿色体验效用和体验效用。

(二) 年龄

基于年龄变量，本书对绿色生活方式引导政策体验效用及各维度进行了方差齐次性检验。发现功能体验效用、成本体验效用、社会体验效用、情感体验效用、绿色体验效用和体验效用均不具有齐次性。因此，本书采用 *Welch* 检验分析体验效用及其各维度在年龄特征上的差异性，检验结果见表6-8。可以发现，绿色生活方式引导政策体验效用及其各维度（功能体验效用、成本体验效用、社会体验效用、情感体验效用、绿色体验效用）均在年龄上存在显著差异。进一步比较不同组别的均值可以发现，21—30岁的城市居民感知的绿色生活方式引导政策的成本体验效用、社会体验用、情感体验效用、绿色体验效用和体验效用最高。

表6-8 绿色生活方式引导政策体验效用在年龄上的差异性检验

变量	方差是否齐次	均值					F/Welch	P
		≤20	21—30	31—40	41—50	≥51		
FEU	不齐次	2.82	2.94	3.05	2.98	3.11	20.498	0.000
CEU	不齐次	2.66	3.26	3.19	2.76	2.80	31.148	0.000
SEU	不齐次	3.11	3.51	3.48	3.17	2.83	21.813	0.000
EEU	不齐次	3.24	3.27	3.11	3.08	2.83	31.652	0.000
GEU	不齐次	3.44	4.03	3.84	3.74	3.97	51.398	0.000
EU	不齐次	3.12	3.42	3.06	3.14	3.20	19.977	0.000

注：FEU、CEU、SEU、EEU、GEU、EU 分别表示功能体验效用、成本体验效用、社会体验效用、情感体验效用、绿色体验效用和体验效用。

(三) 婚姻状况

基于婚姻状况变量，本书对绿色生活方式引导政策体验效用及各维度进行方差齐次性检验。检验结果表明功能体验效用、成本体验效用、社会体验效用、情感体验效用、绿色体验效用和体验效用均不具有齐次性。因此，本书采用 *Welch* 检验分析体验效用及其各维度在婚姻状况上的差异性，检验结果见表6-9。可以发现，绿色生活方式引导政策的功能体验效用、成本体验效用、社会体验效用、情感体验效用、绿色体验效用以及体验效用均在婚姻状况上存在显著差异。进一步分析可知，已婚的城市居民在体验效用、功能体验效用、成本体验效用、社会体验效用、绿色体验效用的均值最高，未婚的城市居民对绿色生活方式引导政策的情感体验效用最高；离异的城市居民在体验效用及其各维度上均低于其他婚姻状况的居民。

表6-9 绿色生活方式引导政策体验效用在婚姻状况上的差异性检验

变量	方差是否齐次	均值					F/Welch	P
		未婚	已婚	离异	再婚	其他		
FEU	不齐次	3.07	3.28	2.25	3.02	2.95	20.09	0.000
CEU	不齐次	3.19	3.38	2.83	2.91	2.72	11.96	0.001
SEU	不齐次	3.26	3.33	3.06	3.15	3.11	17.37	0.000
EEU	不齐次	3.24	3.17	2.95	3.17	3.14	12.32	0.000
GEU	不齐次	3.83	3.97	3.17	3.79	3.27	3.74	0.011
EU	不齐次	3.12	3.39	3.02	3.13	3.24	2.62	0.049

注：FEU、CEU、SEU、EEU、GEU、EU分别表示功能体验效用、成本体验效用、社会体验效用、情感体验效用、绿色体验效用和体验效用。

（四）受教育水平

本书对基于受教育水平的绿色生活方式引导政策体验效用及其各维度进行方差齐次性检验。检验结果显示功能体验效用、成本体验效用、社会体验效用、情感体验效用、绿色体验效用和体验效用均不具有齐次性。因此，本书采用 *Welch* 检验分析体验效用及其各维度在学历水平上的差异性，检验结果见表6-10。可以发现，绿色生活方式引导政策的成本体验效用、绿色体验效用和体验效用在学历水平上存在显著性差异，而功能体验效用、社会体验效用、情感体验效用均未在学历水平上存在显著差异。通过组间均值比较分析可以发现，成本体验效用随着学历水平的提高呈倒U形关系。即随着学历水平的提高，成本体验效用呈先增加后减少趋势。不同的是，绿色体验效用和体验效用都随着受教育水平的增加呈上升趋势。特别地，初中及以下学历的城市居民在成本体验效用、绿色体验效用和体验效用的均值上均处于最低水平。可见，提高受教育水平对于提升绿色生活方式引导政策体验效用具有重要的作用。

表6-10　　绿色生活方式引导政策体验效用在受教育水平上的差异性检验

变量	方差是否齐次	均值					F/Welch	P
		初中及以下	高中或中专	大专	本科	硕士及以上		
FEU	不齐次	2.95	2.89	3.24	2.93	2.82	1.184	0.317
CEU	不齐次	2.66	3.01	3.13	3.27	2.71	2.827	0.024
SEU	不齐次	3.16	3.26	3.17	3.28	3.23	1.758	0.136
EEU	不齐次	3.06	3.23	3.10	3.17	3.02	2.034	0.089
GEU	不齐次	3.80	3.83	3.93	3.99	4.01	5.002	0.001
EU	不齐次	2.91	3.13	3.14	3.16	3.21	2.640	0.033

注：FEU、CEU、SEU、EEU、GEU、EU 分别表示功能体验效用、成本体验效用、社会体验效用、情感体验效用、绿色体验效用和体验效用。

（五）收入

基于受访者的收入，本书对绿色生活方式引导政策体验效用及其各维度进行方差齐次性检验。检验结果显示情感体验效用和绿色体验效用的方差具有齐次性，而功能体验效用、成本体验效用、社会体验效用和体验效用均不具有齐次性。因此，本书采用 F 检验分析情感体验效用和绿色体验效用在收入特征上的差异性，采用 Welch 检验分析功能体验效用、成本体验效用、社会体验效用和体验效用在收入特征上的差异性，检验结果见表6-11。可以发现，绿色生活方式引导政策的成本体验效用、绿色体验效用和体验效用在收入上存在显著差异，而功能体验效用、社会体验效用和情感体验效用在收入上不存在显著差异。进一步比较不同组别的均值可以发现，绿色体验效用随着收入水平的增加呈上升趋势；成本体验效用和体验效用呈现出明显的橄榄型特征。即低收入和高收入城市居民的成本体验效用和体验效用明显低于中层收入的城市居民。

表6-11　　**绿色生活方式引导政策体验效用在收入上的差异性检验**

变量	方差是否齐次	均值					F/Welch	P
		≤2000 元	2001—5000 元	5001—10000 元	10001—20000 元	≥20001 元		
FEU	不齐次	2.87	2.89	2.88	2.94	2.88	1.271	0.280
CEU	不齐次	2.69	2.73	2.95	2.71	2.66	4.888	0.029
SEU	不齐次	3.21	3.20	3.19	3.23	3.11	1.298	0.270
EEU	齐次	3.14	3.15	3.12	3.19	3.07	1.536	0.189
GEU	齐次	3.65	3.73	3.85	3.94	3.90	8.424	0.000
EU	不齐次	3.05	3.14	3.22	3.18	3.11	7.738	0.000

注：FEU、CEU、SEU、EEU、GEU、EU 分别表示功能体验效用、成本体验效用、社会体验效用、情感体验效用、绿色体验效用和体验效用。

（六）家庭成员数

基于家庭成员数变量，对绿色生活方式引导政策体验效用及其各维度进行方差齐次性检验。检验结果显示功能体验效用、成本体验效用、社会体验效用、情感体验效用、绿色体验效用和体验效用的方差均具有齐次性。因此，本书采用 F 检验分析体验效用及其五个维度在家庭成员数上的差异性，检验结果见表6-12。

表6-12　　**绿色生活方式引导政策体验效用在家庭成员数的差异性检验**

变量	方差是否齐次	均值				F/Welch	P
		1—2 人	3 人	4 人	≥5 人		
FEU	齐次	2.88	2.95	3.02	2.93	5.446	0.001
CEU	齐次	2.69	2.80	2.84	2.71	2.825	0.037
SEU	齐次	3.21	3.22	3.19	3.19	0.366	0.778

续表

变量	方差是否齐次	均值				F/Welch	P
		1—2 人	3 人	4 人	≥5 人		
EEU	齐次	3.15	3.16	3.14	3.15	0.099	0.961
GEU	齐次	3.86	3.89	3.87	3.90	0.154	0.927
EU	齐次	3.16	3.18	3.22	3.17	7.557	0.000

注：FEU、CEU、SEU、EEU、GEU、EU 分别表示功能体验效用、成本体验效用、社会体验效用、情感体验效用、绿色体验效用和体验效用。

可以发现，绿色生活方式引导政策的功能体验效用、成本体验效用和体验效用在家庭成员数上存在显著性差异，而社会体验效用、情感体验效用和绿色体验效用均未在家庭成员数上存在显著差异。进一步比较不同组别的均值可以发现，功能体验效用、成本体验效用和体验效用随着家庭成员数的提高呈倒 U 形关系。即随着家庭成员数的提高，功能体验效用、成本体验效用和体验效用呈先增加后减少趋势。特别的，家庭成员数为 4 人时功能体验效用、成本体验效用和体验效用的均值最大，而家庭成员数为 1—2 人或 ≥5 人时，功能体验效用、成本体验效用和体验效用的均值相对较低。

（七）职业领域

基于职业领域变量，本书对绿色生活方式引导政策体验效用及其各维度进行方差齐次性检验。检验结果显示功能体验效用、成本体验效用、社会体验效用、情感体验效用、绿色体验效用和体验效用均不具有齐次性。因此，本书采用 Welch 检验分析体验效用及其各维度在职业领域特征上的差异性，检验结果见表 6-13。

表 6-13　绿色生活方式引导政策体验效用在职业领域上的差异性检验

	FEU	CEU	SEU	EEU	GEU	EU
方差是否齐次	不齐次	不齐次	不齐次	不齐次	不齐次	不齐次
F/Welch	0.142	0.473	0.191	0.217	0.000	0.093

续表

	FEU	CEU	SEU	EEU	GEU	EU
P	1.371	0.987	1.289	1.252	4.004	1.481
	均值					
农林牧渔业	2.87	2.740	2.97	2.96	3.840	3.05
采矿业	2.93	2.820	3.33	3.16	3.970	3.23
制造业	2.86	2.8	3.11	3.21	3.83	3.14
水利水电	2.85	2.75	3.12	3.3	3.63	3.07
建筑/房地产	3.04	2.88	3.3	3.21	3.91	3.2
现代物流业	3.06	2.93	3.13	3.12	3.83	3.12
金融/保险业	2.88	2.74	3.08	3.15	3.99	3.12
信息业	2.83	2.77	3.18	3.14	3.85	3.17
批发/零售业	2.85	2.78	3.12	3.16	3.74	3.13
住宿/餐饮业	2.87	2.72	3.11	3.2	3.65	3.15
环境和公共设施管理业	2.91	3.11	3.24	3.58	4.45	3.58
租赁和商务服务业	2.76	2.61	3.3	3.01	3.87	3.18
居民服务业	2.94	2.89	3.43	3.38	4.11	3.36
教育/科研机构	2.91	2.83	3.15	3.19	4.11	3.27
文体娱乐业	2.92	2.85	3.07	3.12	3.98	3.29
政府部门和社会组织	3.09	3.24	3.24	3.29	4.36	3.36
医药卫生	2.98	2.76	3.22	3.26	3.75	3.2
军队/警察	2.87	2.87	3.08	3.17	3.72	3.24
自由职业者	2.67	2.64	2.75	3.05	3.81	3.16
退休及家庭主妇	3.05	2.81	2.83	3.21	3.68	3.08
在校大学生或研究生	2.96	2.82	3.13	3.22	4.04	3.24
其他	2.88	2.78	3.17	3.23	3.96	3.19

注：FEU、CEU、SEU、EEU、GEU、EU 分别表示功能体验效用、成本体验效用、社会体验效用、情感体验效用、绿色体验效用和体验效用。

可以发现，绿色生活方式引导政策的绿色体验效用在职业领域上存在显著差异，而功能体验效用、成本体验效用、社会体验效用、情感体验效用、体验效用均未在职业领域因素上存在显著差异。进一步通过组间均值比较分析可以发现，在环境和公共设施管理业领域的城市居民绿色体验效用的均值最高（MD = 4.45），其他依次为政府部门和社会组织领域（MD = 4.36）、居民服务业（MD = 4.11）、教育/科研机构（MD = 4.11）、在校大学生或研究生（MD = 4.04）。这些职业领域大多与环境、教育或者科研相关。

（八）组织性质

对基于组织性质的绿色生活方式引导政策体验效用及其各维度进行方差齐次性检验。检验结果显示成本体验效用和情感体验效用的方差具有齐次性，而功能体验效用、社会体验效用、绿色体验效用和体验效用均不具有齐次性。因此，本书采用 F 检验分析成本体验效用和情感体验效用在组织性质上的差异性，采用 Welch 检验分析功能体验效用、社会体验效用、绿色体验效用和体验效用在组织性质上的差异性，检验结果见表 6 – 14。可以发现，功能体验效用、成本体验效用和体验效用均未在组织性质上存在显著性差异，而社会体验效用、情感体验效用、绿色体验效用在组织性质上存在显著性差异。进一步通过比较组间均值可发现，政府部门、事业单位和国有企业的城市居民的社会体验效用和绿色体验效用明显高于其他组织性质的城市居民，外商独资或合资的城市居民的情感体验效用显著高于其他组织性质的城市居民。

表6 – 14　绿色生活方式引导政策体验效用在组织性质上的差异性检验

	FEU	CEU	SEU	EEU	GEU	EU
方差是否齐次	不齐次	齐次	不齐次	齐次	不齐次	不齐次
F/Welch	0.758	0.973	6.958	3.611	5.151	0.976
P	0.564	0.211	0.000	0.000	0.000	0.202
	均值					
政府部门	3.03	2.76	3.31	3.14	4.13	3.20
事业单位	3.04	2.82	3.27	3.18	3.95	3.21
国有企业	2.99	2.79	3.24	3.13	3.87	3.18
民营企业	3.02	2.78	3.08	3.12	3.95	3.20

	FEU	CEU	SEU	EEU	GEU	EU
港澳台独（合）资	2.84	2.71	3.06	3.04	3.71	2.97
外商独（合）资	2.79	2.82	3.26	3.22	3.96	3.19
其他	3.01	2.77	3.11	2.97	3.81	3.20

注：FEU、CEU、SEU、EEU、GEU、EU 分别表示功能体验效用、成本体验效用、社会体验效用、情感体验效用、绿色体验效用和体验效用。

（九）所在省市

针对不同地区，对绿色生活方式引导政策体验效用及其各维度进行方差齐次性检验。发现社会体验效用和情感体验效用的方差具有齐次性，而功能体验效用、成本体验效用、绿色体验效用和体验效用均不具有齐次性。因此，本书采用 F 检验分析社会体验效用和情感体验效用在所在省市特征上的差异性，采用 Welch 检验分析功能体验效用、成本体验效用、绿色体验效用和体验效用在所在省市特征上的差异性，检验结果见表 6-15。可以发现，功能体验效用、成本体验效用、绿色体验效用和体验效用在所在城市特征上存在显著性差异，而社会体验效用和情感体验效用未在所在省市特征上存在显著性差异。通过对组间均值比较分析可以发现，广东、上海和江苏的城市居民感知的绿色生活方式引导政策的功能体验效用、成本体验效用、绿色体验效用和体验效用均明显高于其他省市的城市居民；相较于其他省市的城市居民，河北省的城市居民感知的绿色生活方式引导政策的功能体验效用、成本体验效用、绿色体验效用和体验效用较低。

表6-15　**绿色生活方式引导政策体验效用在所在省市的差异性检验**

	FEU	CEU	SEU	EEU	GEU	EU
方差是否齐次	不齐次	不齐次	齐次	齐次	不齐次	不齐次
F/Welch	0.167	0.366	0.099	0.394	0.000	0.083
P	0.000	0.000	1.354	0.000	2.753	0.001

	FEU	CEU	SEU	EEU	GEU	EU
	均值					
北京	2.93	2.85	3.23	3.17	3.83	3.16
福建	3.06	2.73	3.33	3.11	3.87	3.15
广东	3.33	2.94	3.26	3.21	4.11	3.39
海南	2.93	2.77	2.95	3.18	3.91	3.13
河北	2.72	2.47	3.27	3.15	3.75	3.11
江苏	3.12	2.97	3.25	3.23	3.99	3.27
山东	2.82	2.68	3.21	3.22	3.73	3.14
上海	3.21	3.26	3.22	3.21	4.12	3.36
天津	2.86	2.61	3.20	3.04	3.77	3.16
浙江	2.97	2.83	3.22	3.17	3.92	3.15

注：FEU、CEU、SEU、EEU、GEU、EU 分别表示功能体验效用、成本体验效用、社会体验效用、情感体验效用、绿色体验效用和体验效用。

第二节　体验效用影响机制分析

一　体验效用与其影响因素的相关性分析

（一）自变量与因变量的相关性分析

本部分将对自变量与因变量进行相关性分析。其中自变量包括自主学习能力、阶层认同、规范内化、象征价值关注度、舒适偏好、经济偏好、环保偏好、群体压力、群体氛围、消费文化和专业知识水平。因变量为体验效用及其五个维度，即功能体验效用、成本体验效用、社会体验效用、情感体验效用和绿色体验效用。表6 – 16为自变量与因变量的 Person 相关系数矩阵。结果显示，绿色生活方式引导政策体验效用及其五个维度与自主学习能力、规范内化、环保偏好、象征价值关注度、阶层认同、专业知识水平、消费文化、群体氛围显著正相关；与舒适偏好、经济偏好和群体压力显著负相关。以上结果表明，可以采用线性回归分析方法判定个体—群体因素与绿色生活方式引导政策体验效用之间的关系。

表6-16　自变量与因变量的 Person 相关系数矩阵

	SLA	NI	PC	PE	PEP	SVA	CI	GP	LE	CC	GA	FEU	CEU	SEU	EEU	GEU	EU
SLA	1																
NI	0.622**	1															
PC	-0.248**	-0.197**	1														
PE	-0.275**	-0.245**	0.588**	1													
PEP	0.591**	0.658**	-0.115**	-0.205**	1												
SVA	0.541**	0.534**	-0.340**	-0.379**	0.000	1											
CI	0.053**	0.034	-0.037	-0.046*	-0.005	0.102**	1										
GP	-0.175**	-0.133**	0.435**	0.375**	-0.011	-0.321**	-0.08**	1									
LE	0.447**	0.427**	-0.308**	-0.232**	0.269**	0.457**	0.213**	0.500**	1								
CC	0.324**	0.305**	-0.291**	-0.338**	0.322**	0.294**	0.011	-0.159**	0.126**	1							
GA	0.019	0.019	-0.287**	-0.310**	0.007	0.105**	0.042	-0.282**	0.026	0.341**	1						
FEU	0.601**	0.583**	-0.182**	-0.198**	0.535**	0.449**	0.069**	-0.120**	0.356**	0.282**	0.003**	1					
CEU	0.566**	0.603**	-0.155**	-0.211**	0.534**	0.437**	0.044	-0.070**	0.323**	0.300**	0.005***	0.418***	1				
SEU	0.567**	0.536**	-0.236**	-0.261**	0.475**	0.551**	0.049*	-0.124**	0.332**	0.255**	0.031***	0.376**	0.547**	1			
EEU	0.604**	0.658**	-0.149**	-0.188**	0.580**	0.437**	0.011	-0.081**	0.339**	0.264**	0.004***	0.403**	0.325**	0.472**	1		
GEU	0.454**	0.465**	-0.105**	-0.174**	0.562**	0.303**	0.064**	-0.168**	0.017	0.364**	0.065***	0.495**	0.506**	0.451**	0.495**	1	
EU	0.698**	0.711**	-0.207**	-0.259**	0.672**	0.546**	0.020**	-0.055**	0.336**	0.367**	0.024***	0.817**	0.816**	0.794**	0.827**	0.741**	1

注：①***、**、*分别表示在1%、5%和10%水平下显著；②SLA表示自主学习能力，NI表示规范内化，PC表示新适偏好，PE表示经济偏好，PEP表示环保偏好，SVA表示象征价值专注度，CI表示阶层认同，GP表示群体压力，LE表示绿色体验，CC表示消费文化，GA表示群体氛围，FEU表示功能体验效用，CEU表示成本体验效用，SEU表示社会体验效用，EEU表示情感体验效用，GEU表示绿色体验效用，EU表示体验效用。

(二) 自变量与中介变量的相关性分析

本书对自变量与中介变量之间的相关性进行了分析。中介变量指的是心理授权感知，包括践行意义感知、自我效能感知、自主性感知和影响力感知4个维度。自变量包括自主学习能力、阶层认同、规范内化、象征价值关注度、舒适偏好、经济偏好、环保偏好、群体压力、群体氛围、消费文化和专业知识水平。表6-17为自变量与中介变量的 Person 相关系数矩阵。结果显示，心理授权感知及四个维度（践行意义感知、自我效能感知、自主性感知和影响力感知）均与自主学习能力、规范内化、环保偏好、象征价值关注度、阶层认同、专业知识水平、消费文化、群体氛围显著正相关；与舒适偏好、经济偏好和群体压力显著负相关。相关性分析结果表明可采用线性回归分析方法判定自变量与心理授权感知的关系。

(三) 中介变量与因变量的相关性分析

本部分将对中介变量和因变量的相关性进行分析。中介变量指的是心理授权感知，包括践行意义感知、自我效能感知、自主性感知和影响力感知4个维度。因变量为体验效用及其五个维度（功能体验效用、成本体验效用、社会体验效用、情感体验效用和绿色体验效用）。表6-18为中介变量与因变量的 Person 相关系数矩阵。结果显示，体验效用及其五个维度（功能体验效用、成本体验效用、社会体验效用、情感体验效用和绿色体验效用）与心理授权感知及其四个维度（践行意义感知、自我效能感知、自主性感知和影响力感知）均具有正向相关关系。相关性分析结果说明可以采用线性回归分析方法判定心理授权感知与体验效用之间的关系。

(四) 调节变量与因变量的相关性分析

调节变量与因变量的 Person 相关系数矩阵见表6-19。调节变量包括目标群体主导的社会互动和制定者主导的政策因素。其中，

表6-17　自变量与中介变量的Person相关系数矩阵

	SLA	NI	PC	PE	PEP	SVA	CI	GP	LE	CC	GA	PP	PS	PA	PI	PPE
SLA	1															
NI	0.622**	1														
PC	-0.248**	-0.197**	1													
PE	-0.275**	-0.245**	0.588**	1												
PEP	0.591**	0.658**	-0.115**	-0.205**	1											
SVA	0.541**	0.534**	-0.340**	-0.379**	0.000	1										
CI	0.053**	0.034	-0.037	-0.046*	0.005	0.102**	1									
GP	-0.175**	-0.133**	0.435**	0.375**	-0.011	-0.321**	-0.08**	1								
LE	0.447**	0.427**	-0.308**	-0.232**	0.269**	0.457**	0.213**	-0.500**	1							
CC	0.324**	0.305**	-0.291**	-0.338**	0.322**	0.294**	-0.011	-0.159**	0.126**	1						
GA	0.019	0.019	-0.287**	-0.310**	0.007	0.105**	0.042*	-0.282**	0.026	0.341**	1					
PP	0.421**	0.467**	-0.046	-0.149**	0.531**	0.331**	0.016	-0.118**	0.102**	0.330**	0.034*	1				
PS	0.563**	0.570**	-0.185**	-0.193**	0.477**	0.500**	0.127**	-0.234**	0.528**	0.202**	0.041*	0.448**	1			
PA	0.501**	0.482**	-0.225**	-0.218**	0.385**	0.460**	0.166**	-0.251**	0.519**	0.203**	0.020	0.394**	0.680**	1		
PI	0.485**	0.478**	-0.214**	-0.179**	0.362**	0.449**	0.169**	-0.282**	0.563**	0.150**	0.074**	0.282**	0.657**	0.658**	1	
PPE	0.616**	0.625**	-0.207**	-0.232**	0.553**	0.543**	0.147**	-0.196**	0.526**	0.281**	0.022	0.679**	0.873**	0.859**	0.785**	1

注：①***、**、*分别表示在1%、5%和10%水平下显著。②SLA表示自主学习能力，NI表示规范内化，PC表示舒适偏好，PE表示经济偏好，PEP表示环保偏好，SVA表示象征价值专注度，CI表示阶层认同，GP表示群体压力，LE表示专业知识水平，CC表示消费文化，GA表示群体氛围，GA表示心理效能感知，PP表示跟行意图感知，PP表示体验氛围，PS表示自我效能感知，PA表示自主性感知，PI表示影响力感知，PPE表示心理授权感知。

表6-18

中介变量与因变量的 Person 相关系数矩阵

	PP	PS	PA	PI	PPE	FEU	CEU	SEU	EEU	GEU	EU
PP	1										
PS	0.448**	1									
PA	0.394**	0.680**	1								
PI	0.282**	0.657**	0.658**	1							
PPE	0.679**	0.873**	0.859***	0.785***	1						
FEU	0.457***	0.494**	0.453**	0.412**	0.570**	1					
CEU	0.451**	0.455**	0.398**	0.354**	0.522**	0.418**	1				
SEU	0.378**	0.445**	0.411**	0.404**	0.512**	0.376***	0.547**	1			
EEU	0.426**	0.510**	0.412**	0.405***	0.550**	0.403***	0.325**	0.472**	1		
GEU	0.564**	0.237**	0.211*	0.137**	0.368**	0.495**	0.506**	0.451**	0.495**	1	
EU	0.570**	0.534**	0.470**	0.427**	0.630**	0.817***	0.816**	0.794***	0.827**	0.741**	1

注：①***、**、* 分别表示在1%、5%和10%水平下显著。②PP表示践行意义感知，PS表示自我效能感知，PA表示自主性感知，PI表示影响力感知，PPE表示心理授权感知，FEU表示功能体验效用，CEU表示成本体验效用，SEU表示社会体验效用，EEU表示情感体验效用，GEU表示绿色体验效用，EU表示体验效用。

调节变量与因变量的 Person 相关系数矩阵

表6－19

	SC	FC	RC	IC	PEP	EVP	MC	NMC	FEU	CEU	SEU	EEU	GEU	EU
SC	1													
FC	0.400**	1												
RC	0.284**	0.529**	1											
IC	0.343**	0.326**	0.367**	1										
PEP	0.724**	0.602**	0.356**	0.724**	1									
EVP	0.616**	0.533**	0.345**	0.626**	0.719**	1								
MC	-0.346**	-0.226**	-0.090**	-0.313**	-0.343**	-0.333**	1							
NMC	-0.339**	-0.200**	0.032	-0.291**	-0.313**	-0.275**	0.902**	1						
FEU	0.385**	0.475**	0.465**	0.439**	0.415**	0.394**	-0.153**	-0.101**	1					
CEU	0.330**	0.442**	0.470**	0.378**	0.354**	0.364**	-0.091**	-0.039***	0.418**	1				
SEU	0.360**	0.422**	0.392**	0.401**	0.393**	0.365**	-0.171**	-0.146**	0.376**	0.547**	1			
EEU	0.375**	0.428**	0.439**	0.423**	0.391**	0.383**	-0.119**	-0.048**	0.403**	0.325**	0.472**	1		
GEU	0.015	0.230**	0.474**	0.109**	0.089**	0.122**	-0.027	-0.070**	0.495**	0.506**	0.451**	0.495**	1	
EU	0.357**	0.498**	0.559**	0.436**	0.409**	0.406**	-0.127**	-0.066**	0.817**	0.816**	0.794**	0.827**	0.741**	1

注：①***、**、*分别表示在1%、5%和10%水平下显著。②SC表示社会互动结构特征，FC表示社会互动功能特征，RC表示社会互动关系特征，IC表示社会互动信息特征，PEP表示政策普及程度，EVP表示政策执行效度，MC表示执行政策的货币成本，NMC表示执行政策的非货币成本，FEU表示功能体验效用，CEU表示成本体验效用，SEU表示社会体验效用，EEU表示情感体验效用，GEU表示绿色体验效用，EU表示体验效用。

社会互动包括结构特征、功能特征、关系特征和信息特征四个变量，政策因素包括政策普及程度、政策执行效度、货币成本和非货币成本四个变量。相关性分析结果显示，体验效用及其五个维度与社会互动的结构特征、功能特征、关系特征、信息特征，以及政策普及程度、政策执行效度具有显著的正向相关关系，与货币成本和非货币成本存在显著负向相关关系。可见，体验效用与社会互动、政策因素有密切的关系。

二 个体—群体因素对体验效用的影响效果分析

根据本书构建的绿色生活方式引导政策影响机理理论模型，本部分将首先检验个体—群体因素对绿色生活方式引导政策体验效用的影响作用，其中绿色生活方式引导政策体验效用包括功能体验效用、成本体验效用、社会体验效用、情感体验效用和绿色体验效用五个维度。

（一）体验效用的影响效果分析

本书采用多元线性回归分析方法检验个体－群体因素对绿色生活方式引导政策体验效用的影响效应，参数估计方法为最小二乘法。表6－20报告了个体－群体因素与绿色生活方式引导政策体验效用的回归结果。其中，标准化系数的绝对值反映了变量对绿色生活方式引导政策体验效用的影响程度，T 值是对变量进行 T 检验的统计量，Sig. 反映了 T 检验的显著性水平。N 为有效样本数量，R^2 和 Adjusted R^2 反映了回归方程的拟合优度，F 值是对回归方程进行 F 检验的统计量。此外，本书用容忍度 Tol.（Tolerance）和方差膨胀因子 VIF（Variance Inflation Factor）检验自变量间可能存在的多重共线性问题。通常认为 Tol. ≤0.1 或者 VIF≥10 时自变量间存在严重的共线性。

表6-20　　　　　　　　**个体—群体因素与体验效用的回归结果**

变量	标准化系数	T值	Sig.	Tol.	VIF
SLA	0.271 ***	14.457	0.000	0.411	2.433
NI	0.260 ***	13.208	0.000	0.375	2.670
PC	-0.125 ***	-7.526	0.000	0.576	1.736
PE	-0.104 ***	-6.377	0.000	0.567	1.763
PEP	0.241 ***	12.077	0.000	0.494	2.025
SVA	0.141 ***	8.715	0.000	0.550	1.818
CI	0.126 **	2.610	0.032	0.936	1.068
GP	-0.099 ***	-6.144	0.000	0.556	1.798
LE	0.105 ***	6.488	0.000	0.547	1.829
CC	0.086 ***	5.045	0.000	0.717	1.340
GA	0.151 **	3.184	0.025	0.626	1.598
N	3257				
R^2	0.515				
Adjusted R^2	0.514				
F	241.231 ***				

注：① *** 、** 分别表示在1%和5%水平下显著；②SLA表示自主学习能力，NI表示规范内化，PC表示舒适偏好，PE表示经济偏好，PEP表示环保偏好，SVA表示象征价值专注度，CI表示阶层认同，GP表示群体压力，LE表示专业知识水平、CC表示消费文化、GA表示群体氛围。

由表6-20可知，回归方程的F值为241.231，在1%水平下显著。R^2和Adjusted R^2分别为0.515和0.514，说明回归方程对样本数据的拟合度较好；所有自变量的容忍度均>0.3，方差膨胀因子均<3，说明自变量之间不存在多重共线性问题。通过观察变量的标准化系数可发现，所有自变量均与绿色生活方式引导政策体验效用显著相关。其中，自主学习能力、规范内化、环保偏好、象征价值关注度、专业知识水平、群体压力、消费文化、阶层认同、群体氛围与绿色生活方式引导政策体验效用在1%水平下显著正相关；舒适偏好、经济偏好和群体压力与绿色生活方式引导政策体验效用在1%水平下显著负相关。

（二）功能体验效用的影响效果分析

本书采用多元线性回归分析方法检验个体—群体因素对绿色生活方式引导政策功能体验效用的影响效应，参数估计方法为最小二乘法，结果见表6-21。

表6-21 　　　　　个体—群体因素与功能体验效用的回归结果

变量	标准化系数	T 值	Sig.	Tol.	VIF
SLA	0.278 ***	11.762	0.000	0.411	2.433
NI	0.178 ***	8.208	0.000	0.375	2.670
PC	-0.075 ***	-3.187	0.000	0.576	1.736
PE	-0.065 ***	-3.232	0.000	0.567	1.763
PEP	0.185 ***	8.585	0.000	0.494	2.025
SVA	0.177 ***	8.185	0.000	0.550	1.818
CI	0.104 ***	5.558	0.001	0.936	1.068
GP	-0.118 ***	-0.889	0.001	0.556	1.798
LE	0.168 ***	7.508	0.001	0.547	1.829
CC	0.083 ***	3.844	0.001	0.717	1.394
GA	0.102 ***	5.143	0.001	0.626	1.598
N	3257				
R^2	0.612				
Adjusted R^2	0.611				
F	367.026 ***				

注：① *** 表示在1%水平下显著；②SLA 表示自主学习能力，NI 表示规范内化，PC 表示舒适偏好，PE 表示经济偏好，PEP 表示环保偏好，SVA 表示象征价值专注度，CI 表示阶层认同，GP 表示群体压力，LE 表示专业知识水平、CC 表示消费文化、GA 表示群体氛围。

由表6-21可知，回归方程在1%（F值为367.026）水平下显著。R^2和 Adjusted R^2分别为0.612和0.611，说明回归方程对样本数据的拟合度较好；所有自变量的容忍度均 > 0.3，方差膨胀因子均 < 3，说明自变量之间不存在多重共线性问题。进一步分析发现，自主学习能力和规范内化与绿色生活方式引导政策的功能体验效用

在1%水平下显著正相关，说明自主学习能力越高、规范内化程度越高，绿色生活方式引导政策的功能体验效用越高，研究假设 H1－1和 H3－1 得到证实。另外，环保偏好、象征价值关注度、专业知识水平、消费文化、阶层认同与绿色生活方式引导政策的功能体验效用在1%水平下显著正相关，而舒适偏好、经济偏好和群体压力与绿色生活方式引导政策的功能体验效用在1%水平下显著负相关。

（三）成本体验效用的影响效果分析

本书对个体—群体因素与绿色生活方式引导政策的成本体验效用进行多元线性回归分析，参数估计方法为最小二乘法，回归结果见表6－22。

表6－22　　　　　　个体—群体因素与成本体验效用的回归结果

变量	标准化系数	T 值	Sig.	Tol.	VIF
SLA	0.182 ***	7.685	0.000	0.411	2.433
NI	0.279 ***	13.104	0.000	0.375	2.670
PC	－0.012	－0.813	0.267	0.576	1.736
PE	－0.231 ***	－11.399	0.000	0.567	1.763
PEP	0.146 ***	6.025	0.000	0.494	2.025
SVA	0.173 ***	7.025	0.000	0.550	1.818
CI	0.095 ***	5.032	0.000	0.936	1.068
GP	－0.063 ***	－3.134	0.000	0.556	1.798
LE	0.148 ***	6.289	0.001	0.547	1.829
CC	0.071 ***	4.932	0.000	0.717	1.394
GA	0.109 ***	5.335	0.000	0.626	1.598
N	3257				
R^2	0.694				
Adjusted R^2	0.692				
F	564.321 ***				

注：①*** 表示在1%水平下显著；②SLA 表示自主学习能力，NI 表示规范内化，PC 表示舒适偏好，PE 表示经济偏好，PEP 表示环保偏好，SVA 表示象征价值专注度，CI 表示阶层认同，GP 表示群体压力，LE 表示专业知识水平、CC 表示消费文化、GA 表示群体氛围。

由表 6 - 22 可知，回归方程在 1%（F 值为 564.321）水平下显著。R^2 和 Adjusted R^2 分别为 0.694 和 0.692，说明回归方程对样本数据的拟合度较好；所有自变量的容忍度均 > 0.3，方差膨胀因子均 < 3，说明自变量之间不存在多重共线性问题。进一步分析发现，舒适偏好与绿色生活方式引导政策成本体验效用的关系不显著，因此假设 H4 - 3 不成立。自主学习能力、阶层认同、规范内化、环保偏好、消费文化与绿色生活方式引导政策的成本体验效用在 1% 水平下显著正相关。另外，象征价值关注度和专业知识水平与绿色生活方式引导政策的成本体验效用在 1% 水平下显著正相关，表明个体越关注践行绿色生活方式引导政策的象征价值、周围人关于绿色生活方式引导政策的专业度越高，城市居民感知到的绿色生活方式引导政策的成本体验效用越高。经济偏好和群体压力与绿色生活方式引导政策的成本体验效用在 1% 水平下显著负相关。

（四）社会体验效用的影响效果分析

本书采用多元线性回归分析方法检验个体—群体因素对绿色生活方式引导政策社会体验效用的影响效应。其中，参数估计方法为最小二乘法，回归结果见表 6 - 23。

表 6 - 23　　　　个体—群体因素与社会体验效用的回归结果

变量	标准化系数	T 值	Sig.	Tol.	VIF
SLA	0.245 ***	10.241	0.000	0.411	2.433
NI	0.123 ***	6.905	0.000	0.375	2.670
PC	− 0.085 ***	− 3.865	0.000	0.576	1.736
PE	0.025	1.241	0.215	0.567	1.763
PEP	0.093 ***	4.251	0.000	0.494	2.025
SVA	0.293 ***	14.209	0.000	0.550	1.818
CI	0.126 ***	7.217	0.000	0.936	1.068
GP	− 0.074 ***	− 3.275	0.000	0.556	1.798
LE	0.027	1.316	0.188	0.547	1.829

续表

变量	标准化系数	T 值	Sig.	Tol.	VIF
CC	0.143 ***	8.334	0.000	0.717	1.394
GA	0.096 ***	4.811	0.000	0.626	1.598
N	3257				
R^2	0.568				
Adjusted R^2	0.567				
F	316.819 ***				

注：①*** 表示在1%水平下显著；②SLA 表示自主学习能力，NI 表示规范内化，PC 表示舒适偏好，PE 表示经济偏好，PEP 表示环保偏好，SVA 表示象征价值专注度，CI 表示阶层认同，GP 表示群体压力，LE 表示专业知识水平、CC 表示消费文化、GA 表示群体氛围。

由表6－23可知，回归方程在1%（F 值为316.819）水平下显著。R^2 和 Adjusted R^2 分别为0.568和0.567，说明回归方程对样本数据的拟合度较好；所有自变量的容忍度均 >0.3，方差膨胀因子均 <3，说明自变量之间不存在多重共线性问题。进一步分析发现，经济偏好、专业知识水平与绿色生活方式引导政策社会体验效用的关系不显著，因此假设 H4－10 和 H8－3 不成立。自主学习能力、规范内化、环保偏好、象征价值关注度、阶层认同、消费文化、群体氛围均与绿色生活方式引导政策的社会体验效用在1%水平下显著正相关。另外，舒适偏好和群体压力与绿色生活方式引导政策的社会体验效用在1%水平下显著负相关，说明个体越倾向于舒适偏好，践行绿色生活方式受到的群体压力越大，城市居民感知到的绿色生活方式引导政策社会体验效用越小。

（五）情感体验效用的影响效果分析

本书对个体—群体因素与绿色生活方式引导政策情感体验效用进行多元线性回归分析，参数估计方法为最小二乘法，回归结果见表6－24。

表 6 - 24 个体—群体因素与情感体验效用的回归结果

变量	标准化系数	T 值	Sig.	Tol.	VIF
SLA	0.196 ***	8.727	0.000	0.411	2.433
NI	0.339 ***	14.420	0.000	0.375	2.670
PC	-0.007	-0.370	0.711	0.576	1.736
PE	-0.016	-0.814	0.416	0.567	1.763
PEP	0.201 ***	9.798	0.000	0.494	2.025
SVA	0.094 *	2.257	0.024	0.550	1.818
CI	0.026	1.757	0.089	0.936	1.068
GP	-0.035	-1.824	0.068	0.556	1.798
LE	0.116 **	2.833	0.005	0.547	1.829
CC	0.102 ***	4.273	0.000	0.717	1.394
GA	0.112 ***	5.961	0.000	0.626	1.598
N	3257				
R^2	0.639				
Adjusted R^2	0.637				
F	512.692 ***				

注：①***、**、*分别表示在1%、5%和10%水平下显著；②SLA表示自主学习能力，NI表示规范内化，PC表示舒适偏好，PE表示经济偏好，PEP表示环保偏好，SVA表示象征价值专注度，CI表示阶层认同，GP表示群体压力，LE表示专业知识水平、CC表示消费文化、GA表示群体氛围。

由表 6 - 24 可知，回归方程在 1%（F 值为 512.692）水平下显著。R^2 和 Adjusted R^2 分别为 0.639 和 0.637，说明回归方程对样本数据的拟合度较好；所有自变量的容忍度均 > 0.3，方差膨胀因子均 < 3，说明自变量之间不存在多重共线性问题。进一步分析发现，舒适偏好、经济偏好、阶层认同、群体压力与绿色生活方式引导政策情感体验效用的关系不显著。自主学习能力、规范内化、环保偏好、消费文化和群体氛围均与绿色生活方式引导政策的情感体验效用在 1% 水平下显著正相关，象征价值关注度、专业知识水平分别与绿色生活方式引导政策的情感体验效用在 10% 和 5% 水平下显著正

相关。

（六）绿色体验效用的影响效果分析

本书采用多元线性回归分析方法检验个体—群体因素对绿色生活方式引导政策绿色体验效用的影响效应。参数估计方法为最小二乘法，结果参见表6–25。

表6–25　　　　　　个体—群体因素与绿色体验效用的回归结果

变量	标准化系数	T 值	Sig.	Tol.	VIF
SLA	0.182 ***	8.792	0.000	0.411	2.433
NI	0.127 ***	5.628	0.000	0.375	2.670
PC	− 0.052 ***	− 2.654	0.008	0.576	1.736
PE	− 0.074 ***	− 3.374	0.000	0.567	1.763
PEP	0.323 ***	15.138	0.000	0.494	2.025
SVA	0.106 **	2.757	0.006	0.550	1.818
CI	0.102 *	2.051	0.040	0.936	1.068
GP	− 0.105 ***	− 4.126	0.000	0.556	1.798
LE	0.189 ***	9.285	0.000	0.547	1.829
CC	0.169 ***	8.214	0.000	0.717	1.394
GA	0.142 ***	7.200	0.000	0.626	1.598
N	3257				
R^2	0.563				
Adjusted R^2	0.561				
F	310.276 ***				

注：①***、**、*分别表示在1%、5%和10%水平下显著；②SLA 表示自主学习能力，NI 表示规范内化，PC 表示舒适偏好，PE 表示经济偏好，PEP 表示环保偏好，SVA 表示象征价值专注度，CI 表示阶层认同，GP 表示群体压力，LE 表示专业知识水平、CC 表示消费文化、GA 表示群体氛围。

由表6–25可知，回归方程在1%（F 值为310.276）水平下显著。R^2和 Adjusted R^2分别为0.563和0.561，说明回归方程对样本数据的拟合度较好；所有自变量的容忍度均 > 0.3，方差膨胀因子

均 < 3，说明自变量之间不存在多重共线性问题。进一步分析发现，自主学习能力、规范内化、环保偏好、象征价值关注度、专业知识水平、阶层认同、消费文化和群体氛围与绿色生活方式引导政策的绿色体验效用显著正相关，说明自主学习能力越强、规范内化程度越高、越倾向于环保、越看重践行绿色生活方式引导政策的象征价值、周围成员关于引导政策的知识越丰富，绿色生活方式引导政策的绿色体验效用越大。舒适偏好、经济偏好和群体压力与绿色生活方式引导政策的绿色体验效用显著负相关。

三　心理授权感知的中介效应分析

在前文构建的绿色生活方式引导政策体验效用影响机理理论模型中，设定心理授权感知为中介变量，设定个体—群体因素为自变量，设定绿色生活方式引导政策体验效用为因变量，并将三者的路径关系设定为个体—群体因素通过作用于心理授权感知影响绿色生活方式引导政策体验效用。根据温忠麟等（2004）的研究，心理授权感知的中介作用检验分为三个步骤：第一步，检验个体—群体因素与绿色生活方式引导政策体验效用的回归系数（c_1），若 c_1 不显著，则停止心理授权感知中介效应的检验；第二步，检验个体—群体因素与心理授权感知的回归系数（a）；第三步，检验个体—群体因素、心理授权感知与绿色生活方式引导政策体验效用的回归系数（b 表示心理授权感知的回归系数，c_2 表示个体—群体因素的回归系数）。在完成以上回归分析的基础上，通过以下标准对心理授权感知的中介效应进行判定：若系数 a 与 b 均不显著，则心理授权感知不存在中介作用；若系数 a 与 b 显著，而 c_2 不显著，则心理授权感知起完全中介作用；若系数 a、b、c_2 均显著，则心理授权感知起部分中介作用，中介效应占比为 $ab/c_1 \times 100\%$；若 a 与 b 有一个显著，则需要进行 Sobel 检验，此时本书通过 Z 检验来判定心理授权感知是否存在中介作用，$Z = \hat{a}\hat{b}/S_{ab}$，$S_{ab} = \sqrt{\hat{a}^2 S_b^2 + \hat{b}^2 S_a^2}$，$\hat{a}$ 与 $\hat{b}$ 为 a、b

的估计值，S_a 与 S_b 分别表示 $\hat{a}$、$\hat{b}$ 的标准误差 （Sobel，1987）。根据文献，Z 检验接受零假设的统计区间一般为 （－0.97，0.97）（Mackinnon 等，2002）。

（一）心理授权感知在个体—群体因素与体验效用的中介作用分析

本书采用多元线性回归分析检验心理授权感知在个体—群体因素与绿色生活方式引导政策体验效用的中介效应。参数估计方法为最小二乘法。

表 6-26 报告了个体—群体因素与心理授权感知的回归结果，可以发现，回归方程在 1% （F 值为 270.092） 水平下显著。R^2 和 Adjusted R^2 分别为 0.550 和 0.548，说明回归方程对样本数据的拟合度较好；所有自变量的容忍度均 >0.3，方差膨胀因子均 <3，说明自变量之间不存在多重共线性问题。进一步分析发现，自主学习能力、规范内化、环保偏好、象征价值关注度、群体氛围和专业知识水平与心理授权感知显著正相关，舒适偏好、经济偏好和群体压力与心理授权感知显著负相关，而阶层认同、消费文化与心理授权感知的关系不显著。

表 6-26　　　　个体—群体因素与心理授权感知的回归结果

变量	标准化系数	T 值	Sig.	Tol.	VIF
SLA	0.163 ***	7.275	0.000	0.411	2.433
NI	0.184 ***	8.972	0.000	0.375	2.670
PC	－0.159 ***	－6.472	0.000	0.576	1.736
PE	－0.045 **	－2.453	0.008	0.567	1.763
PEP	0.169 ***	7.685	0.001	0.494	2.025
SVA	0.259 ***	13.616	0.000	0.550	1.818
CI	0.029	1.662	0.097	0.936	1.068
GP	－0.042 *	－2.102	0.036	0.556	1.798
LE	0.178 ***	8.530	0.000	0.547	1.829

续表

变量	标准化系数	T 值	Sig.	Tol.	VIF
CC	0.042	1.140	0.254	0.717	1.394
GA	0.103 ***	3.494	0.000	0.626	1.598
N	3257				
R^2	0.550				
Adjusted R^2	0.548				
F	270.092 ***				

注：① *** 、 ** 、 * 分别表示在1%、5%和10%水平下显著；②SLA 表示自主学习能力，NI 表示规范内化，PC 表示舒适偏好，PE 表示经济偏好，PEP 表示环保偏好，SVA 表示象征价值专注度，CI 表示阶层认同，GP 表示群体压力，LE 表示专业知识水平、CC 表示消费文化、GA 表示群体氛围。

　　个体—群体因素、心理授权感知与绿色生活方式引导政策体验效用的回归结果见表 6 - 27。可以发现，回归方程在 1% （ F 值为 395.776） 水平下显著。R^2 和 Adjusted R^2 分别为 0.661 和 0.659，说明回归方程对样本数据的拟合度较好；所有自变量的容忍度和方差膨胀因子检验结果均说明自变量之间不存在多重共线性问题。回归结果显示心理授权感知与绿色生活方式引导政策体验效用显著正相关，表明心理授权感知越高，则绿色生活方式引导政策体验效用越高。进一步分析发现，自主学习能力、规范内化、环保偏好、象征价值关注度、阶层认同、消费文化、群体氛围、专业知识水平与绿色生活方式引导政策体验效用显著正相关，舒适偏好、经济偏好和群体压力与绿色生活方式引导政策体验效用显著负相关。

表 6 - 27　　个体—群体因素、心理授权感知与体验效用的回归结果

变量	标准化系数	T 值	Sig.	Tol.	VIF
PPE	0.341 ***	14.740	0.000	0.451	2.217
SLA	0.213 ***	12.916	0.000	0.400	2.502
NI	0.198 ***	12.375	0.000	0.364	2.747

续表

变量	标准化系数	T 值	Sig.	Tol.	VIF
PC	−0.07***	−3.958	0.000	0.576	1.738
PE	−0.088***	−5.683	0.000	0.567	1.763
PEP	0.182***	11.638	0.000	0.478	2.092
SVA	0.055***	3.198	0.000	0.536	1.866
CI	0.117***	7.198	0.000	0.929	1.077
GP	−0.085***	−5.288	0.000	0.555	1.802
LE	0.046*	2.399	0.017	0.505	1.979
CC	0.071***	4.194	0.000	0.715	1.398
GA	0.112***	6.730	0.000	0.626	1.598
N	3257				
R^2	0.661				
Adjusted R^2	0.659				
F	395.776***				

注：①***、*分别表示在1%和10%水平下显著；②PPE 表示心理授权感知，SLA 表示自主学习能力，NI 表示规范内化，PC 表示舒适偏好，PE 表示经济偏好，PEP 表示环保偏好，SVA 表示象征价值专注度，CI 表示阶层认同，GP 表示群体压力，LE 表示专业知识水平、CC 表示消费文化、GA 表示群体氛围。

根据中介效应检验步骤和上述实证结果，本书对心理授权感知在个体—群体因素与绿色生活方式引导政策体验效用关系中的中介作用进行判断。在表6-28中，c_1 表示个体—群体因素与绿色生活方式引导政策体验效用的回归系数（见表6-20），a 表示个体—群体因素与心理授权感知的回归系数（见表6-26）。在个体—群体因素、心理授权感知与绿色生活方式引导政策体验效用的回归模型中，心理授权感知的回归系数用 b 表示（见表6-27），个体—群体各因素的回归系数用 c_2 表示（见表6-27）。可以发现，路径 CI-PPE-EU 对应的系数 a 不显著而 b 显著，需要进行 Sobel 检验来判断心理授权感知是否在阶层认同与绿色生活方式引导政策体验效用的关系中存在中介作用。按照上文所述检验公式，经过计算得 $Z_1 = \hat{a}\hat{b}/S_{ab} =$

$(0.029) \times 0.341/\sqrt{(0.029)^2 \times 0.026^2 + 0.341^2 \times 0.018^2} = 1.600$，结果显示通过 Z 检验，所以心理授权感知在阶层认同与绿色生活方式引导政策体验效用的关系中起到部分中介作用。同理，计算路径 CC-PPE-EU 的 Z 值。经计算，$Z_2 = \hat{a}\hat{b}/S_{ab} = (0.042) \times 0.341/\sqrt{(0.042)^2 \times 0.026^2 + 0.341^2 \times 0.022^2} = 1.890$，说明通过 Z 检验，因此心理授权感知在消费文化与绿色生活方式引导政策体验效用的关系中起部分中介作用。中介作用检验结果表明，心理授权感知在自主学习能力、规范内化、舒适偏好、经济偏好、环保偏好、象征价值专注度、阶层认同、群体压力、专业知识水平、消费文化和群体氛围作用于绿色生活方式引导政策体验效用的路径中起部分中介作用。本书进一步依据前文所述公式计算了中介效应在总效应的所占的比例（见表 6-44）。以作用路径 SLA-PPE-EU 为例，自主学习能力的直接效应为 $c_2 = 0.213$，总效应为 $c_1 = 0.271$，中介效应为 $ab = 0.163 \times 0.341 = 0.05558$，所以中介效应占比为 20.51%（$0.05558/0.271 \times 100\%$）。

表 6-28 心理授权感知在个体—群体因素与体验效用的中介作用检验结果

作用路径	c_1	a	b	c_2	中介作用检验	中介效应占比（%）
SLA-PPE-EU	0.271***	0.163***	0.341***	0.213***	部分中介	20.51
NI-PPE-EU	0.260***	0.184***	0.341***	0.198***	部分中介	24.13
PC-PPE-EU	-0.125***	-0.159***	0.341***	-0.070***	部分中介	43.38
PE-PPE-EU	-0.104***	-0.045**	0.341***	-0.088***	部分中介	14.75
PEP-PPE-EU	0.241***	0.169***	0.341***	0.182***	部分中介	23.91
SVA-PPE-EU	0.141**	0.259***	0.341***	0.055***	部分中介	62.64
CI-PPE-EU	0.126**	0.029	0.341***	0.117***	部分中介	7.85
GP-PPE-EU	-0.099***	-0.042*	0.341***	-0.085***	部分中介	14.47
LE-PPE-EU	0.105***	0.178***	0.341***	0.046*	部分中介	57.81

作用路径	c_1	a	b	c_2	中介作用检验	中介效应占比（%）
CC-PPE-EU	0.086 ***	0.042	0.341 ***	0.071 ***	部分中介	16.65
GA-PPE-EU	0.151 **	0.103 ***	0.341 ***	0.112 ***	部分中介	23.26

注：① *** 、** 分别表示在1%和5%水平下显著；②PPE 表示心理授权感知，SLA 表示自主学习能力，NI 表示规范内化，PC 表示舒适偏好，PE 表示经济偏好，PEP 表示环保偏好，SVA 表示象征价值专注度，CI 表示阶层认同，GP 表示群体压力，LE 表示专业知识水平、CC 表示消费文化、GA 表示群体氛围，EU 表示体验效用。

（二）心理授权感知在个体—群体因素与功能体验效用的中介作用分析

心理授权感知在个体—群体因素与绿色生活方式引导政策功能体验效用的中介效应通过多元线性回归分析的方法检验。其中，参数估计方法为最小二乘法。

表6-29 报告了个体—群体因素、心理授权感知与绿色生活方式引导政策功能体验效用的回归结果。可以发现，回归方程在1%（F 值为596.375）水平下显著。R^2 和 Adjusted R^2 分别为 0.717 和 0.716，说明回归方程对样本数据的拟合度较好；所有自变量的容忍度均 >0.3，方差膨胀因子均 <3，说明自变量之间不存在多重共线性问题。回归结果显示心理授权感知与绿色生活方式引导政策功能体验效用显著正相关，表明城市居民感知到的心理授权程度越高，对绿色生活方式引导政策的功能体验效用就会越高。进一步分析发现，自主学习能力、规范内化、环保偏好、象征价值关注度、专业知识水、阶层认同、消费文化和群体氛围与绿色生活方式引导政策功能体验效用在1%水平显著正相关，经济偏好和群体压力与绿色生活方式引导政策的功能体验效用在1%水平下显著负相关，而舒适偏好与绿色生活方式引导政策的功能体验效用不存在显著关系。

表 6 - 29 　　　个体—群体因素、心理授权感知与功能体验效用的回归结果

变量	标准化系数	T 值	Sig.	Tol.	VIF
PPE	0.406 ***	15.449	0.000	0.451	2.217
SLA	0.210 ***	12.248	0.000	0.400	2.502
NI	0.102 ***	8.362	0.000	0.364	2.747
PC	− 0.011	− 0.024	0.981	0.576	1.738
PE	− 0.046 ***	− 3.242	0.000	0.567	1.763
PEP	0.112 ***	8.932	0.000	0.478	2.092
SVA	0.071 ***	6.266	0.000	0.536	1.866
CI	0.089 ***	7.538	0.000	0.929	1.077
GP	− 0.104 ***	− 8.493	0.000	0.555	1.802
LE	0.097 ***	7.855	0.000	0.505	1.979
CC	0.067 ***	5.792	0.000	0.715	1.398
GA	0.051 ***	3.682	0.640	0.626	1.598
N	3257				
R^2	0.717				
Adjusted R^2	0.716				
F	596.375 ***				

注：① *** 表示在 1% 水平下显著；②PPE 表示心理授权感知，SLA 表示自主学习能力，NI 表示规范内化，PC 表示舒适偏好，PE 表示经济偏好，PEP 表示环保偏好，SVA 表示象征价值专注度，CI 表示阶层认同，GP 表示群体压力，LE 表示专业知识水平、CC 表示消费文化、GA 表示群体氛围。

表 6 - 30 报告了心理授权感知在个体—群体因素与绿色生活方式引导政策功能体验效用关系中中介作用的检验结果。其中，c_1 为个体 – 群体因素与绿色生活方式引导政策功能体验效用的回归系数（见表 6 - 21），a 为个体—群体因素与心理授权感知的回归系数（见表 6 - 26）。在个体—群体因素、心理授权感知与绿色生活方式引导政策功能体验效用的回归模型中，心理授权感知的回归系数用 b 表示（见表 6 - 29），个体—群体各因素的回归系数用 c_2 表示（见表 6 - 29）。可以发现，在 PC – PPE – FEU 路径中，c_1、a、b 均显著，而 c_2 不显著，

因此舒适偏好完全通过心理授权感知作用于绿色生活方式引导政策的功能体验效用。路径 CI-PPE-FEU 对应的系数 a 不显著而 b 显著，需要进行 Sobel 检验来判断心理授权感知是否在阶层认同与绿色生活方式引导政策功能体验效用的关系中存在中介作用。按照公式，经计算，$Z_1 = \hat{a}\hat{b}/S_{ab} = (0.029) \times 0.406/\sqrt{(0.029)^2 \times 0.036^2 + 0.406^2 \times 0.018^2} = 1.595$。因此，Z 检验通过，表明心理授权感知在阶层认同与功能体验效用的关系中存在中介作用。同理，路径 CC-PPE-FEU 也需要进行 Sobel 检验。按照前文所述公式，经计算，$Z_2 = \hat{a}\hat{b}/S_{ab} = (0.042) \times 0.406/\sqrt{(0.042)^2 \times 0.036^2 + 0.406^2 \times 0.022^2} = 1.882$，经判断 Z 检验通过。所以心理授权感知在消费文化作用于绿色生活方式引导政策功能体验效用的路径中存在中介作用。中介效应检验结果表明心理授权感知在自主学习能力、规范内化、经济偏好、环保偏好、象征价值关注度、阶层认同、群体压力、专业知识水平、消费文化和群体氛围作用于功能体验效用的路径中起部分中介作用。此外，舒适偏好直接作用于绿色生活方式引导政策功能体验效用。中介效应占比见表 6–30。

表 6–30　　**心理授权感知在个体—群体因素与功能体验效用的**
中介作用检验结果

作用路径	c_1	a	b	c_2	中介作用检验	中介效应占比（%）
SLA-PPE-FEU	0.278 ***	0.163 ***	0.406 ***	0.210 ***	部分中介	23.81
NI-PPE-FEU	0.178 ***	0.184 ***	0.406 ***	0.102 ***	部分中介	41.97
PC-PPE-FEU	−0.075 ***	−0.159 ***	0.406 ***	−0.011	完全中介	/
PE-PPE-FEU	−0.065 ***	−0.045 **	0.406 ***	−0.046 ***	部分中介	28.11
PEP-PPE-FEU	0.185 ***	0.169 ***	0.406 ***	0.112 ***	部分中介	37.09
SVA-PPE-FEU	0.177 ***	0.259 ***	0.406 ***	0.071 ***	部分中介	59.41
CI-PPE-FEU	0.104 ***	0.029	0.406 ***	0.089 ***	部分中介	11.32
GP-PPE-FEU	−0.118 ***	−0.042 *	0.406 ***	−0.104 ***	部分中介	14.45
LE-PPE-FEU	0.168 ***	0.178 ***	0.406 ***	0.097 ***	部分中介	43.02

续表

作用路径	c_1	a	b	c_2	中介作用检验	中介效应占比（%）
CC-PPE-FEU	0.083 ***	0.042	0.406 ***	0.067 ***	部分中介	20.54
GA-PPE-FEU	0.102 ***	0.103 ***	0.406 ***	0.051 ***	部分中介	41.00

注：① ***、** 和 * 分别表示在 1%、5% 和 10% 水平下显著；②PPE 表示心理授权感知，SLA 表示自主学习能力，NI 表示规范内化，PC 表示舒适偏好，PE 表示经济偏好，PEP 表示环保偏好，SVA 表示象征价值专注度，CI 表示阶层认同，GP 表示群体压力，LE 表示专业知识水平、CC 表示消费文化、GA 表示群体氛围，FEU 表示功能体验效用。

（三）心理授权感知在个体—群体因素与成本体验效用的中介作用分析

本书采用多元线性回归分析检验心理授权感知在个体—群体因素与绿色生活方式引导政策成本体验效用的中介效应。参数估计方法为最小二乘法。

个体—群体因素、心理授权感知与绿色生活方式引导政策成本体验效用的回归结果见表 6-31。可以发现，回归方程在 1%（F 值为 367.780）水平下显著。R^2 和 Adjusted R^2 分别为 0.642 和 0.639，说明回归方程对样本数据的拟合度较好；所有自变量的容忍度和方差膨胀因子检验结果均说明自变量之间不存在多重共线性问题。回归结果显示心理授权感知与绿色生活方式引导政策成本体验效用显著正相关。进一步分析发现，自主学习能力、规范内化、环保偏好、象征价值关注度、专业知识水平、阶层认同、消费文化和群体氛围与绿色生活方式引导政策的成本体验效用显著正相关，经济偏好、群体压力与绿色生活方式引导政策的成本体验效用显著负相关，而舒适偏好与绿色生活方式引导政策的成本体验效用无显著相关关系。

表6-31　　　　　　　　**个体—群体因素、心理授权感知与**

成本体验效用的回归结果

变量	标准化系数	T 值	Sig.	Tol.	VIF
PPE	0.528 ***	18.089	0.000	0.451	2.217
SLA	0.095 ***	6.684	0.000	0.400	2.502
NI	0.182 ***	10.064	0.000	0.364	2.747
PC	-0.081	-1.452	0.147	0.576	1.738
PE	-0.205 ***	-11.418	0.000	0.567	1.763
PEP	0.054 ***	4.921	0.000	0.478	2.092
SVA	0.038 **	3.083	0.002	0.536	1.866
CI	0.078 ***	5.601	0.000	0.929	1.077
GP	-0.004 **	-2.878	0.004	0.555	1.802
LE	0.054 ***	4.917	0.000	0.505	1.979
CC	0.050 ***	4.655	0.000	0.715	1.398
GA	0.052 ***	4.812	0.000	0.626	1.598
N	3257				
R^2	0.642				
Adjusted R^2	0.639				
F	367.780 ***				

注：①***、**分别表示在1%和5%水平下显著；②PPE表示心理授权感知，SLA表示自主学习能力，NI表示规范内化，PC表示舒适偏好，PE表示经济偏好，PEP表示环保偏好，SVA表示象征价值专注度，CI表示阶层认同，GP表示群体压力，LE表示专业知识水平、CC表示消费文化、GA表示群体氛围。

　　心理授权感知在个体—群体因素与绿色生活方式引导政策成本体验效用关系中介作用的检验结果见表6-32。其中，c_1为个体—群体因素与绿色生活方式引导政策成本体验效用的回归系数（见表6-22），a为个体—群体因素与心理授权感知的回归系数（见表6-26）。在个体—群体因素、心理授权感知与绿色生活方式引导政策成本体验效用的回归模型中，心理授权感知的回归系数用b表示（见表6-31），个体—群体各因素的回归系数用c_2表示（见表6-31）。可以发现，路径 PC－PPE－CEU 回归系数 c_1 不显著，因此舒适偏好不通过心理授权感知作用于成本体验效用。路径 CI－PPE－CEU 系数 a 不显著而 b 显著，需要进行 Sobel 检验来判断心理授权感知是否在阶层认同与绿色生活方式引导政策成本体验效用的关系中存在中介作用。按照前文计算 Z 值的公式，本书对该条路径进行 Sobel 检验。经计算得 $Z_1 = \hat{a}\hat{b}/S_{ab} = (0.029) \times 0.528/\sqrt{(0.029)^2 \times 0.028^2 + 0.528^2 \times 0.018^2} = 1.605$，通过了 Z 检验，表明阶层认同通过心理授权感知作用于绿色生活方式引导政策的成本体验效用。同理路径 CC－PPE－CEU 也需进行 Sobel 检验。经计算，$Z_2 = \hat{a}\hat{b}/S_{ab} = (0.042) \times 0.528/\sqrt{(0.042)^2 \times 0.028^2 + 0.528^2 \times 0.022^2} = 1.899$，$Z$ 检验通过。所以心理授权感知在消费文化与绿色生活方式引导政策成本体验效用的关系中起部分中介作用。心理授权感知在其他路径中的中介作用以及中介效应占比见表 6－32。

表6－32　　　　　　　**心理授权感知在个体—群体因素与成本体验效用的中介作用检验结果**

作用路径	c_1	a	b	c_2	中介作用检验	中介效应占比（%）
SLA-PPE-CEU	0.182 ***	0.163 ***	0.528 ***	0.095 ***	部分中介	47.32
NI-PPE-CEU	0.279 ***	0.184 ***	0.528 ***	0.182 ***	部分中介	34.85
PC-PPE-CEU	－0.012	－0.159 ***	0.528 ***	－0.081	不存在	/
PE-PPE-CEU	－0.231 ***	－0.045 **	0.528 ***	－0.205 ***	部分中介	10.27
PEP-PPE-CEU	0.146 ***	0.169 ***	0.528 ***	0.054 ***	部分中介	61.27
SVA-PPE-CEU	0.173 ***	0.259 ***	0.528 ***	0.038 **	部分中介	79.28
CI-PPE-CEU	0.095 ***	0.029	0.528 ***	0.078 ***	部分中介	16.05
GP-PPE-CEU	－0.063 ***	－0.042 *	0.528 ***	－0.004 **	部分中介	34.97
LE-PPE-CEU	0.148 ***	0.178 ***	0.528 ***	0.054 ***	部分中介	63.65
CC-PPE-CEU	0.071 ***	0.042	0.528 ***	0.050 ***	部分中介	31.08
GA-PPE-CEU	0.109 ***	0.103 ***	0.528 ***	0.052 ***	部分中介	49.98

注：① *** 、 ** 和 * 分别表示在 1% 、5% 和 10% 水平下显著；②PPE 表示心理授权感知，SLA 表示自主学习能力，NI 表示规范内化，PC 表示舒适偏好，PE 表示经济偏好，PEP 表示环保偏好，SVA 表示象征价值专注度，CI 表示阶层认同，GP 表示群体压力，LE 表示专业知识水平、CC 表示消费文化、GA 表示群体氛围，CEU 表示成本体验效用。

（四）心理授权感知在个体—群体因素与社会体验效用的中介作用分析

本书通过多元线性回归分析检验心理授权感知在个体—群体因素与绿色生活方式引导政策社会体验效用的中介效应。其中，参数估计方法为最小二乘法。

个体—群体因素、心理授权感知与绿色生活方式引导政策社会体验效用的回归结果见表 6 – 33。可以发现，回归方程在 1%（F 值为 267.005）水平下显著。R^2 和 Adjusted R^2 分别为 0.536 和 0.534，说明回归方程对样本数据的拟合度较好；所有自变量的容忍度和方差膨胀因子检验结果均说明自变量之间不存在多重共线性问题。回归结果显示心理授权感知与绿色生活方式引导政策社会体验效用显著正相关。进一步分析发现，自主学习能力、规范内化、环保偏好、象征价值关注度、消费文化和群体氛围与绿色生活方式引导政策的社会体验效用显著正相关，舒适偏好和群体压力与绿色生活方式引导政策的社会体验效用显著负相关，而经济偏好、阶层认同、专业知识水平与绿色生活方式引导政策的社会体验效用间无显著相关关系。

表 6 – 33　　**个体—群体因素、心理授权感知与社会体验效用的回归结果**

变量	标准化系数	T 值	Sig.	Tol.	VIF
PPE	0.335 ***	14.535	0.000	0.451	2.217
SLA	0.187 ***	9.244	0.000	0.400	2.502
NI	0.059 ***	3.938	0.000	0.364	2.747
PC	− 0.031 **	− 2.637	0.008	0.576	1.738
PE	0.053	0.483	0.629	0.567	1.763
PEP	0.035 ***	3.219	0.001	0.478	2.092
SVA	0.204 ***	12.218	0.000	0.536	1.866
CI	0.114	1.258	0.208	0.929	1.077

变量	标准化系数	T 值	Sig.	Tol.	VIF
GP	-0.060 **	-3.026	0.003	0.555	1.802
LE	0.039	0.251	0.802	0.505	1.979
CC	0.126 ***	8.444	0.000	0.715	1.398
GA	0.058 ***	3.921	0.000	0.626	1.598
N	3257				
R^2	0.536				
Adjusted R^2	0.534				
F	267.005 ***				

注：① *** 、 ** 和 * 分别表示在1%、5%和10%水平下显著；②PPEP 表示心理授权感知，SLA 表示自主学习能力，NI 表示规范内化，PC 表示舒适偏好，PE 表示经济偏好，PEP 表示环保偏好，SVA 表示象征价值专注度，CI 表示阶层认同，GP 表示群体压力，LE 表示专业知识水平、CC 表示消费文化、GA 表示群体氛围。

表6-34 描述了心理授权感知在个体—群体因素与绿色生活方式引导政策社会体验效用关系中中介作用的检验结果。其中，c_1 为个体—群体因素与绿色生活方式引导政策社会体验效用的回归系数（见表6-23），a 为个体—群体因素与心理授权感知的回归系数（见表6-26）。在个体—群体因素、心理授权感知与绿色生活方式引导政策社会体验效用的回归模型中，心理授权感知的回归系数用 b 表示（见表6-33），个体—群体各因素的回归系数用 c_2 表示（见表6-33）。可以发现，路径 PE-PPE-SEU 和 LE-PPE-SEU 回归系数 c_1 不显著，因此经济偏好、专业知识水平不通过心理授权感知直接作用于社会体验效用。路径 CI - PPE - SEU 系数 a 不显著而 b 显著，需要进行 Sobel 检验来判断心理授权感知是否在阶层认同与社会体验效用的关系中存在中介作用。按照上文所述公式，经计算得到 $Z_1 = \hat{a}\hat{b}/S_{ab} = (0.029) \times 0.335/\sqrt{(0.029)^2 \times 0.016^2 + 0.335^2 \times 0.018^2} = 1.606$。$Z$ 检验通过，表明阶层认同通过心理授权感知作用于绿色生活方式引导政策社会体验效用。同样地，路径 CC-PPE-SEU 也需进

行 Sobel 检验。经计算，$Z_2 = \hat{a}\hat{b}/S_{ab} = （0.042）\times 0.335/$
$\sqrt{（0.042）^2 \times 0.016^2 + 0.335^2 \times 0.022^2} = 1.901$，通过 Z 检验。综上
所述，心理授权感知在自主学习能力、规范内化、舒适偏好、环保
偏好、象征价值关注度、阶层认同、群体压力、消费文化和群体氛
围作用于绿色生活方式引导政策社会体验效用的路径中起部分中介
作用；经济偏好、专业知识水平不通过心理授权感知直接作用于绿
色生活方式引导政策的社会体验效用。

表6-34　　　　心理授权感知在个体—群体因素与社会体验效用的
中介作用检验结果

作用路径	c_1	a	b	c_2	中介作用检验	中介效应占比（％）
SLA-PPE-SEU	0.245 ***	0.163 ***	0.335 ***	0.187 ***	部分中介	22.29
NI-PPE-SEU	0.123 ***	0.184 ***	0.335 ***	0.059 ***	部分中介	50.11
PC-PPE-SEU	−0.085 ***	−0.159 ***	0.335 ***	−0.031 **	部分中介	62.66
PE-PPE-SEU	0.025	−0.045 **	0.335 ***	0.053	不存在	/
PEP-PPE-SEU	0.093 ***	0.169 ***	0.335 ***	0.035 ***	部分中介	60.88
SVA-PPE-SEU	0.293 ***	0.259 ***	0.335 ***	0.204 ***	部分中介	29.61
CI-PPE-SEU	0.126 ***	0.029	0.335 ***	0.114	部分中介	7.71
GP-PPE-SEU	−0.074 ***	−0.042 *	0.335 ***	−0.060 **	部分中介	19.01
LE-PPE-SEU	0.027	0.178 ***	0.335 ***	0.039	不存在	/
CC-PPE-SEU	0.143 ***	0.042	0.335 ***	0.126 ***	部分中介	9.84
GA-PPE-SEU	0.096 ***	0.103 ***	0.335 ***	0.058 ***	部分中介	35.94

注：① *** 、 ** 和 * 分别表示在 1% 、5% 和 10% 水平下显著；②PPE 表示心理授权感知，
SLA 表示自主学习能力，NI 表示规范内化，PC 表示舒适偏好，PE 表示经济偏好，PEP 表示环保
偏好，SVA 表示象征价值专注度，CI 表示阶层认同，GP 表示群体压力，LE 表示专业知识水平、
CC 表示消费文化、GA 表示群体氛围，SEU 表示社会体验效用。

（五）心理授权感知在个体—群体因素与情感体验效用的
中介作用分析

本书采用多元线性回归分析检验心理授权感知在个体—群体因
素与绿色生活方式引导政策情感体验效用的中介效应。参数估计方

法为最小二乘法。

个体—群体因素、心理授权感知与绿色生活方式引导政策情感体验效用的回归结果见表 6 - 35。可知，回归方程在 1% （F 值为 206.044）水平下显著。R^2 和 Adjusted R^2 分别为 0.504 和 0.501，说明回归方程对样本数据的拟合度较好；所有自变量的容忍度均 >0.3，方差膨胀因子均 <3，说明自变量之间不存在多重共线性问题。回归结果显示心理授权感知与绿色生活方式引导政策情感体验效用显著正相关。进一步分析发现，自主学习能力、规范内化、环保偏好、专业知识水平、消费文化和群体氛围与绿色生活方式引导政策的情感体验效用显著正相关，而舒适偏好、经济偏好、象征价值关注度、阶层认同、群体压力与绿色生活方式引导政策的情感体验效用无显著相关关系。

表 6 - 35　　**个体—群体因素、心理授权感知与情感体验效用的回归结果**

变量	标准化系数	T 值	Sig.	Tol.	VIF
PPE	0.334 ***	15.292	0.000	0.451	2.217
SLA	0.138 ***	7.632	0.000	0.400	2.502
NI	0.274 ***	13.274	0.000	0.364	2.747
PC	− 0.052	− 1.535	0.125	0.576	1.738
PE	− 0.022	− 1.233	0.218	0.567	1.763
PEP	0.144 ***	8.592	0.000	0.478	2.092
SVA	0.005	0.271	0.416	0.536	1.866
CI	0.021	1.011	0.221	0.929	1.077
GP	− 0.016	− 0.935	0.275	0.555	1.802
LE	0.058 **	3.014	0.025	0.505	1.979
CC	0.091 ***	5.949	0.000	0.715	1.398
GA	0.075 ***	4.499	0.000	0.626	1.598
N	3257				
R^2	0.504				

变量	标准化系数	T 值	Sig.	Tol.	VIF
Adjusted R^2	0.501				
F	206.044 ***				

注：① *** 和 ** 分别表示在1%和5%水平下显著；②PPE 表示心理授权感知，SLA 表示自主学习能力，NI 表示规范内化，PC 表示舒适偏好，PE 表示经济偏好，PEP 表示环保偏好，SVA 表示象征价值专注度，CI 表示阶层认同，GP 表示群体压力，LE 表示专业知识水平、CC 表示消费文化、GA 表示群体氛围。

表6-36 报告了心理授权感知在个体—群体因素与绿色生活方式引导政策情感体验效用关系中中介作用的检验结果。其中，c_1 为个体—群体因素与绿色生活方式引导政策情感体验效用的回归系数（见表6-24），a 为个体—群体因素与心理授权感知的回归系数（见表6-26）。在个体—群体因素、心理授权感知与绿色生活方式引导政策情感体验效用的回归模型中，心理授权感知的回归系数用 b 表示（见表6-35），个体—群体各因素的回归系数用 c_2 表示（见表6-35）。可以发现，路径 PC-PPE-EEU、PE-PPE-EEU、CI-PPE-EEU 和 GP-PPE-EEU 的回归系数 c_1 不显著，因此舒适偏好、经济偏好、阶层认同、群体压力不通过心理授权感知直接作用于绿色生活方式引导政策情感体验效用。此外，路径 CC-PPE-EEU 系数 a 不显著而 b 显著，需要进行 Sobel 检验来判断心理授权感知是否在消费文化与绿色生活方式引导政策情感体验效用的关系中存在中介作用。按照所述公式，经计算得到 $Z = \hat{a}\hat{b}/S_{ab} = (0.042) \times 0.343/\sqrt{(0.042)^2 \times 0.036^2 + 0.343^2 \times 0.022^2} = 1.872$。$Z$ 检验通过，表明消费文化通过心理授权感知作用于绿色生活方式引导政策情感体验效用。中介效应检验结果说明心理授权感知在自主学习能力、规范内化、环保偏好、群体压力、专业知识水平、消费文化、群体氛围与情感体验效用关系中起部分中介作用，中介效应占比见表6-36；在象征价值关注度与情感体验效用关系中具有完全中介作用。

表6-36 心理授权感知在个体—群体因素与情感
体验效用的中介作用检验结果

作用路径	c_1	a	b	c_2	中介作用检验	中介效应占比（%）
SLA-PPE-EEU	0.196 ***	0.163 ***	0.343 ***	0.138 ***	部分中介	28.53
NI-PPE-EEU	0.339 ***	0.184 ***	0.343 ***	0.274 ***	部分中介	18.62
PC-PPE-EEU	−0.007	−0.159 ***	0.343 ***	−0.052	不存在	/
PE-PPE-EEU	−0.016	−0.045 **	0.343 ***	−0.022	不存在	/
PEP-PPE-EEU	0.201 **	0.169 ***	0.343 ***	0.144 ***	部分中介	28.84
SVA-PPE-EEU	0.094 *	0.259 ***	0.343 ***	0.005	完全中介	/
CI-PPE-EEU	0.026	0.029	0.343 ***	0.021	不存在	/
GP-PPE-EEU	−0.035	−0.042 *	0.343 ***	−0.016	不存在	/
LE-PPE-EEU	0.116 **	0.178 ***	0.343 ***	0.058 **	部分中介	52.63
CC-PPE-EEU	0.102 ***	0.042	0.343 ***	0.091 ***	部分中介	14.12
GA-PPE-EEU	0.112 ***	0.103 ***	0.343 ***	0.075 ***	部分中介	31.54

注：①*** 、** 和 * 分别表示在1%、5%和10%水平下显著；②PPE表示心理授权感知，SLA表示自主学习能力，NI表示规范内化，PC表示舒适偏好，PE表示经济偏好，PEP表示环保偏好，SVA表示象征价值专注度，CI表示阶层认同，GP表示群体压力，LE表示专业知识水平、CC表示消费文化、GA表示群体氛围，EEU表示情感体验效用。

（六）心理授权感知在个体—群体因素与绿色体验效用的中介作用分析

心理授权感知在个体—群体因素与绿色生活方式引导政策绿色体验效用的中介效应通过多元线性回归分析的方法检验，其中，参数估计方法为最小二乘法。

表6-37报告了个体—群体因素、心理授权感知与绿色生活方式引导政策绿色体验效用的回归结果。可以发现，回归方程在1%（F 值为594.258）水平下显著。R^2 和 Adjusted R^2 分别为0.715和0.714，说明回归方程对样本数据的拟合度较好；所有自变量的容忍度均 >0.3，方差膨胀因子均 <3，说明自变量之间不存在多重共线性问题。回归结果显示心理授权感知与绿色生活方式引导政策绿色体验效用显著正相关，表明心理授权感知越高，绿色生活方式引导

政策的绿色体验效用就会越高。进一步分析发现，自主学习能力、规范内化、环保偏好、象征价值关注度、专业知识水平、阶层认同、群体氛围和消费文化与绿色生活方式引导政策的绿色体验效用显著正相关，舒适偏好、经济偏好和群体压力与城绿色生活方式引导政策的绿色体验效用显著负相关。

表6-37 个体—群体因素、心理授权感知与
绿色体验效用的回归结果

变量	标准化系数	T 值	Sig.	Tol.	VIF
PPE	0.371 ***	14.132	0.000	0.451	2.217
SLA	0.132 ***	8.095	0.000	0.400	2.502
NI	0.071 ***	4.414	0.000	0.364	2.747
PC	-0.004 **	-2.779	0.005	0.576	1.738
PE	-0.061 ***	-3.386	0.000	0.567	1.763
PEP	0.268 ***	12.205	0.000	0.478	2.092
SVA	0.025 *	2.065	0.039	0.536	1.866
CI	0.065 *	2.422	0.015	0.929	1.077
GP	-0.190 ***	-9.989	0.000	0.555	1.802
LE	0.132 ***	8.093	0.000	0.505	1.979
CC	0.154 ***	9.013	0.000	0.715	1.398
GA	0.107 ***	7.125	0.000	0.626	1.598
N	3257				
R^2	0.715				
Adjusted R^2	0.714				
F	594.258 ***				

注：①*** 、** 和 * 分别表示在1%、5% 和10% 水平下显著；②PPE 表示心理授权感知，SLA 表示自主学习能力，NI 表示规范内化，PC 表示舒适偏好，PE 表示经济偏好，PEP 表示环保偏好，SVA 表示象征价值专注度，CI 表示阶层认同，GP 表示群体压力，LE 表示专业知识水平、CC 表示消费文化、GA 表示群体氛围。

心理授权感知在个体—群体因素与绿色生活方式引导政策绿色

体验效用关系中中介作用的检验结果见表 6 - 38。其中，c_1 为个体—群体因素与绿色生活方式引导政策绿色体验效用的回归系数（见表 6 - 25），a 为个体—群体因素与心理授权感知的回归系数（见表 6 - 26）。在个体—群体因素、心理授权感知与绿色生活方式引导政策绿色体验效用的回归模型中，心理授权感知的回归系数用 b 表示（见表 6 - 37），个体—群体各因素的回归系数用 c_2 表示（见表 6 - 37）。可发现路径 CI - PPE - GEU 回归系数中 a 不显著而 b 显著，需进行 Sobel 检验来判断阶层认同是否通过心理授权感知作用于绿色生活方式引导政策的绿色体验效用。按照上文所述公式，计算得 $Z_1 = \hat{a}\hat{b}/S_{ab} = （0.029）× 0.317/\sqrt{(0.029)^2 × 0.033^2 + 0.317^2 × 0.018^2} = 1.589$，通过 Z 检验；同理，路径 CC-PPE-GEU 也需要进行 Sobel 检验。按照所述公式，经计算 $Z_2 = \hat{a}\hat{b}/S_{ab} = （0.042）× 0.317/\sqrt{(0.042)^2 × 0.033^2 + 0.317^2 × 0.022^2} = 1.872$，也通过了 Z 检验。因此，个体—群体所有因素均不完全通过心理授权感知作用于绿色体验效用，即部分直接作用于绿色体验效用，部分通过心理授权感知作用于绿色生活方式引导政策的绿色体验效用，中介效应占比见表 6 - 38。

表 6 - 38　　**心理授权感知在个体—群体因素与绿色体验效用的中介作用检验结果**

作用路径	c_1	a	b	c_2	中介作用检验	中介效应占比（%）
SLA-PPE-GEU	0.182 ***	0.163 ***	0.317 ***	0.132 ***	部分中介	28.39
NI-PPE-GEU	0.127 ***	0.184 ***	0.317 ***	0.071 ***	部分中介	45.93
PC-PPE-GEU	- 0.052 ***	- 0.159 ***	0.317 ***	- 0.004 **	部分中介	96.93
PE-PPE-GEU	- 0.074 ***	- 0.045 **	0.317 ***	- 0.061 ***	部分中介	19.28
PEP-PPE-GEU	0.323 ***	0.169 ***	0.317 ***	0.268 ***	部分中介	16.59
SVA-PPE-GEU	0.106 **	0.259 ***	0.317 ***	0.025 *	部分中介	77.46
CI-PPE-GEU	0.102 *	0.029	0.317 ***	0.065 *	部分中介	37.60
GP-PPE-GEU	- 0.105 ***	- 0.042 *	0.317 ***	- 0.190 ***	部分中介	28.38

续表

作用路径	c_1	a	b	c_2	中介作用检验	中介效应占比（%）
LE-PPE-GEU	0.189 ***	0.178 ***	0.317 ***	0.132 ***	部分中介	29.86
CC-PPE-GEU	0.169 ***	0.042	0.317 ***	0.154 ***	部分中介	7.88
GA-PPE-GEU	0.142 ***	0.103 ***	0.317 ***	0.107 ***	部分中介	22.99

注：① *** 、** 和 * 分别表示在 1%、5% 和 10% 水平下显著；②PSR 表示心理授权感知，SLA 表示自主学习能力，NI 表示规范内化，PC 表示舒适偏好，PE 表示经济偏好，PEP 表示环保偏好，SVA 表示象征价值专注度，CI 表示阶层认同，GP 表示群体压力，LE 表示专业知识水平、CC 表示消费文化，GA 表示群体氛围，GEU 表示绿色体验效用。

四 体验效用对心理授权感知的影响效果分析

本书以绿色生活方式引导政策体验效用及其各维度作为自变量，心理授权感知作为因变量，通过多元回归方法，分析绿色生活方式引导政策体验效用及其各维度对心理授权感知的影响作用。回归结果见表 6 - 39。其中，模型 1 描述了绿色生活方式引导政策体验效用五个维度作用于心理授权感知的回归结果，模型 2 报告了绿色生活方式引导政策体验效用作用于心理授权感知的回归结果。由表可知，体验效用、功能体验效用、成本体验效用、社会体验效用、情感体验效用和绿色体验效用对心理授权感知在 1% 显著水平下具有正向预测作用。即绿色生活方式引导政策体验效用、功能体验效用、成本体验效用、社会体验效用、情感体验效用和绿色体验效用越高，则城市居民的心理授权感知越强烈。在绿色生活方式引导政策体验效用的五个维度中，功能体验效用对心理授权感知作用更强，其次为情感体验效用。

表6 - 39　　　体验效用及其各维度对心理授权感知的回归结果

变量	模型 1		模型 2	
	标准化系数	T 值	标准化系数	T 值
EU			0.630 ***	40.081
FEU	0.266 ***	12.092		

续表

变量	模型1		模型2	
	标准化系数	T 值	标准化系数	T 值
CEU	0.141 ***	6.392		
SEU	0.166 ***	8.083		
EEU	0.214 ***	9.678		
GEU	0.016 ***	0.830		
N	3257		3257	
R^2	0.422		0.397	
Adujested R^2	0.421		0.396	
F	356.417 ***		332.474 ***	

注：①*** 表示在1%水平下显著；②EU 表示体验效用，FEU 表示功能体验效用，CEU 表示成本体验效用，SEU 表示社会体验效用，EEU 表示情感体验效，GEU 表示绿色体验效用，PPE 表示心理授权感知。

五　社会互动的调节作用检验

根据本书构建的绿色生活方式引导政策体验效用影响机理理论模型，在心理授权感知影响绿色生活方式引导政策体验效用的过程中，社会互动很有可能影响它们之间的关系。因此，本部分将进一步检验社会互动在心理授权感知与绿色生活方式引导政策体验效用之间的调节作用。由前文可知，社会互动包括结构特征、功能特征、关系特征和信息特征4个维度。本书首先对心理授权感知和调节变量进行中心化处理以尽可能地消除共线性问题，处理方法为各个变量减去其均值。其次，本书采用分层回归的方法对社会互动的调节作用进行检验。第一层为心理授权感知，第二层为社会互动，第三层为心理授权感知与社会互动的交互项。因此，本书通过构造三个回归模型研究社会互动的调节作用。第一个模型为心理授权感知对绿色生活方式引导政策体验效用的回归模型；第二个模型在第一模型的基础上增加社会互动变量；第三个模型进一步增加心理授权感知与社会互动的交互项。如果检验结果显示，第三个模型的拟合优度（R^2）相对于第一模型和第二个模型的 R^2 有显著性增加，并且模型和路径系数显著，则表明社会互动对心理授权感知作用于绿色生活方式引导政策体验效用的路径起到调节作用。

（一）结构特征的调节效应检验

在不考虑其他变量的前提下，本书对社会互动结构特征在心理授权感知与绿色生活方式引导政策体验效用关系中的调节作用进行检验。表6-40报告了结构特征在心理授权感知与绿色生活方式引导政策体验效用及其各维度关系中的调节效应检验结果。

表6-40　　　　　　　社会互动结构特征的调节作用检验结果

变量		模型1		模型2		模型3	
		B	S. E.	B	S. E.	B	S. E.
EU	（常数项）	1.807 ***	0.032	3.876 ***	0.009	3.873 ***	0.010
	PPE	0.617 ***	0.014	0.649 ***	0.018	0.654 ***	0.018
	SC			0.032 **	0.012	0.034 **	0.012
	PPE * SC					0.250 **	0.012
	R^2	0.380		0.397		0.418	
	F	1499.732 ***		805.164 ***		537.935 ***	
FEU	（常数项）	1.591 ***	0.026	3.811 ***	0.011	3.813 ***	0.015
	PPE	0.516 ***	0.018	0.530 ***	0.022	0.550 ***	0.022
	SC			0.067 ***	0.015	0.064 ***	0.015
	PPE * SC					0.160 **	0.015
	R^2	0.328		0.346		0.378	
	F	1228.087 ***		696.119 ***		397.252 ***	
CEU	（常数项）	1.766 ***	0.027	3.752 ***	0.011	3.743 ***	0.012
	PPE	0.512 ***	0.018	0.506 ***	0.022	0.508 ***	0.022
	SC			0.026	0.015	0.024 *	0.015
	PPE * SC					0.029 *	0.016
	R^2	0.404		0.408		0.417	
	F	1028.410 ***		523.683 ***		346.929 ***	

续表

变量		模型1		模型2		模型3	
		B	S. E.	B	S. E.	B	S. E.
SEU	(常数项)	1.512 ***	0.017	3.752 ***	0.013	3.741 ***	0.014
	PPE	0.534 ***	0.021	0.461 ***	0.026	0.463 ***	0.026
	SC			0.084	0.017	0.081 ***	0.017
	PPE * SC					0.038 ***	0.018
	R^2	0.431		0.436		0.438	
	F	1443.384 ***		735.444 ***		483.444 ***	
EEU	(常数项)	1.465 ***	0.013	3.802 ***	0.012	3.801	0.014
	PPE	0.530 ***	0.020	0.507 ***	0.024	0.505 ***	0.024
	SC			0.071 ***	0.016	0.072 ***	0.016
	PPE * SC					0.031 **	0.017
	R^2	0.281		0.305		0.309	
	F	956.164 ***		537.029 ***		514.305 ***	
GEU	(常数项)	2.703 ***	0.021	4.265 ***	0.013	4.252 ***	0.014
	PPE	0.373 ***	0.022	0.589 ***	0.026	0.591 ***	0.026
	SC			0.369 ***	0.017	0.372 ***	0.017
	PPE * SC					0.038 *	0.018
	R^2	0.539		0.543		0.553	
	F	2034.063 ***		1350.198 ***		835.314 ***	

注：①*** 、** 和 * 分别表示在1%、5%和10%水平下显著；②EU 表示体验效用，FEU 表示功能体验效用，CEU 表示成本体验效用，SEU 表示社会体验效用，EEU 表示情感体验效，GEU 表示绿色体验效用，PPE 表示心理授权感知，SC 表示结构特征，S. E. 表示标准差。

多层回归分析结果表明：

结构特征对心理授权感知作用于绿色生活方式引导政策体验效用路径的调节效应显著。多层回归分析模型3 在1% 水平下显著（F 值为537.935）。结构特征和心理授权感知的交互项系数为0.250，在5% 水平下显著，表明结构特征对心理授权感知作用于绿色生活方式引导政策体验效用的路径有正向调节作用。

结构特征对心理授权感知作用于绿色生活方式引导政策功能体

验效用路径的调节效应显著。多层回归分析模型 3 的 F 值为
397.252，在 1%水平下显著。结构特征和心理授权感知的交互项在
5%水平下显著，且系数为 0.160，表明结构特征对心理授权感知作
用于绿色生活方式引导政策功能体验效用路径的调节效应显著，且
表现为正向调节作用。

结构特征对心理授权感知作用于绿色生活方式引导政策成本体
验效用路径的调节效应显著。多层回归分析模型 3 的 F 值为
346.929，在 1%水平下显著。结构特征和心理授权感知的交互项系
数为 0.029，在 10%水平下显著，表明结构特征对心理授权感知作
用于绿色生活方式引导政策成本体验效用的路径有正向调节作用。

结构特征对心理授权感知作用于绿色生活方式引导政策社会体
验效用路径的调节效应显著。多层回归分析模型 3 在 1%水平下显著
（F 值为 483.444）。结构特征和心理授权感知的交互项在 1%水平下
显著，且系数为 0.038，表明结构特征对心理授权感知作用于绿色生
活方式引导政策社会体验效用路径的调节效应显著，且表现为正向
调节作用。

结构特征对心理授权感知作用于绿色生活方式引导政策情感体
验效用路径的调节效应显著。多层回归分析模型 3 的 F 值为
514.305，在 1%水平下显著。结构特征和心理授权感知的交互项在
5%水平下显著，且系数为 0.031，表明结构特征对心理授权感知作
用于绿色生活方式引导政策情感体验效用路径的调节效应显著，且
表现为正向调节作用。

结构特征对心理授权感知作用于绿色生活方式引导政策绿色体
验效用路径的调节效应显著。多层回归分析模型 3 的在 1%水平下显
著（F 值为 835.314）。结构特征和心理授权感知的交互项作用显著
且系数为 0.038，表明结构特征对心理授权感知作用于绿色生活方式
引导政策绿色体验效用的路径有显著正向调节作用。

（二）功能特征的调节效应检验

本部分采用分层回归对社会互动功能特征在心理授权感知与绿

色生活方式引导政策体验效用关系中的调节作用进行检验，检验结果见表6-41。

表6-41 社会互动功能特征的调节作用检验结果

变量		模型1		模型2		模型3	
		B	S. E.	B	S. E.	B	S. E.
EU	（常数项）	1.807 ***	0.032	3.876 ***	0.009	3.885 ***	0.010
	PPE	0.617 ***	0.014	0.534 ***	0.019	0.534 ***	0.019
	FC			0.144 ***	0.015	0.142 ***	0.015
	PPE * FC					0.034 *	0.013
	R^2	0.380		0.408		0.409	
	F	1499.732 ***		842.999 ***		564.341 ***	
FEU	（常数项）	1.591 ***	0.026	3.811 ***	0.011	3.825 ***	0.012
	PPE	0.516 ***	0.018	0.455 ***	0.023	0.454 ***	0.023
	FC			0.175 ***	0.019	0.168 ***	0.019
	PPE * FC					0.045 **	0.016
	R^2	0.328		0.342		0.344	
	F	1228.087 ***		635.567 ***		427.217 ***	
CEU	（常数项）	1.766 ***	0.027	3.752 ***	0.011	3.754 ***	0.012
	PPE	0.512 ***	0.018	0.408 ***	0.024	0.418 ***	0.024
	FC			0.172 **	0.019	0.165 ***	0.019
	PPE * FC					0.042 **	0.017
	R^2	0.404		0.409		0.413	
	F	1028.410 ***		527.107 ***		331.308 ***	
SEU	（常数项）	1.512 ***	0.017	3.752 ***	0.013	3.748 ***	0.014
	PPE	0.534 ***	0.021	0.414 ***	0.027	0.417 ***	0.027
	FC			0.148 ***	0.022	0.130 ***	0.022
	PPE * FC					0.122 ***	0.019
	R^2	0.431		0.435		0.437	
	F	1443.384 ***		734.056 ***		407.693 ***	

续表

变量		模型 1		模型 2		模型 3	
		B	S. E.	B	S. E.	B	S. E.
EEU	（常数项）	1.465 ***	0.013	3.802 ***	0.012	3.808 ***	0.013
	PPE	0.530 ***	0.020	0.474 ***	0.026	0.471 ***	0.026
	FC			0.114 ***	0.021	0.112 ***	0.021
	PPE * FC					0.018 *	0.018
	R^2	0.281		0.309		0.321	
	F	956.164 ***		547.440 ***		365.369 ***	
GEU	（常数项）	2.703 ***	0.021	4.265 ***	0.014	4.292 ***	0.015
	PPE	0.373 ***	0.022	0.384 ***	0.029	0.383 ***	0.029
	FC			0.023	0.023	0.035 **	0.023
	PPE * FC					0.079 ***	0.020
	R^2	0.539		0.542		0.547	
	F	2034.063 ***		1348.231 ***		734.745 ***	

注：①*** 、** 和 * 分别表示在1%、5%和10%水平下显著；②EU 表示体验效用，FEU 表示功能体验效用，CEU 表示成本体验效用，SEU 表示社会体验效用，EEU 表示情感体验效，GEU 表示绿色体验效用，PPE 表示心理授权感知，FC 表示功能特征，S. E. 表示标准差。

多层回归分析结果表明：

功能特征对心理授权感知作用于绿色生活方式引导政策体验效用路径的调节效应显著。多层回归分析模型 3 在 1% 水平下显著（F值为 564.341）。功能特征和心理授权感知的交互项系数为 0.034，在 10% 水平下显著，表明功能特征对心理授权感知作用于绿色生活方式引导政策体验效用的路径有正向调节作用。

功能特征对心理授权感知作用于绿色生活方式引导政策功能体验效用路径的调节效应显著。多层回归分析模型 3 在 1% 水平下显著（F 值为 427.217）。功能特征和心理授权感知的交互项在 5% 水平下显著，且系数为 0.045，表明功能特征对心理授权感知作用于绿色生活方式引导政策功能体验效用路径的调节效应显著，且表现为正向调节作用。

功能特征对心理授权感知作用于成本体验效用路径的调节效应显著。多层回归分析模型 3 的 F 值为 331.308，在 1% 水平下显著。功能特征和心理授权感知的交互项作用显著，系数为 0.042，表明功能特征对心理授权感知作用于绿色生活方式引导政策成本体验效用的路径有显著正向调节作用。

功能特征对心理授权感知作用于绿色生活方式引导政策社会体验效用路径的调节效应显著。多层回归分析模型 3 在 1% 水平下显著（F 值为 407.693）。功能特征和心理授权感知的交互项系数为 0.122，在 1% 水平下显著，表明功能特征对心理授权感知作用于绿色生活方式引导政策社会体验效用的路径有正向调节作用。

功能特征对心理授权感知作用于绿色生活方式引导政策情感体验效用路径的调节效应显著。多层回归分析模型 3 的 F 值为 365.369，在 1% 水平下显著。功能特征和心理授权感知的交互项在 10% 水平下显著，且系数为 0.018，表明功能特征对心理授权感知作用于绿色生活方式引导政策情感体验效用路径的调节效应显著，且表现为正向调节作用。

功能特征对心理授权感知作用于绿色体验效用路径的调节效应显著。多层回归分析模型 3 的 F 值为 734.745，在 1% 水平下显著。功能特征和心理授权感知的交互项系数为 0.079，在 1% 水平下显著，表明功能特征对心理授权感知作用于绿色生活方式引导政策绿色体验效用的路径有正向调节作用。

（三）关系特征的调节效应检验

在不考虑其他调节因素的前提下，本书利用分层回归分析方法探究社会互动关系特征在心理授权感知与绿色生活方式引导政策体验效用关系中的调节作用。回归分析结果见表 6-42。

表 6 - 42　　　　　　　　社会互动关系特征的调节作用检验结果

变量符号		模型 1		模型 2		模型 3	
		B	S. E.	B	S. E.	B	S. E.
EU	（常数项）	1. 807 ***	0. 032	3. 876 ***	0. 008	3. 887 ***	0. 009
	PPE	0. 617 ***	0. 014	0. 462 ***	0. 016	0. 464 ***	0. 016
	RC			0. 306 ***	0. 014	0. 291 ***	0. 014
	PPE * RC					0. 050 ***	0. 013
	R^2	0. 380		0. 462		0. 464	
	F	1499. 732 ***		1050. 217 ***		706. 301 ***	
FEU	（常数项）	1. 591 ***	0. 026	3. 811 ***	0. 011	3. 824 ***	0. 011
	PPE	0. 516 ***	0. 018	0. 451 ***	0. 021	0. 453 ***	0. 020
	RC			0. 218 ***	0. 018	0. 202 ***	0. 018
	PPE * RC					0. 052 ***	0. 017
	R^2	0. 328		0. 358		0. 361	
	F	1228. 087 ***		681. 774 ***		459. 274 ***	
CEU	（常数项）	1. 766 ***	0. 027	3. 752 ***	0. 011	3. 756 ***	0. 012
	PPE	0. 512 ***	0. 018	0. 378 ***	0. 021	0. 379 ***	0. 021
	RC			0. 263 ***	0. 018	0. 258 ***	0. 018
	PPE * RC					0. 015	0. 017
	R^2	0. 404		0. 411		0. 411	
	F	1028. 410 ***		577. 215 ***		577. 215 ***	
SEU	（常数项）	1. 512 ***	0. 017	3. 752 ***	0. 013	3. 758 ***	0. 014
	PPE	0. 534 ***	0. 021	0. 424 ***	0. 024	0. 425 ***	0. 024
	RC			0. 160 ***	0. 021	0. 153 ***	0. 022
	PPE * RC					0. 015 **	0. 020
	R^2	0. 431		0. 437		0. 437	
	F	1443. 384 ***		551. 304 ***		316. 726 ***	
EEU	（常数项）	1. 465 ***	0. 013	3. 802 ***	0. 012	3. 804 ***	0. 013
	PPE	0. 530 ***	0. 020	0. 442 ***	0. 023	0. 428 ***	0. 023
	RC			0. 197 ***	0. 020	0. 194 ***	0. 021
	PPE * RC					0. 136 ***	0. 019
	R^2	0. 281		0. 329		0. 351	
	F	956. 164 ***		599. 408 ***		399. 553 ***	

续表

变量符号		模型 1		模型 2		模型 3	
		B	S. E.	B	S. E.	B	S. E.
GEU	（常数项）	2. 703 ***	0. 021	4. 265 ***	0. 013	4. 293 ***	0. 014
	PPE	0. 373 ***	0. 022	0. 155 ***	0. 024	0. 159 ***	0. 024
	RC			0. 389 ***	0. 210	0. 359 ***	0. 022
	PPE * RC					0. 102 ***	0. 020
	R^2	0. 539		0. 552		0. 561	
	F	2034. 063 ***		1489. 130 ***		762. 947 ***	

注：①*** 和 ** 分别表示在 1% 和 5% 水平下显著；②EU 表示体验效用，FEU 表示功能体验效用，CEU 表示成本体验效用，SEU 表示社会体验效用，EEU 表示情感体验效，GEU 表示绿色体验效用，PPE 表示心理授权感知，RC 表示关系特征，S. E. 表示标准差。

多层回归分析结果表明：

关系特征对心理授权感知作用于绿色生活方式引导政策体验效用路径的调节效应显著。多层回归分析模型 3 在 1% 水平下显著（F 值为 706. 301）。关系特征和心理授权感知的交互项在 1% 水平下显著，且系数为 0. 050，表明关系特征对心理授权感知作用于绿色生活方式引导政策体验效用路径的调节效应显著，且表现为正向调节作用。

关系特征对心理授权感知作用于绿色生活方式引导政策功能体验效用路径的调节效应显著。回归分析模型 3 的 F 值为 459. 274，在 1% 水平下显著。关系特征和心理授权感知的交互项作用显著，系数为 0. 052，表明关系特征对心理授权感知作用于绿色生活方式引导政策功能体验效用的路径有显著正向调节作用。

关系特征对心理授权感知作用于绿色生活方式引导政策成本体验效用路径的调节效应不显著。多层回归分析模型 3 中，关系特征和心理授权感知的交互项作用不显著，表明关系特征对心理授权感知作用于绿色生活方式引导政策成本体验效用的路径没有显著调节作用。

关系特征对心理授权感知作用于绿色生活方式引导政策社会体验效用路径的调节效应显著。多层回归分析模型 3 的 F 值为

316.726，在1%水平下显著。关系特征和心理授权感知的交互项在5%水平下显著，且系数为0.015，表明关系特征对心理授权感知作用于绿色生活方式引导政策社会体验效用路径的调节效应显著，且表现为正向调节作用。

关系特征对心理授权感知作用于绿色生活方式引导政策情感体验效用路径的调节效应显著。多层回归分析模型3的F值为399.553，在1%水平下显著。关系特征和心理授权感知的交互项在1%水平下显著，且系数为0.136，表明关系特征对心理授权感知作用于绿色生活方式引导政策情感体验效用路径的调节效应显著，且表现为正向调节作用。

关系特征对心理授权感知作用于绿色生活方式引导政策绿色体验效用路径的调节效应显著。多层回归分析模型3的F值为762.947，在1%水平下显著。关系特征和心理授权感知的交互项系数为0.102，在1%水平下显著，表明关系特征对心理授权感知作用于绿色生活方式引导政策绿色体验效用的路径有正向调节作用。

（四）信息特征的调节性效应检验

本书采用分层回归对社会互动信息特征在心理授权感知与绿色生活方式引导政策体验效用关系中的调节作用进行检验，检验结果见表6-43。

表6-43　　　　　社会互动信息特征的调节作用检验结果

变量符号		模型1		模型2		模型3	
		B	S. E.	B	S. E.	B	S. E.
EU	（常数项）	1.807***	0.032	3.876***	0.009	3.879***	0.010
	PPE	0.617***	0.014	0.589***	0.018	0.619***	0.018
	IC			0.064***	0.015	0.052***	0.015
	PPE * IC					0.019***	0.015
	R²	0.380		0.399		0.413	
	F	1499.732***		511.250***		454.807***	

续表

变量符号		模型 1		模型 2		模型 3	
		B	S. E.	B	S. E.	B	S. E.
FEU	（常数项）	1. 591 ***	0. 026	3. 811 ***	0. 011	3. 818 ***	0. 012
	PPE	0. 516 ***	0. 018	0. 487 ***	0. 023	0. 482 ***	0. 023
	IC			0. 131 ***	0. 019	0. 132 ***	0. 019
	PPE * IC					0. 022 **	0. 019
	R^2	0. 328		0. 335		0. 346	
	F	1228. 087 ***		616. 366 ***		411. 615 ***	
CEU	（常数项）	1. 766 ***	0. 027	3. 752 ***	0. 011	3. 748 ***	0. 012
	PPE	0. 512 ***	0. 018	0. 471 ***	0. 023	0. 422 ***	0. 023
	IC			0. 080 ***	0. 019	0. 058 ***	0. 019
	PPE * IC					0. 130 *	0. 019
	R^2	0. 404		0. 406		0. 409	
	F	1028. 410 ***		816. 670 ***		531. 269 ***	
SEU	（常数项）	1. 512 ***	0. 017	3. 752 ***	0. 013	3. 748 ***	0. 014
	PPE	0. 534 ***	0. 021	0. 473 ***	0. 026	0. 457 ***	0. 027
	IC			0. 122 ***	0. 022	0. 125 ***	0. 022
	PPE * IC					0. 121 **	0. 022
	R^2	0. 431		0. 435		0. 448	
	F	1443. 384 ***		584. 342 ***		304. 342 ***	
EEU	（常数项）	1. 465 ***	0. 013	3. 802 ***	0. 012	3. 805 ***	0. 014
	PPE	0. 530 ***	0. 020	0. 469 ***	0. 025	0. 472 ***	0. 025
	IC			0. 127 ***	0. 021	0. 123 ***	0. 021
	PPE * IC					0. 105 **	0. 021
	R^2	0. 281		0. 312		0. 318	
	F	956. 164 ***		553. 454 ***		368. 981 ***	
GEU	（常数项）	2. 703 ***	0. 021	4. 265 ***	0. 013	4. 276 ***	0. 015
	PPE	0. 373 ***	0. 022	0. 498 ***	0. 028	0. 486 ***	0. 028
	IC			0. 205 ***	0. 023	0. 203 ***	0. 023
	PPE * IC					0. 035 **	0. 023
	R^2	0. 539		0. 543		0. 545	
	F	2034. 063 ***		1347. 371 ***		715. 213 ***	

注：① *** 、 ** 和 * 分别表示在 1% 、 5% 和 10% 水平下显著；② EU 表示体验效用，FEU 表示功能体验效用，CEU 表示成本体验效用，SEU 表示社会体验效用，EEU 表示情感体验效，GEU 表示绿色体验效用，PPE 表示心理授权感知，IC 表示信息特征，S. E. 表示标准差。

多层回归分析结果表明：

信息特征对心理授权感知作用于绿色生活方式引导政策体验效用路径的调节效应显著。多层回归分析模型 3 的 F 值为 454.807，在 1% 水平下显著。信息特征和心理授权感知的交互项在 1% 水平下显著，且系数为 0.019，表明信息特征对心理授权感知作用于绿色生活方式引导政策体验效用路径的调节效应显著，且表现为正向调节作用。

信息特征对心理授权感知作用于绿色生活方式引导政策功能体验效用路径的调节效应显著。多层回归分析模型 3 的 F 值为 411.615，在 1% 水平下显著。信息特征和心理授权感知的交互项作用显著，系数为 0.022，表明信息特征对心理授权感知作用于绿色生活方式引导政策功能体验效用的路径有正向调节作用。

信息特征对心理授权感知作用于绿色生活方式引导政策成本体验效用路径的调节效应显著。多层回归分析模型 3 在 1% 水平下显著（F 值为 531.269）。信息特征和心理授权感知的交互项在 10% 水平下显著，且系数为 0.130，表明信息特征对心理授权感知作用于绿色生活方式引导政策成本体验效用路径的调节效应显著，且表现为正向调节作用。

信息特征对心理授权感知作用于绿色生活方式引导政策社会体验效用路径的调节效应显著。多层回归分析模型 3 在 1% 水平下显著（F 值为 304.342）。信息特征和心理授权感知的交互项在 5% 水平下显著，且系数为 0.121，表明信息特征对心理授权感知作用于绿色生活方式引导政策社会体验效用的路径有显著正向调节作用。

信息特征对心理授权感知作用于绿色生活方式引导政策情感体验效用路径的调节效应显著。多层回归分析模型 3 的 F 值为 369.981，在 1% 水平下显著。信息特征和心理授权感知的交互项作用显著，系数为 0.105，表明信息特征对心理授权感知作用于绿色生活方式引导政策情感体验效用的路径有显著正向调节作用。

信息特征对心理授权感知作用于绿色生活方式引导政策绿色体

验效用路径的调节效应显著。多层回归分析模型 3 的 F 值为 715.213，在 1% 水平下显著。信息特征和心理授权感知的交互项系数为 0.035，在 5% 水平下显著，表明信息特征对心理授权感知作用于绿色生活方式引导政策绿色体验效用的路径有正向调节作用。

六　政策因素的调节作用检验

本书采用多层回归分析，对政策普及程度、政策执行效度、实施政策的货币成本、实施政策的非货币成本在心理授权感知作用于绿色生活方式引导政策体验效用及其各维度路径中的调节效应进行逐一检验。

（一）政策普及程度的调节效应检验

表 6-44 报告了政策普及程度在心理授权感知与绿色生活方式引导政策体验效用及其各维度关系中的调节效应检验结果。

表 6-44　　　　　　　　政策普及程度的调节作用检验结果

变量符号		模型 1		模型 2		模型 3	
		B	S. E.	B	S. E.	B	S. E.
EU	（常数项）	1.807 ***	0.032	3.876 ***	0.009	3.875 ***	0.010
	PPE	0.617 ***	0.014	0.604 ***	0.018	0.625 ***	0.018
	PEP			0.042 *	0.013	0.034 **	0.013
	PPE * PEP					0.270 *	0.013
	R^2	0.380		0.398		0.438	
	F	1499.732 ***		806.560 ***		537.586 ***	
FEU	（常数项）	1.591 ***	0.026	3.811 ***	0.011	3.814 ***	0.012
	PPE	0.516 ***	0.018	0.505 ***	0.022	0.502 ***	0.022
	PEP			0.107 ***	0.016	0.112 ***	0.016
	PPE * PEP					0.072 **	0.016
	R^2	0.328		0.332		0.339	
	F	1228.087 ***		607.964 ***		405.342 ***	

续表

变量符号		模型1		模型2		模型3	
		B	S. E.	B	S. E.	B	S. E.
CEU	（常数项）	1.766 ***	0.027	3.752 ***	0.011	3.745 ***	0.012
	PPE	0.512 ***	0.018	0.487 ***	0.022	0.489 ***	0.022
	PEP			0.057 **	0.016	0.066 **	0.016
	PPE * PEP					0.024 ***	0.016
	R^2	0.404		0.411		0.415	
	F	1028.410 ***		832.427 ***		459.073 ***	
SEU	（常数项）	1.512 ***	0.017	3.752 ***	0.013	3.743 ***	0.014
	PPE	0.534 ***	0.021	0.432 ***	0.026	0.434 ***	0.026
	PEP			0.130 ***	0.019	0.125 ***	0.019
	PPE * PEP					0.206 **	0.019
	R^2	0.431		0.432		0.442	
	F	1443.384 ***		547.533 ***		355.932 ***	
EEU	（常数项）	1.465 ***	0.013	3.802 ***	0.012	3.797 ***	0.013
	PPE	0.530 ***	0.020	0.495 ***	0.025	0.393 ***	0.025
	PEP			0.090 ***	0.018	0.119 ***	0.018
	PPE * PEP					0.051 ***	0.018
	R^2	0.281		0.307		0.343	
	F	956.164 ***		541.834 ***		361.356 ***	
GEU	（常数项）	2.703 ***	0.021	4.265 ***	0.013	4.274 ***	0.015
	PPE	0.373 ***	0.022	0.498 ***	0.027	0.507 ***	0.027
	PEP			0.214 ***	0.020	0.193 ***	0.020
	PPE * PEP					0.046 ***	0.020
	R^2	0.539		0.564		0.576	
	F	2034.063 ***		1540.455 ***		781.036 ***	

注：① *** 、** 和 * 分别表示在1%、5%和10%水平下显著；②EU 表示体验效用，FEU 表示功能体验效用，CEU 表示成本体验效用，SEU 表示社会体验效用，EEU 表示情感体验效，GEU 表示绿色体验效用，PPE 表示心理授权感知，PEP 表示政策普及程度，S. E. 表示标准差。

多层回归分析结果表明：

政策普及程度对心理授权感知作用于绿色生活方式引导政策体

验效用路径的调节效应显著。多层回归分析模型 3 在 1% 水平下显著（F 值为 537.586）。政策普及程度和心理授权感知的交互项在 10% 水平下显著，且系数为 0.270，表明政策普及程度对心理授权感知作用于绿色生活方式引导政策体验效用路径的调节效应显著，且表现为正向调节作用。

政策普及程度对心理授权感知作用于绿色生活方式引导政策功能体验效用路径的调节效应显著。多层回归分析模型 3 在 1% 水平下显著（F 值为 405.342）。政策普及程度和心理授权感知的交互项在 5% 水平下显著，且系数为 0.072，表明政策普及程度对心理授权感知作用于绿色生活方式引导政策功能体验效用路径的调节效应显著，且表现为正向调节作用。

政策普及程度对心理授权感知作用于绿色生活方式引导政策成本体验效用路径的调节效应显著。多层回归分析模型 3 的 F 值为 459.073，在 1% 水平下显著。政策普及程度和心理授权感知的交互项在 1% 水平下显著，且系数为 0.024，表明政策普及程度对心理授权感知作用于绿色生活方式引导政策成本体验效用路径的调节效应显著，且表现为正向调节作用。

政策普及程度对心理授权感知作用于绿色生活方式引导政策社会体验效用路径的调节效应显著。多层回归分析模型 3 在 1% 水平下显著（F 值为 355.932）。政策普及程度和心理授权感知的交互项在 5% 水平下显著，且系数为 0.206，表明政策普及程度对心理授权感知作用于绿色生活方式引导政策社会体验效用路径的调节效应显著，且表现为正向调节作用。

政策普及程度对心理授权感知作用于绿色生活方式引导政策情感体验效用路径的调节效应显著。多层回归分析模型 3 的 F 值为 361.356，在 1% 水平下显著。政策普及程度和心理授权感知的交互项作用显著，系数为 0.051，表明政策普及程度对心理授权感知作用于绿色生活方式引导政策情感体验效用的路径有显著正向调节作用。

政策普及程度对心理授权感知作用于绿色生活方式引导政策绿

色体验效用路径的调节效应显著。多层回归分析模型3的F值为781.036，在1%水平下显著。政策普及程度和心理授权感知的交互项系数为0.046，在1%水平下显著，表明政策普及程度对心理授权感知作用于绿色生活方式引导政策绿色体验效用的路径有正向调节作用。

（二）政策执行效度的调节效应检验

政策执行效度在心理授权感知与绿色生活方式引导政策体验效用及其各维度关系中的调节效应检验结果见表6–45。

表6–45　　　　　　　**政策执行效度的调节作用检验结果**

变量符号		模型1		模型2		模型3	
		B	S. E.	B	S. E.	B	S. E.
EU	（常数项）	1.807 ***	0.032	3.876 ***	0.009	3.883 ***	0.010
	PPE	0.617 ***	0.014	0.587 ***	0.017	0.583 ***	0.017
	EVP			0.077 ***	0.012	0.089 ***	0.012
	PPE * EVP					0.029 *	0.013
	R^2	0.380		0.401		0.483	
	F	1499.732 ***		816.694 ***		546.090 ***	
FEU	（常数项）	1.591 ***	0.026	3.811 ***	0.011	3.821 ***	0.012
	PPE	0.516 ***	0.018	0.509 ***	0.021	0.505 ***	0.021
	EVP			0.108 ***	0.015	0.111 ***	0.015
	PPE * EVP					0.036 *	0.016
	R^2	0.328		0.333		0.334	
	F	1228.087 ***		610.188 ***		408.924 ***	
CEU	（常数项）	1.766 ***	0.027	3.752 ***	0.011	3.756 ***	0.012
	PPE	0.512 ***	0.018	0.463 ***	0.021	0.455 ***	0.022
	EVP			0.105 ***	0.015	0.096 ***	0.015
	PPE * EVP					0.131 **	0.016
	R^2	0.404		0.408		0.415	
	F	1028.410 ***		819.265 ***		616.959 ***	

变量符号		模型 1		模型 2		模型 3	
		B	S. E.	B	S. E.	B	S. E.
SEU	（常数项）	1.512 ***	0.017	3.752 ***	0.013	3.747 ***	0.014
	PPE	0.534 ***	0.021	0.448 ***	0.025	0.450 ***	0.025
	EVP			0.114 ***	0.018	0.112 ***	0.018
	PPE * EVP					0.017 **	0.019
	R^2	0.431		0.438		0.441	
	F	1443.384 ***		553.460 ***		492.618 ***	
EEU	（常数项）	1.465 ***	0.013	3.802 ***	0.012	3.805 ***	0.013
	PPE	0.530 ***	0.020	0.488 ***	0.023	0.561 ***	0.024
	EVP			0.110 ***	0.017	0.093 ***	0.017
	PPE * EVP					0.022 **	0.018
	R^2	0.281		0.310		0.343	
	F	956.164 ***		549.713 ***		366.551 ***	
GEU	（常数项）	2.703 ***	0.021	4.265 ***	0.013	4.289 ***	0.015
	PPE	0.373 ***	0.022	0.437 ***	0.026	0.429 ***	0.026
	EVP			0.122 ***	0.019	0.116 ***	0.019
	PPE * EVP					0.073 ***	0.020
	R^2	0.539		0.546		0.558	
	F	2034.063 ***		1358.669		754.991 ***	

注：①*** 、** 和 * 分别表示在 1%、5% 和 10% 水平下显著；②EU 表示体验效用，FEU 表示功能体验效用，CEU 表示成本体验效用，SEU 表示社会体验效用，EEU 表示情感体验效用，GEU 表示绿色体验效用，PPE 表示心理授权感知，EVP 表示政策执行效度，S. E. 表示标准差。

多层回归分析结果表明：

政策执行效度对心理授权感知作用于绿色生活方式引导政策体验效用路径的调节效应显著。多层回归分析模型 3 的 F 值为 546.090，在 1% 水平下显著。政策执行效度和心理授权感知的交互项作用显著，且系数为 0.029，表明政策执行效度对心理授权感知作用于绿色生活方式引导政策体验效用的路径有显著正向调节作用。

政策执行效度对心理授权感知作用于绿色生活方式引导政策功

能体验效用路径的调节效应显著。多层回归分析模型 3 的 F 值为 408.924，在 1% 水平下显著。政策执行效度和心理授权感知的交互项在 10% 水平下显著，且系数为 0.036，表明政策执行效度对心理授权感知作用于绿色生活方式引导政策功能体验效用路径的调节效应显著，且表现为正向调节作用。

政策执行效度对心理授权感知作用于绿色生活方式引导政策成本体验效用路径的调节效应显著。多层回归分析模型 3 在 1% 水平下显著（F 值为 616.959）。政策执行效度和心理授权感知的交互项在 10% 水平下显著，且系数为 0.131，表明政策执行效度对心理授权感知作用于绿色生活方式引导政策成本体验效用的路径有显著正向调节作用。

政策执行效度对心理授权感知作用于绿色生活方式引导政策社会体验效用路径的调节效应显著。多层回归分析模型 3 的 F 值为 492.618，在 1% 水平下显著。政策执行效度和心理授权感知的交互项系数为 0.017，在 5% 水平下显著，表明政策执行效度对心理授权感知作用于绿色生活方式引导政策社会体验效用的路径有正向调节作用。

政策执行效度对心理授权感知作用于绿色生活方式引导政策情感体验效用路径的调节效应显著。多层回归分析模型 3 在 1% 水平下显著（F 值为 366.551）。政策执行效度和心理授权感知的交互项系数为 0.022，在 5% 水平下显著，表明政策执行效度对心理授权感知作用于绿色生活方式引导政策情感体验效用的路径有正向调节作用。

政策执行效度对心理授权感知作用于绿色生活方式引导政策绿色体验效用路径的调节效应显著。多层回归分析模型 3 在 1% 水平下显著（F 值为 754.991）。政策执行效度和心理授权感知的交互项在 1% 水平下显著，且系数为 0.073，表明政策执行效度对心理授权感知作用于绿色生活方式引导政策绿色体验效用路径的调节效应显著，且表现为正向调节作用。

（三）货币成本的调节效应检验

本部分采用的分层回归法分析方法，对实施政策的货币成本在心理授权感知作用于绿色生活方式引导政策体验效用及其各维度路径的调节效应进行检验，回归分析结果见表6-46。

表6-46　　　　　　　　货币成本的调节作用检验结果

变量符号		模型1		模型2		模型3	
		B	S. E.	B	S. E.	B	S. E.
EU	（常数项）	1.807 ***	0.032	3.876 ***	0.009	3.879 ***	0.009
	PPE	0.617 ***	0.014	0.636 ***	0.014	0.633 ***	0.015
	MC			-0.027 **	0.010	-0.020 **	0.011
	PPE * MC					-0.026 **	0.012
	R^2	0.380		0.397		0.428	
	F	1499.732 ***		805.209 ***		538.018 ***	
FEU	（常数项）	1.591 ***	0.026	3.811 ***	0.011	3.814 ***	0.011
	PPE	0.516 ***	0.018	0.566 ***	0.018	0.543 ***	0.018
	MC			0.016	0.013	-0.024 *	0.013
	PPE * MC					-0.028 **	0.016
	R^2	0.328		0.325		0.366	
	F	1228.087 ***		588.967 ***		393.755 ***	
CEU	（常数项）	1.766 ***	0.027	3.752 ***	0.011	3.749 ***	0.011
	PPE	0.512 ***	0.018	0.531 ***	0.018	0.524 ***	0.018
	MC			-0.038 *	0.013	-0.044 *	0.013
	PPE * MC					-0.024 *	0.016
	R^2	0.404		0.407		0.413	
	F	1028.410 ***		560.726 **		307.854 ***	
SEU	（常数项）	1.512 ***	0.017	3.752 ***	0.013	3.753 ***	0.013
	PPE	0.534 ***	0.021	0.499 ***	0.021	0.499 ***	0.021
	MC			-0.050 **	0.015	-0.053 **	0.016
	PPE * MC					0.009	0.018
	R^2	0.431		0.434		0.434	
	F	1443.384 ***		578.680 ***		492.439 ***	

续表

变量符号		模型1		模型2		模型3	
		B	S. E.	B	S. E.	B	S. E.
EEU	（常数项）	1.465***	0.013	3.802***	0.012	3.800***	0.012
	PPE	0.530***	0.020	0.553***	0.020	0.555***	0.020
	MC			0.015	0.014	0.019	0.015
	PPE*MC					0.014	0.017
	R^2	0.281		0.302		0.302	
	F	956.164***		529.341***		353.041***	
GEU	（常数项）	2.703***	0.021	4.265***	0.013	4.279***	0.014
	PPE	0.373***	0.022	0.398***	0.022	0.387***	0.022
	MC			-0.123***	0.016	-0.094***	0.016
	PPE*MC					-0.103***	0.019
	R^2	0.539		0.545		0.552	
	F	2034.063***		1352.378***		739.634***	

注：①*** 、** 和*分别表示在1%、5%和10%水平下显著；②EU表示体验效用，FEU表示功能体验效用，CEU表示成本体验效用，SEU表示社会体验效用，EEU表示情感体验效，GEU表示绿色体验效用，PPE表示心理授权感知，MC表示货币成本，S. E. 表示标准差。

多层回归分析结果表明：

货币成本对心理授权感知作用于绿色生活方式引导政策体验效用路径的调节效应显著。多层回归分析模型3在1%水平下显著（F值为538.018）。货币成本与心理授权感知的交互项系数为 -0.026，在5%水平下显著，表明货币成本对心理授权感知作用于绿色生活方式引导政策体验效用的路径有负向调节作用。

货币成本对心理授权感知作用于绿色生活方式引导政策功能体验效用路径的调节效应显著。多层回归分析模型3的F值为393.755，1%水平下显著。货币成本与心理授权感知的交互项在5%水平下显著，系数为 -0.028，表明货币成本对心理授权感知作用于绿色生活方式引导政策功能体验效用的路径有负向调节作用。

货币成本对心理授权感知作用于绿色生活方式引导政策成本体

验效用路径的调节效应显著。多层回归分析模型 3 的 F 值为 307.854，在 1% 水平下显著。货币成本和心理授权感知的交互项系数为 - 0.024，在 10% 水平下显著，表明货币成本对心理授权感知作用于绿色生活方式引导政策成本体验效用的路径有负向调节作用。

货币成本对心理授权感知作用于绿色生活方式引导政策社会体验效用路径的调节效应不显著。在多层回归分析模型 3 中，货币成本和心理授权感知的交互项作用不显著，表明货币成本对心理授权感知作用于绿色生活方式引导政策社会体验效用的路径没有显著调节作用。

货币成本对心理授权感知作用于绿色生活方式引导政策情感体验效用路径的调节效应不显著。在多层回归分析模型 3 中，货币成本和心理授权感知的交互项作用不显著，表明货币成本对心理授权感知作用于绿色生活方式引导政策情感体验效用的路径没有显著调节作用。

货币成本对心理授权感知作用于绿色生活方式引导政策绿色体验效用路径的调节效应显著。多层回归分析模型 3 的 F 值为 739.634，在 1% 水平下显著。货币成本和心理授权感知的交互项在 1% 水平下显著，且系数为 - 0.103，表明货币成本对心理授权感知作用于绿色生活方式引导政策绿色体验效用路径的调节效应显著，且表现为负向调节作用。

（四）非货币成本的调节效应检验

采用分层回归分析方法，本书对实施政策的非货币成本在心理授权感知与绿色生活方式引导政策体验效用及其各维度的关系中的调节效应进行检验，检验结果见表 6 - 47。

表 6 - 47 **非货币成本的调节作用检验结果**

变量符号		模型 1		模型 2		模型 3	
		B	S. E.	B	S. E.	B	S. E.
EU	（常数项）	1.807 ***	0.032	3.876 ***	0.009	3.878 ***	0.009
	PPE	0.617 ***	0.014	0.641 ***	0.014	0.659 ***	0.014
	NMC			-0.057 ***	0.010	-0.049 **	0.011
	PPE * NMC					-0.036 ***	0.013
	R^2	0.380		0.400		0.523	
	F	1499.732 ***		813.284 ***		542.960 ***	
FEU	（常数项）	1.591 ***	0.026	3.811 ***	0.011	3.813 ***	0.011
	PPE	0.516 ***	0.018	0.572 ***	0.018	0.547 ***	0.018
	NMC			0.009	0.013	0.092	0.015
	PPE * NMC					-0.039 **	0.016
	R^2	0.328		0.375		0.412	
	F	1228.087 ***		588.472 ***		332.705 ***	
CEU	（常数项）	1.766 ***	0.027	3.752 ***	0.011	3.749 ***	0.011
	PPE	0.512 ***	0.018	0.534 ***	0.018	0.538 ***	0.018
	NMC			-0.063 ***	0.013	-0.076 ***	0.014
	PPE * NMC					-0.038 *	0.016
	R^2	0.404		0.416		0.428	
	F	1028.410 ***		846.538 ***		312.886 ***	
SEU	（常数项）	1.512 ***	0.017	3.752 ***	0.013	3.755 ***	0.013
	PPE	0.534 ***	0.021	0.502 ***	0.021	0.500 ***	0.021
	NMC			-0.050 **	0.015	-0.058 ***	0.016
	PPE * NMC					-0.024 **	0.019
	R^2	0.431		0.442		0.445	
	F	1443.384 ***		578.656 ***		393.103 ***	
EEU	（常数项）	1.465 ***	0.013	3.802 ***	0.012	3.800 ***	0.012
	PPE	0.530 ***	0.020	0.561 ***	0.020	0.582 ***	0.020
	NMC			-0.059 ***	0.014	-0.064 ***	0.015
	PPE * NMC					-0.150 **	0.018
	R^2	0.281		0.365		0.436	
	F	956.164 ***		637.291 ***		458.392 ***	

续表

变量符号		模型1		模型2		模型3	
		B	S. E.	B	S. E.	B	S. E.
GEU	(常数项)	2.703 ***	0.021	4.265 ***	0.013	4.275 ***	0.013
	PPE	0.373 ***	0.022	0.396 ***	0.022	0.388 ***	0.022
	NMC			− 0.146 ***	0.016	− 0.114 ***	0.017
	PPE ∗ NMC					− 0.094 ***	0.020
	R²	0.539		0.556		0.564	
	F	2034.063 ***		1365.330 ***		759.724 ***	

注：①*** 、** 和 * 分别表示在1%、5%和10%水平下显著。②EU 表示体验效用，FEU 表示功能体验效用，CEU 表示成本体验效用，SEU 表示社会体验效用，EEU 表示情感体验效，GEU 表示绿色体验效用，PPE 表示心理授权感知，NMC 表示非货币成本，S. E. 表示标准差。

多层回归分析结果表明：

非货币成本对心理授权感知作用于绿色生活方式引导政策体验效用路径的调节效应显著。多层回归分析模型3在1%水平下显著（F值为542.960）。非货币成本和心理授权感知的交互项在1%水平下显著，且系数为 − 0.036，表明非货币成本对心理授权感知作用于绿色生活方式引导政策体验效用路径的调节效应显著，且表现为负向调节作用。

非货币成本对心理授权感知作用于绿色生活方式引导政策功能体验效用路径的调节效应显著。多层回归分析模型3的F值为332.705，在1%水平下显著。非货币成本和心理授权感知的交互项系数为 − 0.039，在1%水平下显著，表明非货币成本对心理授权感知作用于绿色生活方式引导政策功能体验效用的路径有负向调节作用。

非货币成本对心理授权感知作用于绿色生活方式引导政策成本体验效用路径的调节效应显著。多层回归分析模型3在1%水平下显著（F值为312.886）。非货币成本和心理授权感知的交互项系数为 − 0.038，在10%水平下显著，表明非货币成本对心理授权感知作用于绿色生活方式引导政策成本体验效用的路径有负向调节作用。

非货币成本对心理授权感知作用于绿色生活方式引导政策社会体验效用路径的调节效应显著。多层回归分析模型 3 的 F 值为 393.103，在 1% 水平下显著。非货币成本和心理授权感知的交互项系数为 −0.024，在 5% 水平下显著，表明非货币成本对心理授权感知作用于绿色生活方式引导政策社会体验效用的路径有负向调节作用。

非货币成本对心理授权感知作用于绿色生活方式引导政策情感体验效用路径的调节效应显著。多层回归分析模型 3 的 F 值为 458.392，在 1% 水平下显著。非货币成本和心理授权感知的交互项作用显著，系数为 −0.150，表明非货币成本对心理授权感知作用于绿色生活方式引导政策情感体验效用的路径有显著负向调节作用。

非货币成本对心理授权感知作用于绿色生活方式引导政策绿色体验效用路径的调节效应显著。多层回归分析模型 3 的 F 值为 759.724，在 1% 水平下显著。非货币成本和心理授权感知的交互项在 1% 水平下显著，且系数为 −0.094，表明非货币成本对心理授权感知作用于绿色生活方式引导政策绿色体验效用路径的调节效应显著，且表现为负向调节作用。

第三节　体验效用影响机制的理论模型修正

根据个体—群体因素对体验效用的影响效果分析、中介效应检验、社会互动与政策因素的调节作用检验，本书对体验效用影响机理理论模型进行了修订。

具体而言，绿色生活方式引导政策体验效用在职业领域和组织性质上不存在显著性差异，所以本书修正了绿色生活方式引导政策体验效用影响机制的理论模型。修正后的绿色生活方式引导政策体验效用影响机制的理论模型见图6-1。

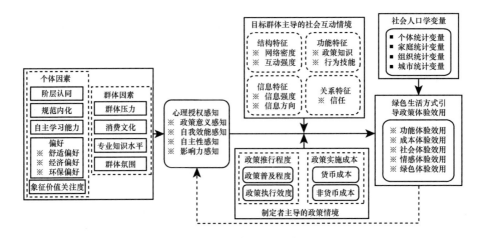

图6-1　修正后的绿色生活方式引导政策体验效用影响机制的理论模型

关于绿色生活方式引导政策功能体验效用，实证结果显示绿色生活方式引导政策的功能体验效用在月收入、受教育水平、职业领域和组织性质上不存在显著性差异。本书对绿色生活方式引导政策功能体验效用影响机理的理论模型进行了修正，修正后的理论模型如图6-2所示。

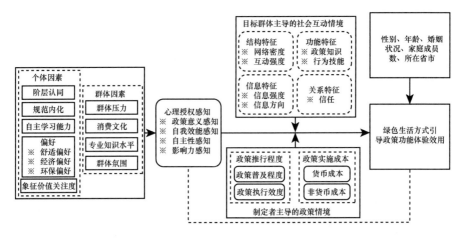

图6-2　修正后的绿色生活方式引导政策功能体验效用影响机制的理论模型

关于绿色生活方式引导政策成本体验效用的实证分析结果，本书发现以下关系或效应不显著：绿色生活方式引导政策的成本体验效用在职业领域和组织性质上均没有显著性差异；舒适偏好与绿色生活方式引导政策成本体验效用的关系不显著；社会互动关系特征对心理授权感知作用于绿色生活方式引导政策成本体验效应的调节效应不显著。本书对理论模型进行了修正，见图6-3。

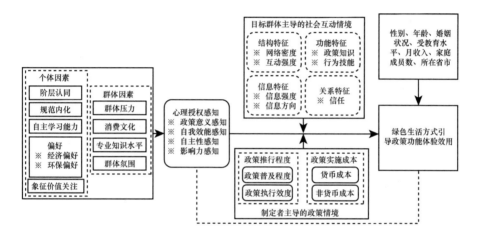

图6-3　修正后的绿色生活方式引导政策成本体验效用影响机制的理论模型

关于绿色生活方式引导政策社会体验效用的实证分析结果，本书发现以下关系或效应不显著：绿色生活方式引导政策的社会体验效用在学历水平、月收入、职业领域和所在省市方面均没有显著性差异；经济偏好与绿色生活方式引导政策社会体验效用的关系不显著；政策实施的货币成本对心理授权感知作用于绿色生活方式引导政策社会体验效用的调节效应不显著。本书对理论模型进行了修正，见图6-4。

实证检验结果显示，绿色生活方式引导政策的情感体验效用在个人特征的月收入、学历水平和职业领域方面没有显著性差异；在家庭特征的家庭成员数方面没有显著性差异；在城市特征的所在省

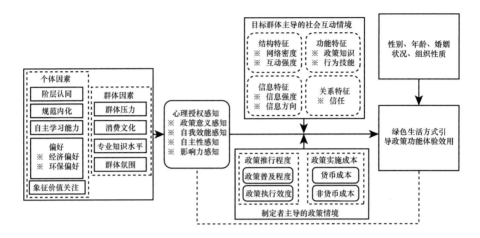

图6-4 修正后的绿色生活方式引导政策社会体验效用影响机制的理论模型

市方面没有显著性差异；阶层认同和群体压力与绿色生活方式引导政策情感体验效用的关系不显著；舒适偏好和经济偏好与绿色生活方式引导政策情感体验效用的关系不显著；政策实施的货币成本对心理授权感知作用于绿色生活方式引导政策情感体验效应的调节效应不显著。本书对理论模型进行了修正，见图6-5。

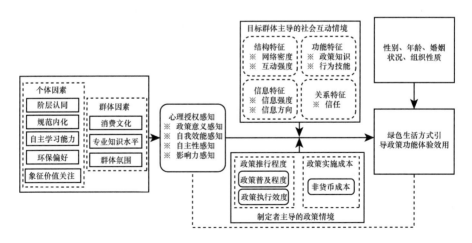

图6-5 修正后的绿色生活方式引导政策情感体验效用影响机制的理论模型

  绿色生活方式引导政策的绿色体验效用在家庭成员数上不存在显著性差异。基于此，本书修正了绿色生活方式引导政策绿色体验效用影响机制的理论模型，见图6-6。

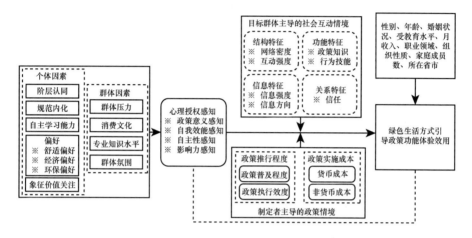

图6-6　修正后的绿色生活方式引导政策绿色体验效用影响机制的理论模型

第七章

绿色生活方式引导政策的
效用错位度与仿真

按照政策效用错位度的测量流程，在完成绿色生活方式引导政策决策效用和体验效用的量化测算后，可以通过政策效用错位度模型定量计算政策效用错位度。在前文测量决策效用和体验效用的基础上，本章将根据政策效用错位度模型，按照政策效用错位度的测量流程，通过计算绿色生活方式引导政策的效用错位度并对其进行计算机仿真，具体回答如下三个问题：第一，中国绿色生活方式引导政策是否存在效用错位？错位度如何？第二，情境干预下政策效用错位度有何演变规律？第三，效用错位对城市居民践行绿色生活方式引导政策的群体决策有何影响？基于上述三个问题，本章首先计算 1991—2019 年中国绿色生活方式引导政策的效用错位度。接着，根据第三章构建的政策效用错位度测量模型和第五章、第六章、第七章确定的体验效用影响机制理论模型，采用 Matlab 2017b 软件探究了在情境干预下绿色生活方式引导政策效用错位度的演变规律；进一步地，采用 Anylogic 8.3 软件进行多主体仿真，模拟了在社会互动情境下，错位容忍系数和感知便利性对城市居民践行绿色生活方式引导政策群体决策的影响。

第一节　效用错位度的测量

一　测量过程

根据政策效用错位度的测量流程，本书完成了政策效用错位度量化的前两个关键步骤。首先，在本书的第四章，根据决策效用四维评估模型，测算了绿色生活方式引导政策决策效用；其次，在本书的第五章和第六章，基于调查问卷从功能体验效用、成本体验效用、社会体验效用、情感体验效用和绿色体验效用五个维度测量绿色生活方式引导政策体验效用。具体地，在测算决策效用时应用了本书提出的四维评估模型。该模型包括政策力度、政策目标、政策措施和政策反馈4个维度。基于政策文本量化结果，本书基于模糊粗糙集方法计算了4个维度的权重并利用评估模型计算了绿色生活方式引导政策决策效用。由于体验效用的多元性与复杂性，以及体验效用对政策效用错位度的影响更为关键，本书重点关注了体验效用的测量，并深入探究了绿色生活方式引导政策体验效用的影响机制。在实际测量过程中，本书采用调查问卷方法，通过对目标群体大规模的调研来测算绿色生活方式引导政策体验效用，明晰了体验效用的关键影响因素以及各影响因素的作用机制。通过对绿色生活方式引导政策体验效用的测量以及影响机制的研究，发现绿色生活方式引导政策体验效用的均值为3.18；规范内化、阶层认同、自主学习能力、环保偏好、象征价值关注、群体氛围、消费文化和专业知识水平对绿色生活方式引导政策体验效用具有正向影响作用；舒适偏好、经济偏好和群体压力负向影响绿色生活方式引导政策体验效用。此外，社会互动和政策因素对绿色生活方式引导政策体验效用具有调节作用。由于决策效用是独立于目标群体的确定值，因此根据政策效用错位的概念和政策效用错位度模型，可以认为上述因素也是影响政策效用错位的主要和关键因素。上述决策效用和体验效用的测量，为绿色生活方式引导政策效用错位度的量化提供了数据支撑，为政策效用错位度的干预提供了理论路径和实践思路。

二 效用错位度的计算

按照政策效用错位度模型，本书计算了1991—2019年中国绿色生活方式引导政策的效用错位度及其变化率，如图7-1。其中，决策效用的测算数据见本书第四章，体验效用取问卷测量的平均值（EU = 3.18）。可以发现，1991—2019年，绿色生活方式引导政策具有显著的效用错位。其中，1991—2001年，绿色生活方式引导政策效用错位度相对较低；2002—2012年的政策效用错位逐渐增强；2013年以后，政策效用错位显著增强，在2019年，政策效用错位度达到0.61。

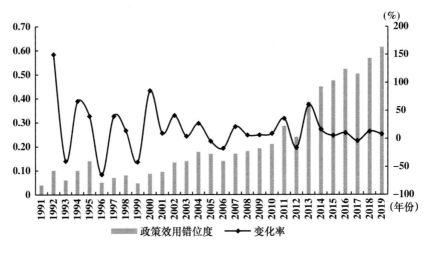

图7-1 绿色生活方式引导政策效用错位度及其变化率（1991—2019年）

由图7-1可以发现，2012年以前，政策效用错位度均低于0.3，但波动较大。2013年以后，政策效用错位度呈不断增强态势，波动较小，2017—2019年处于0.50—0.60。导致这一阶段政策效用错位度增强的原因主要包括如下两个方面。一方面，决策效用的提高。党的十八大以来，党和国家领导人更加重视生活领域的节能减排与环境治理，绿色生活方式作为新时期国家的战略重点越来越受到政策制定者的关注。因此，党的十八大——特别是 2013 年以后，绿色生活方式引导政策的数量大幅度提高，政策措施和政策反馈不断完善，使得这一阶段的决策效用大幅度提高。根据政策效用错位度模型，在体验效用不变的前提下，决策效用的提高势必会导致政策效用错位度的增强。图 7-2 也可发现，2013 年政策效用错位度的变化率呈现局部高峰并在此后保持稳定的增强态势。另一方面，体验效用数值偏低。前文的研究结果显示，中国绿色生活方式引导政策体验效用的均值仅达到 3.18，而功能体验效用和成本体验效用的均值仅为 2.93 和 2.76，表明目标群体对绿色生活方式引导政策的体验效用处于一般甚至偏低水平。由于政策效用错位度是决策效用与体验效用的差值，因此在决策效用确定的条件下，体验效用偏低是导致政策效用错位偏高的直接和关键因素。因此，加强对体验效用影响因素的干预，有效地降低绿色生活方式引导政策效用错位度是推行绿色生活方式引导政策的重点。

第二节　情境干预下效用错位度的仿真

一　仿真网络的选取与构建

在规则网络、随机网络、小世界网络和无标度网络等网络结构中，小世界网络被认为是信息、意愿和知识扩散时最公平和最有效的网络结构（Kim and Park，2009）。小世界网络模型主要包括 WS 小世界网络模型、NW 小世界网络模型、Monasson 小世界网络模型以及其他的变形模型。其中，WS 小世界网络模型广泛应用于各个研究领域并被认为是最典型的小世界网络模型（Boccalettia et al.，2006；Newman，2003）。在该网络模型中，节点间的关系可分为"有"和"无"两种，分别用"1"和"0"表示（Watts and Strogatz，1998）。然而，在现实情境中，节点间的关系往往不仅涉及"有"与"无"，更涉及"强"与"弱"（Barrat 等，2003；李志宏和朱桃，2010）。强关系意味着节点间关系紧密，而弱关系则表明节点间关系疏远。事实上，很多网络结构都表现出加权网络特征，并且网络中各节点间连接的差异性与多样性对网络特征具有重要影响。此外，本书的实证研究也显示，社会互动中关系特征会对体验效用具有显著的调节效应。因此，本书选取加权 WS 小世界网络对绿色生活方式引导政策的效用错位度进行仿真研究。

基于加权 WS 小世界网络模型，本书构建了绿色生活方式引导政策效用错位度的仿真网络 N，且 $N = (K, S, R, P)$（Almaas 等，2002）。其中，K 为网络中所有节点的集合且 $K = 1, 2, 3 \cdots\cdots n$，$n$ 为节点的数量；S 为网络中所有边的集合且 $S = \{S(i), i \in K\}$；$R = \{r_{ij} | i, j \in K\}$ 是网络中节点间关系强度的集合，r_{ij} 为节点 i 和 j 间的关系强度，并且 $0 \leqslant r_{ij} \leqslant 1$，$r_{ij} = r_{ji}$（Li 等，2007）；$P$ 表示断边重连概率。根据已有研究，P 的取值一般介于 0.01—0.1（Boccaletti 等，2006）。

在本书中，绿色生活方式引导政策体验效用共包含 20 个测量题项，因此本书假设网络中每个节点拥有 20 种不同类型的体验效用，并用二维数组 $u[i, e]$ 表示。其中，$i = 1, 2, 3, \cdots, n$，$e \in \{1, 2, 3, \cdots, 20\}$。因此，节点 i 在 t 时刻的绿色生活方式引导政策体验效用可表示为：

$$u_i(t) = \sum_{e=1}^{20} \alpha_e \cdot u[i, e] \qquad (7-1)$$

其中，$\sum_{e=1}^{20} \alpha_e = 1$，$0 < \alpha_e < 1$。

根据公式（7-1），可知，节点 i 在 t 时刻的政策效用错位度为：

$$d_i(t) = d - \sum_{e=1}^{20} \alpha_e \cdot u[i, e] \qquad (7-2)$$

其中，d 为决策效用。

二 政策效用错位度仿真模型设计

（一）仿真对象的确定

绿色生活方式引导政策效用错位度的仿真实验包括需求方与发送方两个仿真对象。其中，需求方为政策效用错位度较大的城市居民，发送方为政策效用错位度较小的城市居民。在仿真过程中，需求方与发送方具有不同的选择策略。相应地，不同的选择策略会产生不同的仿真结果。

1. 需求方

需求方是整个仿真过程的触发者，其策略选择往往受到与其他节点关系强度的影响。本书采用随机选择的方式确定需求方。具体地，在每次仿真时，通过在所有节点中随机选取某个节点作为需求方。需要注意的是，需求方的政策效用错位度必须大于发送方。

2. 发送方

本书通过以下三种方式确定发送方：

（1）随机选择。在仿真过程中，需求方随机选择政策效用错位度小于自己的节点作为发送方，即需求方 j 与发送方 i 发生政策效用错位度交互行为的条件是 $d_i(t) < d_j(t)$。由于对所有节点来讲，决策效用是相同的，因此该条件等同于 $u_i(t) > u_j(t)$，意味着仿真网络中任意需求方 j 与其相邻的某个节点 i 发生互动行为的基本条件是存在一个体验效用类 e 使得节点 i 在 e 上的体验效用大于节点 j，即 $u[i, e] > u[j, e]$。

（2）关系优先。在整个仿真过程中，需求方基于关系优先的原则，选择与自身关系强度最大的邻居节点作为发送方。即需求方 j 与发送方 i 发生互动行为的条件为 $d_i(t) < d_j(t)$，且 $r_{ij} = Max\{r_{ij}\}$。按照上述分析，该条件等同于 $u[i, e] > u[j, e]$，且 $r_{ij} = Max\{r_{ij}\}$。

（3）错位优先。在整个仿真过程中，需求方基于错位优先的原则，选择与自身政策效用错位度差距最大的节点作为发送方，即需求方 j 与发送方 i 发生互动行为的条件为 $d_i(t) < d_j(t)$，且 $d_i(t) =$

$Min\{d_i(t)\}$。由于对所有节点来讲，决策效用是相同的，因此该条件等同于 $u[i,e] > u[j,e]$，且 $u[\iota,e] = Max\{u[i,e]\}$。

（二）仿真节点的变化机制

1. 仿真节点政策效用错位度的变化机制

本部分重点关注在关系强度的影响下政策效用错位度的变化规律。因此，在设计仿真实验时，将节点间的互动当作无偿分享行为，即发送方不以近期收益作为报酬，而是预期可以提高需求方的未来体验效用，进而减少其政策效用错位度作为回馈。因此，在政策效用错位度的仿真网络中，需求方 j 与发送方 i 的体验效用可以根据公式（7-3）和公式（7-4）测算。

$$u[j,e](t+1) = u[j,e](t) + \lambda[j] \times r_{ij} \times \{u[i,e](t) - u[j,e](t)\}$$
$$(7-3)$$

$$u[i,e](t+1) = u[i,e](t) \qquad (7-4)$$

其中，t 为仿真步长；$\lambda[j]$ 为节点 j 的吸收系数，$\lambda[j] \in (0, 0.2)$；r_{ij} 为需求方 j 与发送方 i 间的关系强度，$r_{ij} \in (0, 1]$。

根据公式（7-1），可得需求方 j 与发送方 i 的政策效用错位度为：

$$d(j,e)(t+1) = d - u(j,e)(t+1) \qquad (7-5)$$
$$d(i,e)(t+1) = d - u(i,e)(t+1) \qquad (7-6)$$

即

$$d(j,e)(t+1) = d - u[j,e](t) - \lambda[j] \times r_{ij} \times \{u(i,e)(t) - u(j,e)(t)\}$$
$$(7-7)$$

$$d(i,e)(t+1) = d - u[i,e](t) \qquad (7-8)$$

2. 仿真节点关系强度的变化机制

在需求方 j 与发送方 i 完成一次互动时，二者之间的关系强度会发生变化。一般而言，互动之后双方的关系会变得更加紧密，即关系强度会增加。互动节点 i 和 j 的关系强度 r_{ij} 的变化可用公式（7-9）计算：

$$r_{ij}(t+1) = r_{ij} + \overline{\omega} \qquad (7-9)$$

其中，$\bar{\omega}$ 为关系强度的变化值。在仿真试验中，取值0.05。为了平衡网络节点间的关系强度，随机减少需求方 j 与其相邻点 k 的关系强度，见公式（7-10）。

$$r_{kj}(t+1) = r_{kj} - \bar{\omega} \tag{7-10}$$

（三）仿真结果的评价

本书从所有节点的平均政策效用错位度和网络中政策效用错位度的均衡性两个方面对社会互动效果进行评价，计算公式见公式（7-11）和公式（7-12）。网络中全部节点政策效用错位度的平均值减少越快，则城市居民对绿色生活方式引导政策的趋近程度越高；网络中所有节点政策效用错位度的方差越小，则均衡性越好。

$$\nu(t) = \frac{1}{n} \sum_{i=1}^{n} d_i(t) \tag{7-11}$$

$$\sigma^2(t) = \frac{1}{n} \sum_{i=1}^{n} \left[d_i(t) - v(t) \right]^2 \tag{7-12}$$

其中，n 为网络中节点的总数。

（四）仿真模型构建

绿色生活方式引导政策效用错位度的演化过程可视为多个时段的拼接，在每一极小的时间段内，政策效用错位度的变化趋势可以近似的用线性关系来描述。研究结果显示，社会互动结构特征、社会互动功能特征、社会互动关系特征、社会互动信息特征、政策普及程度、政策执行效度、货币成本和非货币成本均会对心理授权感知作用于绿色生活方式引导政策体验效用的路径产生一定的干预作用，其中社会互动结构特征、社会互动功能特征、社会互动关系特征、社会互动信息特征、政策普及程度和政策执行效度对心理授权感知作用于体验效用的路径为正向调节效应，货币成本和非货币成本对体验效用具有负向抑制的作用。依据前文分析，对目标群体而言，绿色生活方式引导决策效用是相同的，且本书在实证分析中已经完成了对绿色生活方式引导决策效用的定量测算。因此，本书将决策效用和体验效用纳入同一框架，通过构建仿真模型，探究在情境干预下，城市居民群体的政策效用错位度演变规律。

为简化各行为主体间的互动过程，本书假设各行为主体间除绿色生活方式的政策效用错位度之外，并不存在其他明显的个体差异。换言之，相同的情景干预变量会产生相同的干预效果。本书假设心理授权感知为 p_i（$p_i \in [1, 5]$，$i = 1, 2, 3, \cdots, n$）。假设社会互动结构特征为 x_i（$x_i \in [1, 5]$），社会互动功能特征为 y_i（$y_i \in [1, 5]$），社会互动关系特征为 g_i（$g_i \in [1, 5]$），社会互动信息特征为 h_i（$h_i \in [1, 5]$），政策普及程度为 d_i（$d_i \in [1, 5]$），政策执行效度为 e_i（$e_i \in [1, 5]$），货币成本为 f_i（$f_i \in [1, 5]$），非货币成本为 k_i（$k_i \in [1, 5]$）。假设在 t 时刻绿色生活方式引导政策体验效用受到心理授权感知 p_i 的影响，在 $t+1$ 时刻受到社会互动或政策因素的干预影响。η_i 表示不同社会互动变量或政策变量的影响系数。基于此，本书构建了如下公式对不同变量影响下需求方 j 的体验效用进行测算。

$$u[j,e](t+1) = u[j,e](t) + \kappa_1 p_1 + \alpha x_i + \eta_1 \times p_i \times x_i + \varphi_i$$
$$(7-13)$$

$$u[j,e](t+1) = u[j,e](t) + \kappa_2 p_i + \beta y_i + \eta_2 \times p_i \times y_i + \varphi_i$$
$$(7-14)$$

$$u[j,e](t+1) = u[j,e](t) + \kappa_3 p_i + \delta g_i + \eta_3 \times p_i \times g_i + \varphi_i$$
$$(7-15)$$

$$u[j,e](t+1) = u[j,e](t) + \kappa_4 p_i + \varepsilon h_i + \eta_4 \times p_i \times h_i + \varphi_i$$
$$(7-16)$$

$$u[j,e](t+1) = u[j,e](t) + \kappa_5 p_i + \varphi d_i + \eta_5 \times p_i \times d_i + \varphi_i$$
$$(7-17)$$

$$u[j,e](t+1) = u[j,e](t) + \kappa_6 p_i + \theta e_i + \eta_6 \times p_i \times e_i + \varphi_i$$
$$(7-18)$$

$$u[j,e](t+1) = u[j,e](t) + \kappa_7 p_i + \tau f_i + \eta_7 \times p_i \times f_i + \varphi_i$$
$$(7-19)$$

$$u[j,e](t+1) = u[j,e](t) + \kappa_8 p_i + \zeta k_i + \eta_8 \times p_i \times k_i + \varphi_i$$

$$(7-20)$$

基于公式（7-1），可得 $t+1$ 时刻，需求方 j 在不同变量影响下的政策效用错位度：

$$d[j,e](t+1) = d - u[j,e](t) - \kappa_1 p_1 - \alpha x_i - \eta_1 \times p_i \times x_i - \varphi_i$$

$$(7-21)$$

$$d[j,e](t+1) = d - u[j,e](t) - \kappa_2 p_i - \beta y_i - \eta_2 \times p_i \times y_i - \varphi_i$$

$$(7-22)$$

$$d[j,e](t+1) = d - u[j,e](t) - \kappa_3 p_i - \delta g_i - \eta_3 \times p_i \times g_i - \varphi_i$$

$$(7-23)$$

$$d[j,e](t+1) = d - u[j,e](t) - \kappa_4 p_i - \varepsilon h_i - \eta_4 \times p_i \times h_i - \varphi_i$$

$$(7-24)$$

$$d[j,e](t+1) = d - u[j,e](t) - \kappa_5 p_i - \varphi d_i - \eta_5 \times p_i \times d_i - \varphi_i$$

$$(7-25)$$

$$d[j,e](t+1) = d - u[j,e](t) - \kappa_6 p_i - \theta e_i - \eta_6 \times p_i \times e_i - \varphi_i$$

$$(7-26)$$

$$d[j,e](t+1) = d - u[j,e](t) - \kappa_7 p_i - \tau f_i - \eta_7 \times p_i \times f_i - \varphi_i$$

$$(7-27)$$

$$d[j,e](t+1) = d - u[j,e](t) - \kappa_8 p_i - \zeta k_i - \eta_8 \times p_i \times k_i - \varphi_i$$

$$(7-28)$$

同时，发送方 i 的绿色生活方式引导政策体验效用也会发生类似变化，计算公式如下：

$$u[i,e](t+1) = u[i,e](t) + \kappa_1 p_i + \alpha x_i + \eta_1 \times p_i \times x_i + \varphi_i$$

$$(7-29)$$

$$u[i,e](t+1) = u[i,e](t) + \kappa_2 p_i + \beta y_i + \eta_2 \times p_i \times y_i + \varphi_i$$

$$(7-30)$$

$$u[i,e](t+1) = u[i,e](t) + \kappa_3 p_i + \delta g_i + \eta_3 \times p_i \times g_i + \varphi_i$$

$$(7-31)$$

$$u[i,e](t+1) = u[i,e](t) + \kappa_4 p_i + \varepsilon h_i + \eta_4 \times p_i \times h_i + \varphi_i$$
$$(7-32)$$

$$u[i,e](t+1) = u[i,e](t) + \kappa_5 p_i + \varphi d_i + \eta_5 \times p_i \times d_i + \varphi_i$$
$$(7-33)$$

$$u[i,e](t+1) = u[i,e](t) + \kappa_6 p_i + \theta e_i + \eta_6 \times p_i \times e_i + \varphi_i$$
$$(7-34)$$

$$u[i,e](t+1) = u[i,e](t) + \kappa_7 p_i + \tau f_i + \eta_7 \times p_i \times f_i + \varphi_i$$
$$(7-35)$$

$$u[i,e](t+1) = u[i,e](t) + \kappa_8 p_i + \zeta k_i + \eta_8 \times p_i \times k_i + \varphi_i$$
$$(7-36)$$

同样地，基于公式（7-1），可得 $t+1$ 时刻，发送方 i 在不同变量影响下的政策效用错位度：

$$d[i,e](t+1) = d - u[i,e](t) - \kappa_1 p_i - \alpha x_i - \eta_1 \times p_i \times x_i - \varphi_i$$
$$(7-37)$$

$$d[i,e](t+1) = d - u[i,e](t) - \kappa_2 p_i - \beta y_i - \eta_2 \times p_i \times y_i - \varphi_i$$
$$(7-38)$$

$$d[i,e](t+1) = d - u[i,e](t) - \kappa_3 p_i - \delta g_i - \eta_3 \times p_i \times g_i - \varphi_i$$
$$(7-39)$$

$$d[i,e](t+1) = d - u[i,e](t) - \kappa_4 p_i - \varepsilon h_i - \eta_4 \times p_i \times h_i - \varphi_i$$
$$(7-40)$$

$$d[i,e](t+1) = d - u[i,e](t) - \kappa_5 p_i - \varphi d_i - \eta_5 \times p_i \times d_i - \varphi_i$$
$$(7-41)$$

$$d[i,e](t+1) = d - u[i,e](t) - \kappa_6 p_i - \theta e_i - \eta_6 \times p_i \times e_i - \varphi_i$$
$$(7-42)$$

$$d[i,e](t+1) = d - u[i,e](t) - \kappa_7 p_i - \tau f_i - \eta_7 \times p_i \times f_i - \varphi_i$$
$$(7-43)$$

$$d[i,e](t+1) = d - u[i,e](t) - \kappa_8 p_i - \zeta k_i - \eta_8 \times p_i \times k_i - \varphi_i$$
$$(7-44)$$

上述公式中，p_i、x_i、y_i、g_i、h_i、d_i、e_i、f_i 和 k_i 随机赋值。其他参数的数值来源于调节效应的分析结果。具体地，κ_1、κ_2、κ_3、κ_4、κ_5、κ_6、κ_7、κ_8 的值分别为 0.654、0.534、0.464、0.619、0.625、0.583、0.633、0.659；η_1、η_2、η_3、η_4、η_5、η_6、η_7、η_8 的值分别为 0.250、0.034、0.050、0.019、0.270、0.029、-0.026、-0.036；α、β、δ、ε、φ、θ、τ、ξ 的值分别 0.034、0.142、0.291、0.052、0.034、0.089、-0.020、-0.049。

三 政策效用错位度的仿真流程

本书利用 Matlab 2017b 软件对构建的绿色生活方式引导政策效用错位度仿真模型进计算机模拟。系统仿真流程见图 7 - 2。

具体地：

S1：政策效用错位度的仿真网络创建。按照 7.2.1 节中的网络创建算法，以网络中节点数 n（本书设 $n = 500$），以节点邻接点数 s（本书中 $s = 10$），断边重连概率 p（本书中 $p = 0.09$）生成政策效用错位度的仿真网络。其中，矩阵 A 用于存储节点间的邻接关系。对于任意两节点 i 和 j，如果 $A[i, j] = 1$，则说明两节点有关系；若 $A[i, j] = 0$，则说明两节点无关系。

S2：政策效用错位度仿真网络初始化。设定网络中每个节点拥有 20 种不同类别的体验效用，则需要生成一个 500×200 的矩阵 B 用于存储各节点在各类体验效用的数值。对于任意节点 j（$j \in [1, 500]$）和任意的体验效用类 e（$e \in [1, 20]$），$B(e)$ 的初始值从问卷调研数据抽取。

S3：确定仿真步长 T（本书中 $T = 2 \times 10^5$），且当前仿真步长设置为 1。

S4：仿真步长判断。若当前仿真步长 $\leqslant$ T，则转 S5，否则转 S10。

S5：按随机方式选取需求方 j，并随机选择体验效用类别 e，作为节点 j 政策效用错位互动的体验效用类。

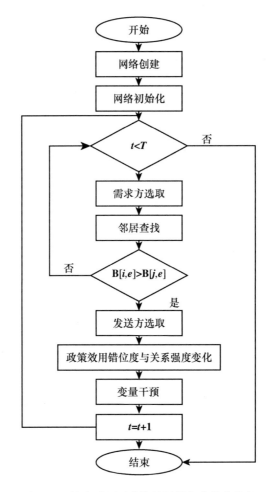

图 7 - 2 情境干预下政策效用错位度仿真流程

S6：在邻接矩阵 A 中查找与节点 j 直接相连的所有节点。对查找到的所有节点，若存在某一节点 i 使得 $B[i,e]>B[j,e]$，则转 S7；否则，则转 S4。

S7：按照某一方式选择发送方，具体包括：

随机选择：在查找到的所有节点中随机选取某一节点作为发送方 i；

关系优先：在所查到的所有节点中选择与节点 j 关系强度最大的点作为发送方 i；

错位优先：在所查到的所有节点中选取政策效用错位度最小的节点作为发送方 j。

S8：按照公式（7－7）、公式（7－8）、公式（7－9）和公式（7－10）实现节点 i 与节点 j 的政策效用错位度以及节点 j 与其他相邻节点间的关系强度变化。

S9：加入社会互动或政策因素的干预影响。具体地：

根据公式（7－21）和公式（7－37）实现社会互动结构特征的影响；

根据公式（7－22）和公式（7－38）实现社会互动功能特征的影响；

根据公式（7－23）和公式（7－39）实现社会互动关系特征的影响；

根据公式（7－24）和公式（7－40）实现社会互动信息特征的影响；

根据公式（7－25）和公式（7－41）实现政策普及程度的影响；

根据公式（7－26）和公式（7－42）实现政策执行效度的影响；

根据公式（7－27）和公式（7－43）实现货币成本的影响；

根据公式（7－28）和公式（7－44）实现非货币成本的影响；

S10：仿真步长加1，转 S4。

S11：仿真结束，输出仿真结果。

四　政策效用错位度的仿真结果

（一）基于发送方选择方式的政策效用错位度仿真结果分析

根据本书设计的仿真模型，可以采用随机选择、关系优先和错位优先三种方式确定发送方，因此有必要探究发送方选择方式对政策效用错位度的影响。考虑到仿真网络类型，本书进行如下定义：当关系强度 $r_{ij} \in [0, 1]$ 时，网络中各节点间存在随机关系，将此时的网络定义为随机关系网络；当关系强度 $r_{ij} \in [0, 0.3]$，网络中各节点间关系较弱，将此时的网络定义为弱关系网络；当关系强度

$r_{ij} \in [0.7, 1]$ 时，网络中各节点间的关系较强，将此时的网络定义为强关系网络。基于以上定义，本书将探究在随机关系网络、弱关系网络和强关系网络中，三种发送方选择方式对政策效用错位度的影响。

1. 随机关系网络中政策效用错位度的仿真结果分析

随机关系网络中三种发送方选择方式对政策效用错位度的影响见图 7 - 3。可知，随机选择、关系优先和错位优先三种方式下政策效用错位度具有相同的演变规律，即随着仿真步长的增加，政策效用错位度逐渐减少并趋于稳定。通过对比可以发现，错位优先方式下政策效用错位度的降低速度更快，达到稳定的时间更短，表明错位优先方式下政策效用错位的群体互动效应更好。此外，通过分析政策效用错位度的方差变化趋势可以发现，在仿真初期标准差有所升高，而后呈下降趋势。特别地，关系优先方式的标准差明显小于错位优先和随机选择方式，意味着随机关系网络中关系优先的方式下群体中政策效用错位度的均衡性更好。

2. 弱关系网络中政策效用错位度的仿真结果分析

图 7 - 4 刻画了弱关系网络中政策效用错位度的演变规律。可以发现政策效用错位度的平均值在随机选择、关系优先和错位优先方式下最终呈现趋同趋势，并且错位优先方式下政策效用错位度的平均值显著低于关系优先和随机选择方式，表明弱关系网络中错位优先方式下政策效用错位的扩散效应最好。此外，通过比较政策效用错位度的标准差，可以发现三种方式下标准差均呈现先增加后减少的规律，并且关系优先方式下政策效用错位度的标准差显著低于随机选择和错位优先方式，说明关系优先方式下群体中政策效用错位度的均衡性相对较高。

3. 强关系网络中政策效用错位度的仿真结果分析

强关系网络中政策效用错位度的演变趋势见图 7 - 5。在强关系网络中，政策效用错位度的平均值降低速度由高到低依次为错位优先、关系优先和随机选择方式，意味着在强关系网络中错位优先方式下政策效用错位度的扩散效果相对更好。此外，政策效用错位度

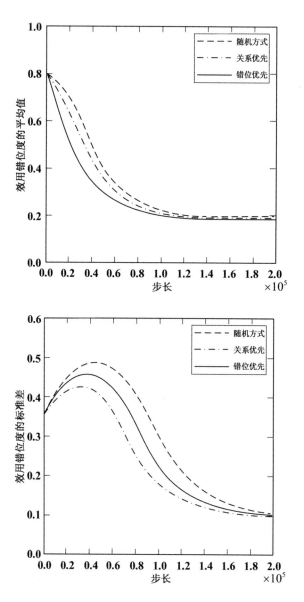

图 7 - 3　随机关系网络中绿色生活方式引导政策效用错位度的演变趋势

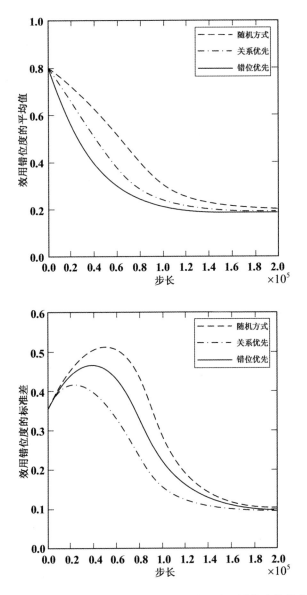

图7-4　弱关系网络中绿色生活方式引导政策效用错位度的演变趋势

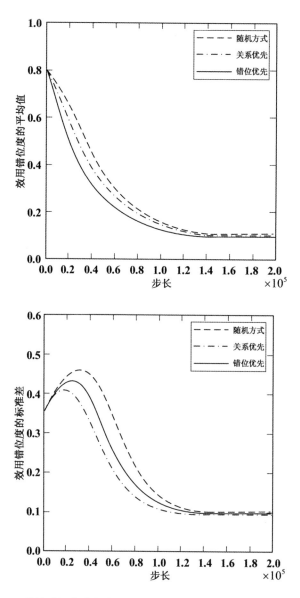

图7-5 强关系网络中绿色生活方式引导政策效用错位度的演变趋势

的标准差由高到低依次为随机选择、错位优先和关系优先方式，因此在强关系网络中关系优先方式下政策效用错位的均衡性相对更好。

（二）社会互动作用下政策效用错位度的仿真结果分析

以随机关系网络为例，本部分首先研究在随机选择、关系优先和错位优先方式下绿色生活方式引导政策的效用错位度受社会互动影响的变化规律，接着研究社会互动处于最优状态时，政策效用错位度的平均值和标准差在随机选择、关系优先和错位优先三种方式下的演变规律。

1. 结构特征作用下政策效用错位度的仿真结果分析

根据前文构建的仿真模型，将社会互动的结构特征（SC）分别赋值为 1、2、3、4、5，分别探索随机关系网络中随机选择、关系优先和错位优先方式下绿色生活方式引导政策效用错位度的演变规律，仿真结果见图 7-6、图 7-7 和图 7-8。

通过对比分析图 7-6、图 7-7 和图 7-8，本书发现在随机关系网络中，随机选择、关系优先和错位优先三种方式下，政策效用错位度的平均值均呈大幅度降低。此外，政策效用错位度的标准差在仿真初期虽有所提高，但随着仿真时间的推移均呈下降趋势。通过对比社会互动结构特征不同赋值状态下政策效用错位度的平均值和标准差，本书发现随着社会互动结构特征的提高，政策效用错位度的均值和标准差下降得越来越快。由此可见，在随机关系网络中，社会互动的结构特征越低，绿色生活方式引导政策的效用错位度越高，均衡性越差；反之，社会互动的结构特征越高，绿色生活方式引导政策的效用错位度越低，均衡性越好。

基于上述分析，本书进一步探究社会互动结构特征最优（SC = 5）时发送方选择方式对绿色生活方式引导政策效用错位度的影响作用。图 7-9 报告了社会互动结构特征最高时，绿色生活方式引导政策效用错位度在随机关系网络中的演变趋势。可以发现，政策效用错位度的平均值和标准差在随机选择、关系优先和错位优先三种方式下具有相同的演变规律，即随着仿真时间的推移，政策效用错位

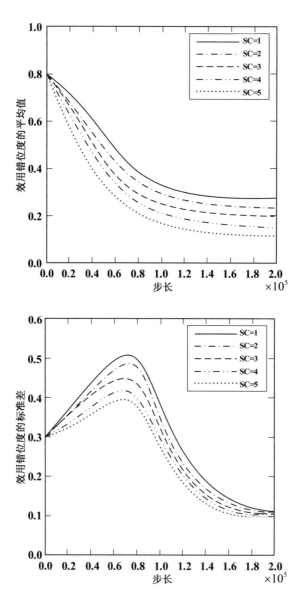

图7-6 随机选择方式下政策效用错位度受社会互动结构特征影响的演变趋势

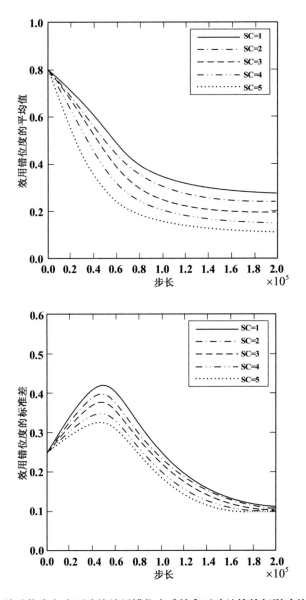

图7-7 关系优先方式下政策效用错位度受社会互动结构特征影响的演变趋势

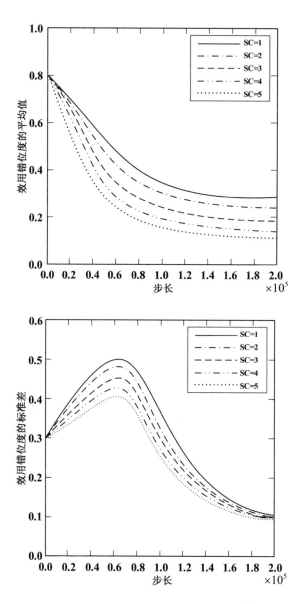

图7-8 错位优先方式下政策效用错位度受社会互动结构特征影响的演变趋势

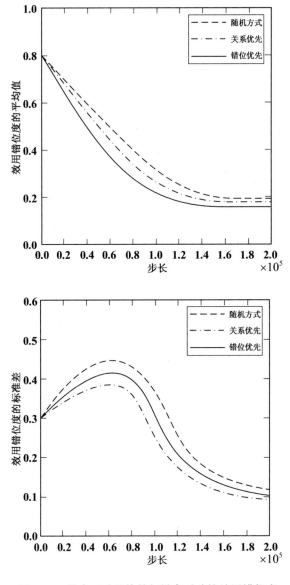

图 7 - 9　社会互动结构特征最高时政策效用错位度
在随机关系网络中的演变趋势（SC = 5）

度的平均值逐渐降低，标准差呈先增加后减少的变化趋势。进一步分析发现，政策效用错位度的平均值降低速度由高到低依次为错位优先、关系优先与随机选择方式；标准差下降速度由快到慢依次为关系优先、错位优先和随机选择方式。可见，在随机关系网络中，当社会互动结构特征最优时，错位优先方式下绿色生活方式引导政策的效用错位度相对较低；关系优先方式下绿色生活方式引导政策效用错位度的均衡性相对较好。

2. 功能特征作用下政策效用错位度的仿真结果分析

按照公式（7-22）和公式（7-38），将社会互动的功能特征（FC）分别赋值为1、2、3、4、5，依次探索随机关系网络中随机选择、关系优先和错位优先方式下绿色生活方式引导政策效用错位度的演变规律，仿真结果见图7-10、图7-11和图7-12。

通过对比分析图7-10、图7-11和图7-12，本书发现在随机关系网络中，随机选择、关系优先和错位优先三种方式下，政策效用错位度的平均值和标准差呈趋同的变化规律。具体地，随着社会互动功能特征的干预，绿色生活方式引导政策效用错位度的平均值逐渐降低；政策效用错位度的标准差在仿真初期有所增加，而后大幅度减少。进一步对比分析发现，随着社会互动功能特征的提高，政策效用错位度的均值和标准差下降的越来越快。由此可见，在随机关系网络中，社会互动的功能特征越高，绿色生活方式引导政策的效用错位度越低，均衡性越好；社会互动的功能特征越低，绿色生活方式引导政策的效用错位度越高，均衡性越差。

本书进一步探究社会互动功能特征最优（FC=5）时发送方选择方式对绿色生活方式引导政策效用错位度的影响作用，仿真结果见图7-13。可以发现，政策效用错位度的平均值和标准差在随机选择、关系优先和错位优先三种方式下具有相同的演变规律。进一步分析发现，政策效用错位度的平均值逐渐降低，降低速度由高到低依次为错位优先、关系优先与随机选择方式；政策效用错位度的标准差在仿真初期有所增加，但随着仿真的推进呈显著的下降趋势。并

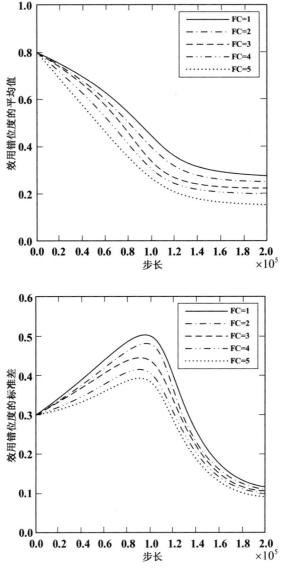

图 7 - 10　随机选择方式下政策效用错位度受社会互动
功能特征影响的演变趋势

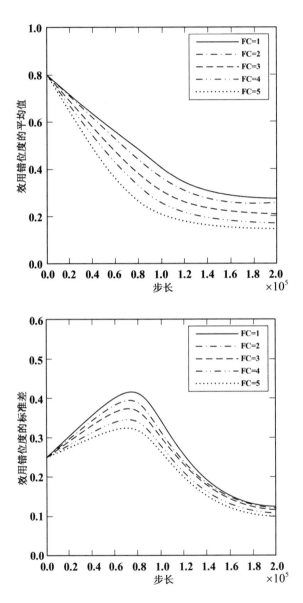

图7-11　关系优先方式下政策效用错位度受社会互动功能特征影响的演变趋势

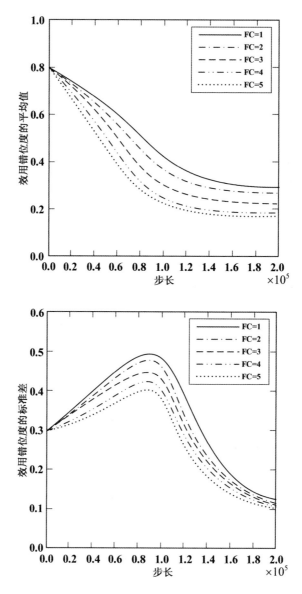

图 7 - 12　错位优先方式下政策效用错位度受社会互动功能特征影响的演变趋势

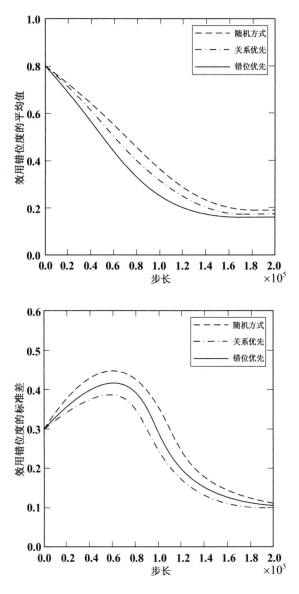

图 7 - 13　社会互动功能特征最高时政策效用错位度在
　　　随机关系网络中的演变趋势（FC = 5）

且，政策效用错位度的标准差下降速度由快到慢依次为关系优先、错位优先和随机选择方式。因此，在随机关系网络中，当社会互动结构特征最优时，错位优先方式下绿色生活方式引导政策的效用错位度相对最低；关系优先方式下绿色生活方式引导政策的效用错位度均衡性相对较好。

3. 关系特征作用下政策效用错位度的仿真结果分析

按照本书构造的仿真模型，将社会互动的关系特征（RC）分别赋值为1、2、3、4、5，依次探索随机关系网络中随机选择、关系优先和错位优先方式下绿色生活方式引导政策效用错位度的演变规律，仿真结果见图7-14、图7-15和图7-16。

通过对比分析图7-14、图7-15和图7-16，本书发现在随机关系网络中，随机选择、关系优先和错位优先三种方式下，政策效用错位度的平均值和标准差呈趋同的变化规律。具体地，随着社会互动关系特征的干预，绿色生活方式引导政策效用错位度的平均值逐渐降低；政策效用错位度的标准差在仿真初期有所增加，而后大幅度减少。进一步对比分析发现，随着社会互动关系特征的提高，政策效用错位度的均值和标准差下降得越来越快。由此可见，在随机关系网络中，社会互动的关系特征越高，绿色生活方式引导政策的效用错位度越低，均衡性越好；社会互动的关系特征越低，绿色生活方式引导政策的效用错位度越高，均衡性越差。

本书进一步探究社会互动关系特征最优（RC=5）时发送方选择方式对绿色生活方式引导政策效用错位度的影响作用，仿真结果见图7-17。可以发现，政策效用错位度的平均值和标准差在随机选择、关系优先和错位优先三种方式下具有相同的演变规律。进一步分析发现，政策效用错位度的平均值逐渐降低，降低速度由高到低依次为错位优先、关系优先与随机选择方式；政策效用错位度的标准差在仿真初期有所增加，但随着仿真的推进呈显著的下降趋势。此外，政策效用错位度的标准差下降速度由快到慢依次为关系优先、错位优先和随机选择方式。因此，在随机关系网络中，当社会互动关

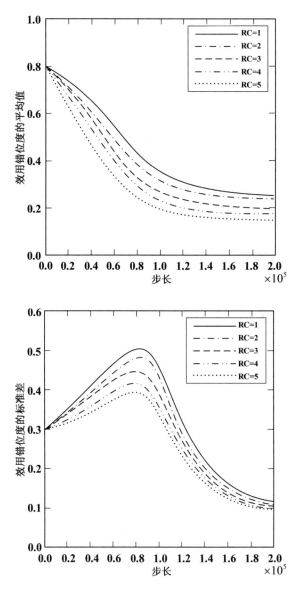

图 7-14 随机选择方式下政策效用错位度受社会互动关系特征
影响的演变趋势

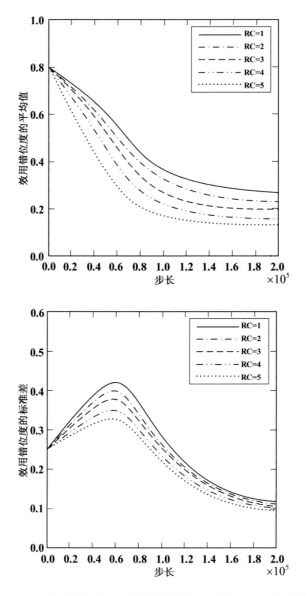

图 7 - 15 关系优先方式下政策效用错位度受社会互动关系特征
影响的演变趋势

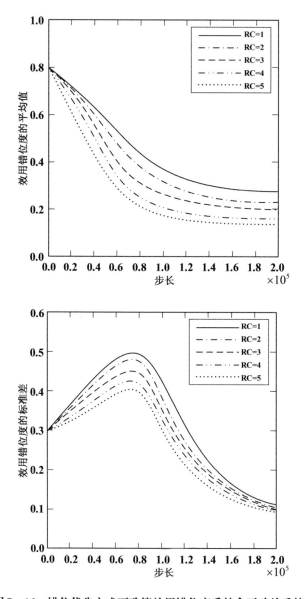

图 7 - 16　错位优先方式下政策效用错位度受社会互动关系特征
　　影响的演变趋势

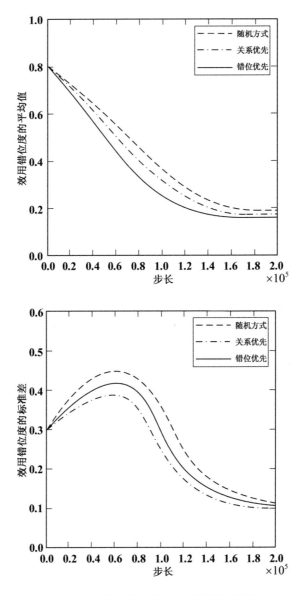

图 7 - 17　社会互动关系特征最高时政策效用错位度在随机
关系网络中的演变趋势（RC = 5）

系特征最优时，错位优先方式下绿色生活方式引导政策的效用错位度相对最低；关系优先方式下绿色生活方式引导政策的效用错位度均衡性相对较好。

4. 信息特征作用下政策效用错位度的仿真结果分析

按照公式（7-24）和公式（7-40），将社会互动的信息特征（IC）分别赋值为1、2、3、4、5，依次探索随机关系网络中随机选择、关系优先和错位优先方式下绿色生活方式引导政策效用错位度的演变规律，仿真结果见图7-18、图7-19和图7-20。

由图7-18、图7-19和图7-20可知，在随机关系网络中，随机选择、关系优先和错位优先三种方式下，政策效用错位度的平均值和标准差呈趋同的变化规律。具体地，随着社会互动信息特征的干预，绿色生活方式引导政策效用错位度的平均值逐渐降低；政策效用错位度的标准差在仿真初期有所增加，而后大幅度减少。进一步对比分析发现，随着社会互动信息特征的提高，政策效用错位度的均值和标准差下降得越来越快。由此可见，在随机关系网络中，社会互动的信息特征越高，绿色生活方式引导政策的效用错位度越低，均衡性越好；社会互动的信息特征越低，绿色生活方式引导政策的效用错位度越高，均衡性越差。

本书进一步探究社会互动信息特征最优（IC=5）时发送方选择方式对绿色生活方式引导政策效用错位度的影响作用，仿真结果见图7-21。可以发现，政策效用错位度的平均值和标准差在随机选择、关系优先和错位优先三种方式下具有相同的演变规律。进一步分析发现，政策效用错位度的平均值逐渐降低，降低速度由高到低依次为错位优先、关系优先与随机选择方式；政策效用错位度的标准差在仿真初期有所增加，但随着仿真的推进呈显著的下降趋势。并且，政策效用错位度的标准差下降速度由快到慢依次为关系优先、错位优先和随机选择方式。因此，在随机关系网络中，当社会互动信息特征最优时，错位优先方式下绿色生活方式引导政策的效用错位度相对最低；关系优先方式下绿色生活方式引导政策的效用错位度均衡性相对较好。

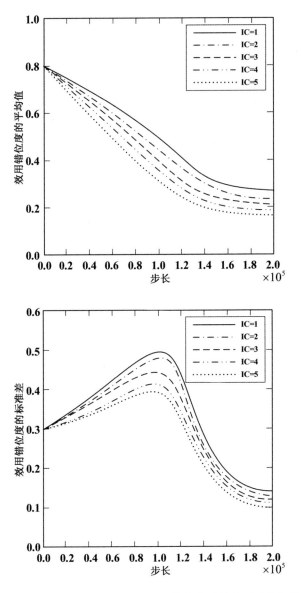

图 7 - 18　随机选择方式下政策效用错位度受社会互动信息特征
　　　　 影响的演变趋势

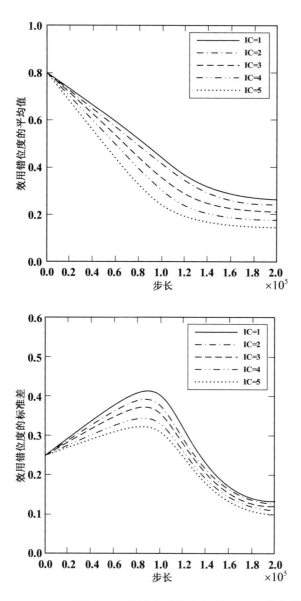

图 7 - 19　关系优先方式下政策效用错位度受社会互动信息特征
　　　　　影响的演变趋势

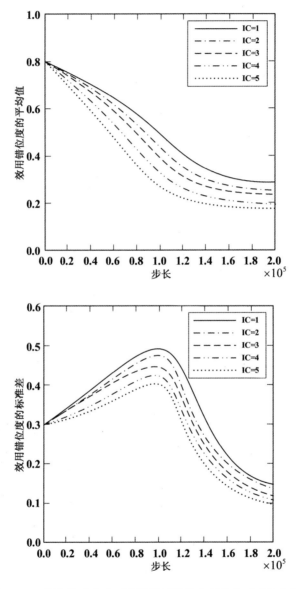

图 7 - 20　错位优先方式下政策效用错位度受社会互动信息特征影响的演变趋势

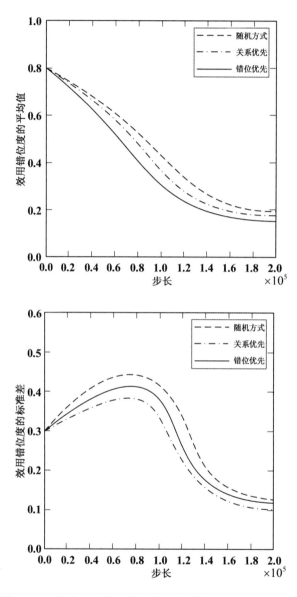

图 7 - 21　社会互动信息特征最高时政策效用错位度在随机
　　　　关系网络中的演变趋势（IC = 5）

（三）政策推行程度作用下政策效用错位度的仿真结果分析

本部分以随机关系网络为例，研究在随机选择、关系优先和错位优先方式下绿色生活方式引导政策的效用错位度受政策推行程度影响的变化规律。进一步地，探究政策推行程度处于最优状态时，政策效用错位度的平均值和标准差在随机选择、关系优先和错位优先三种方式下的演变规律。

1. 政策普及程度作用下政策效用错位度的仿真结果分析

按照公式（7-25）和公式（7-41），将政策普及程度（PEP）分别赋值为1、2、3、4、5，依次探索随机关系网络中随机选择、关系优先和错位优先方式下绿色生活方式引导政策效用错位度的演变规律，仿真结果见图7-22、图7-23和图7-24。

由图7-22、图7-23和图7-24可知，在随机关系网络中，随机选择、关系优先和错位优先三种方式下，政策效用错位度的平均值和标准差呈趋同的变化规律。具体地，随着政策普及程度的干预，绿色生活方式引导政策效用错位度的平均值逐渐降低；政策效用错位度的标准差在仿真初期有所增加，而后大幅度减少。进一步对比分析发现，随着政策普及程度的提高，政策效用错位度的均值和标准差下降得越来越快。由此可见，在随机关系网络中，政策普及程度越高，绿色生活方式引导政策的效用错位度越低，均衡性越好；政策普及程度越低，绿色生活方式引导政策的效用错位度越高，均衡性越差。

本书进一步探究政策普及程度最优（PEP=5）时发送方选择方式对绿色生活方式引导政策效用错位度的影响作用，仿真结果见图7-25。可以发现，政策效用错位度的平均值和标准差在随机选择、关系优先和错位优先三种方式下具有相同的演变规律。进一步分析发现，政策效用错位度的平均值逐渐降低，降低速度由高到低依次为错位优先、关系优先与随机选择方式；政策效用错位度的标准差在仿真初期有所增加，但随着仿真的推进呈显著的下降趋势。并且，政策效用错位度的标准差下降速度由快到慢依次为关系优先、错

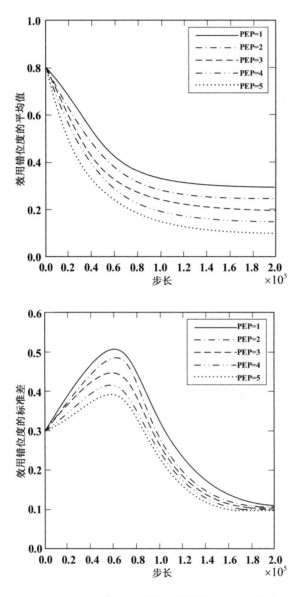

图 7 - 22　随机选择方式下政策效用错位度受政策普及程度
影响的演变趋势

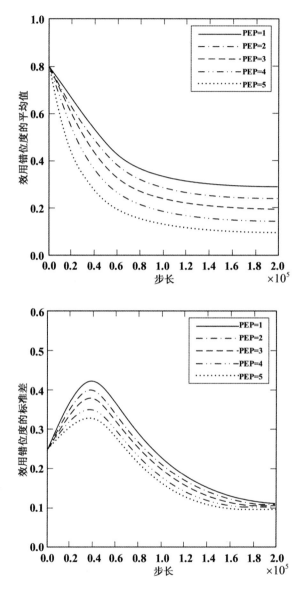

图 7 - 23 关系优先方式下政策效用错位度受政策普及程度影响的演变趋势

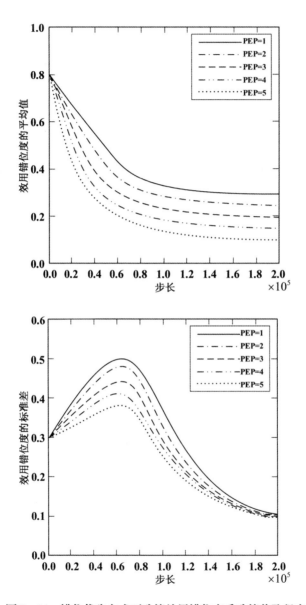

**图 7-24　错位优先方式下政策效用错位度受政策普及程度
　　　　　影响的演变趋势**

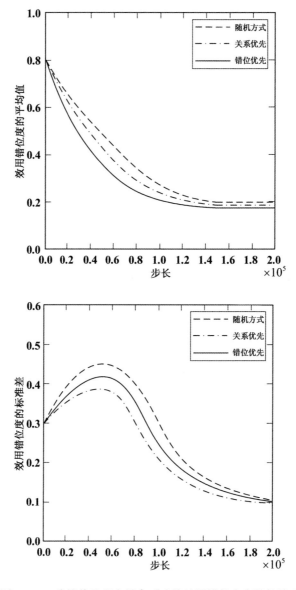

图 7-25　政策普及程度最高时政策效用错位度在随机关系
网络中的演变趋势（PEP = 5）

位优先和随机选择方式。因此,在随机关系网络中,当政策普及程度最优时,错位优先方式下绿色生活方式引导政策的效用错位度相对最低;关系优先方式下绿色生活方式引导政策的效用错位度均衡性相对较好。

2. 政策执行效度作用下政策效用错位度的仿真结果分析

按照本书构造的仿真模型,将政策执行效度(EVP)分别赋值为1、2、3、4、5,依次探索随机关系网络中随机选择、关系优先和错位优先方式下绿色生活方式引导政策效用错位度的演变规律,仿真结果见图7-26、图7-27和图7-28。

通过对比分析图7-26、图7-27和图7-28,本书发现在随机关系网络中,随机选择、关系优先和错位优先三种方式下,政策效用错位度的平均值和标准差呈趋同的变化规律。具体地,随着政策执行效度的干预,绿色生活方式引导政策效用错位度的平均值逐渐降低;政策效用错位度的标准差在仿真初期有所增加,而后大幅度减少。进一步对比分析发现,随着政策执行效度的提高,政策效用错位度的均值和标准差下降得越来越快。由此可见,在随机关系网络中,政策执行效度越高,绿色生活方式引导政策的效用错位度越低,均衡性越好;政策执行效度越低,绿色生活方式引导政策的效用错位度越高,均衡性越差。

本书进一步探究政策执行效度最优(EVP=5)时发送方选择方式对绿色生活方式引导政策效用错位度的影响作用,仿真结果见图7-29。可以发现,政策效用错位度的平均值和标准差在随机选择、关系优先和错位优先三种方式下具有相同的演变规律。进一步分析发现,政策效用错位度的平均值逐渐降低,降低速度由高到低依次为错位优先、关系优先与随机选择方式;政策效用错位度的标准差在仿真初期有所增加,但随着仿真的推进呈显著的下降趋势。并且,政策效用错位度的标准差下降速度由快到慢依次为关系优先、错位优先和随机选择方式。因此,在随机关系网络中,当社会互动关系特征最优时,错位优先方式下绿色生活方式引导政策的效用错位度相

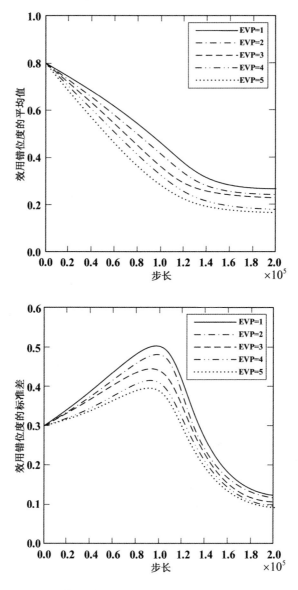

图 7 - 26   随机选择方式下政策效用错位度受政策执行效度
影响的演变趋势

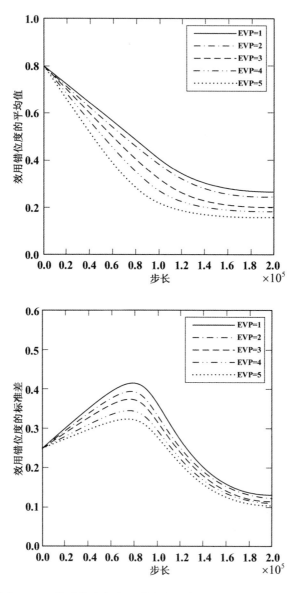

图7-27　关系优先方式下政策效用错位度受政策执行效度
　　　　影响的演变趋势

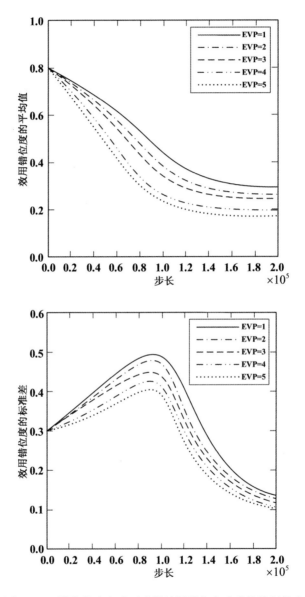

图 7 - 28 错位优先方式下政策效用错位度受政策执行效度
影响的演变趋势

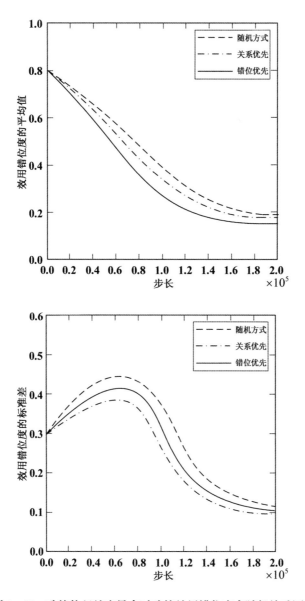

图 7 - 29　政策执行效度最高时政策效用错位度在随机关系网络
　　　　中的演变趋势（EVP = 5）

对最低；关系优先方式下绿色生活方式引导政策的效用错位度均衡性相对较好。

（四）政策实施成本作用下政策效用错位度的仿真结果分析

1. 货币成本作用下政策效用错位度的仿真结果分析

按照公式（7-26）和公式（7-42），将货币成本（MC）分别赋值为1、2、3、4、5，依次探索随机关系网络中随机选择、关系优先和错位优先方式下绿色生活方式引导政策效用错位度的演变规律，仿真结果见图7-30、图7-31和图7-32。

由图7-30、图7-31和图7-32可知，在随机关系网络中，随机选择、关系优先和错位优先三种方式下，政策效用错位度的平均值和标准差呈趋同的变化规律。进一步对比分析发现，随着货币成本的降低，政策效用错位度的均值和标准差下降得越来越快。由此可见，在随机关系网络中，货币成本越低，绿色生活方式引导政策的效用错位度越低，均衡性越好；货币成本越高，绿色生活方式引导政策的效用错位度越高，均衡性越差。

本书进一步探究货币成本最优（MC=1）时发送方选择方式对绿色生活方式引导政策效用错位度的影响作用，仿真结果见图7-33。可以发现，政策效用错位度的平均值和标准差在随机选择、关系优先和错位度优先三种方式下具有相同的演变规律。进一步分析发现，政策效用错位度的平均值逐渐降低，降低速度由高到低依次为错位优先、关系优先与随机选择方式；政策效用错位度的标准差在仿真初期有所增加，但随着仿真的推进呈显著的下降趋势。并且，政策效用错位度的标准差下降速度由快到慢依次为关系优先、错位优先和随机选择方式。因此，在随机关系网络中，当货币成本最优时，错位优先方式下绿色生活方式引导政策的效用错位度相对最低；关系优先方式下绿色生活方式引导政策的效用错位度均衡性相对较好。

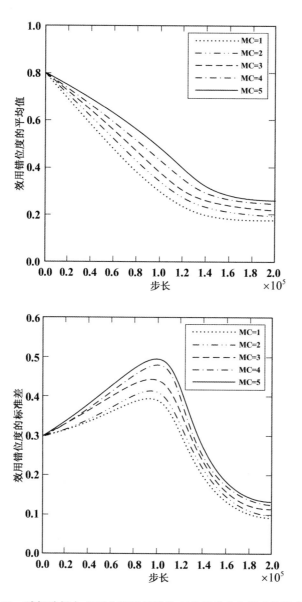

图 7 - 30 随机选择方式下政策效用错位度受货币成本影响的演变趋势

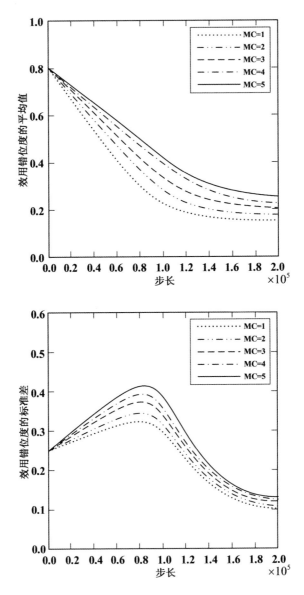

图 7 - 31　关系优先方式下政策效用错位度受货币成本影响的演变趋势

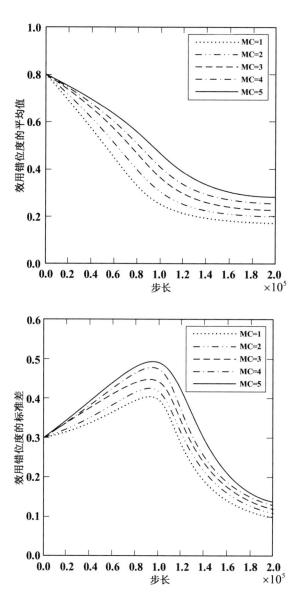

图7－32　错位优先方式下政策效用错位度受货币成本影响的演变趋势

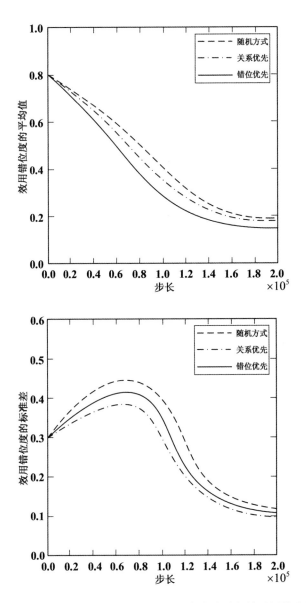

图 7-33 货币成本最低时政策效用错位度在随机关系网络中的
　　　　　演变趋势（MC=1）

2. 非货币成本作用下政策效用错位度的仿真结果分析

按照本书构造的仿真模型，将非货币成本（NMC）分别赋值为1、2、3、4、5，依次探索随机关系网络中随机选择、关系优先和错位优先方式下绿色生活方式引导政策效用错位度的演变规律，仿真结果见图7-34、图7-35和图7-36。

通过对比分析图7-34、图7-35和图7-36，本书发现在随机关系网络中，随机选择、关系优先和错位优先三种方式下，政策效用错位度的平均值和标准差呈趋同的变化规律。进一步对比分析发现，随着非货币成本的减少，政策效用错位度的均值和标准差下降得越来越快。由此可见，在随机关系网络中，非货币成本越高，绿色生活方式引导政策的效用错位度越高，均衡性越差；非货币成本越低，绿色生活方式引导政策的效用错位度越低，均衡性越好。

本书进一步探究非货币成本最优（NMC=1）时发送方选择方式对绿色生活方式引导政策效用错位度的影响作用，仿真结果见图7-37。可以发现，政策效用错位度的平均值和标准差在随机选择、关系优先和错位度优先三种方式下具有相同的演变规律。进一步分析发现，政策效用错位度的平均值逐渐降低，降低速度由高到低依次为错位优先、关系优先与随机选择方式；政策效用错位度的标准差在仿真初期有所增加，但随着仿真的推进呈显著的下降趋势。并且，政策效用错位度的标准差下降速度由快到慢依次为关系优先、错位优先和随机选择方式。因此，在随机关系网络中，当非货币成本最优时，错位优先方式下绿色生活方式引导政策的效用错位度相对最低；关系优先方式下绿色生活方式引导政策的效用错位度均衡性相对较好。

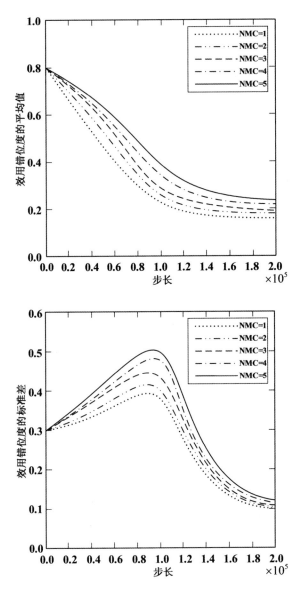

图 7 - 34 随机选择方式下政策效用错位度受非货币成本影响的演变趋势

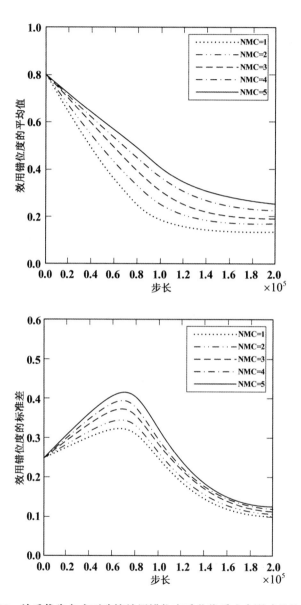

图 7 - 35　关系优先方式下政策效用错位度受非货币成本影响的演变趋势

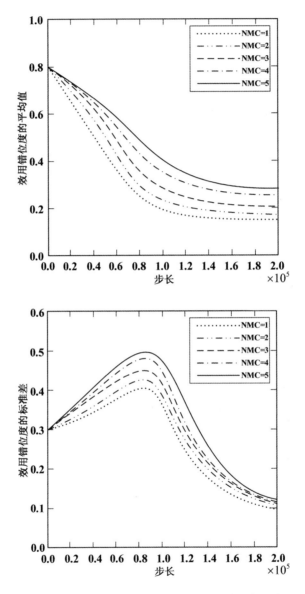

图 7 - 36　错位优先方式下政策效用错位度受非货币成本影响的演变趋势

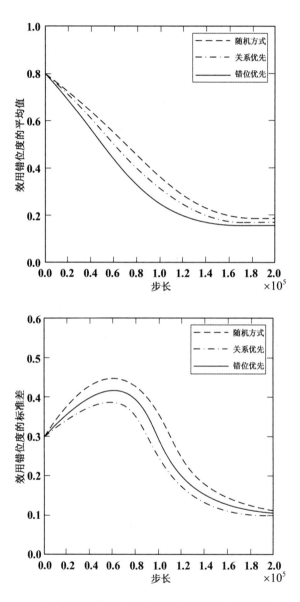

图 7 – 37 非货币成本最低时政策效用错位度在随机关系网络中的演变趋势（NMC = 1）

第三节　效用错位对群体决策影响效果的仿真

实证研究表明，社会互动对绿色生活方式引导政策体验效用具有显著的调节作用，且互动信息的方向会对绿色生活方式引导政策体验效用产生重要影响。Kaplan 和 Miller（1987）从规范性社会影响（Normative Social Influence）和信息性社会影响（Informational Social Influence）两个方面解释社会互动对个体决策的影响。此外，本书实证研究显示，践行引导政策的非货币成本也会影响绿色生活方式引导政策体验效用，且影响程度远大于货币成本。质性研究发现，感知便利性是影响城市居民践行绿色生活方式引导政策的关键因素。基于以上论述，本书将社会互动纳入个体决策的考虑范畴，探究不同政策效用错位度和感知便利性对城市居民践行绿色生活方式引导政策群体决策的影响。本部分的仿真研究包括理论模型设计和对比实验设计。其中，理论模型设计包括居民社会互动过程设计和体验效用函数的构建；对比实验设计主要指多组对比仿真实验的设计。

一　理论模型设计

（一）社会互动过程设计

本书设计的社会互动过程如图 7 - 38 所示。共包括三个阶段。

第一阶段：绿色生活方式引导政策的宣传推广阶段。政府通过教育、培训、宣讲等多种方式对绿色生活方式引导政策进行宣传。为了体现宣传推广的作用，本书假设在仿真过程中每迭代一次，群体中都有一定比例（r）的节点主动践行绿色生活方式引导政策。

第二阶段：互动决策阶段。为了简化模型，本书将决策效用与体验效用的比值定义为错位容忍系数（Dislocation Tolerance Coefficient，DTC）并用 ψ 表示，即 $\psi = DU/EU$。由政策效用错位度的非负性可知，$\psi \geqslant 1$。错位容忍系数是个体对政策效用错位的容忍程度

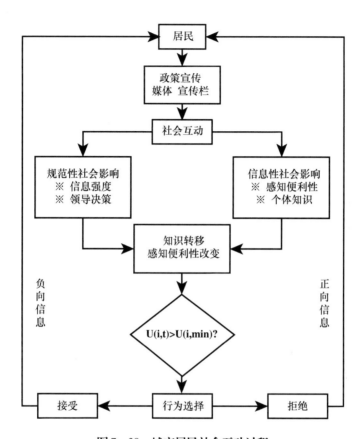

图 7 - 38　城市居民社会互动过程

和敏感程度的度量。错位容忍系数越大，表明城市居民对政策效用错位度的敏感度越小，政策效用错位对城市居民践行绿色生活方式引导政策的影响越小。在决策阶段，城市居民根据已有的知识、周围邻居的决策状态计算体验效用 $EU(i, t)$，并结合错位容忍系数与决策效用 DU 比较。若 $\psi EU(i, t) - DU \geq 0$，则节点 i 将会践行绿色生活方式引导政策；若 $\psi EU(i, t) - DU < 0$，节点 i 不会践行绿色生活方式引导政策。

第三阶段：正向信息和负向信息传播阶段。若践行绿色生活方式引导政策，则居民会向邻居传播正向信息，宣传践行绿色生活方式引导政策的好处；若拒绝践行绿色生活方式引导政策，则居民会向邻居传播负向信息。这些正向、负向信息会影响其邻居下一阶段的体验效用函数，进而影响群体决策状态。

（二）体验效用函数的构建

$EU(i, t)$ 表示居民 i 在 t 时刻的绿色生活方式引导政策体验效用。根据 Kaplan 和 Miller（1987）的研究，本书构建的体验效用函数由规范性社会影响和信息性社会影响两部分构成，分别用 $X(i, t)$ 和 $Y(i, t)$ 表示，如公式（7-45）所示：

$$EU(i,t) = \gamma_i X(i,t) + (1 - \gamma_i) Y(i,t) \qquad (7-45)$$

其中 γ_i 表示居民的规范内化程度。

规范性社会影响 $X(i, t)$ 是个体在正向和负向信息的互动下为满足群体期望做出的选择，其效用函数如公式（7-46）所示：

$$X(i,t) = [N_{neighbours-adopt}(i,t) - \alpha N_{neighbours-refuse}(i,t)]/N_{neighbours-total}(i,t)$$

$$(7-46)$$

其中，α 为负向信息的作用强度。$N_{neighbours-adopt}(i, t)$ 是在 t 时刻节点 i 的愿意践行绿色生活方式引导政策的邻居数量，$N_{neighbours-refuse}(i, t)$ 是在 t 时刻节点 i 的拒绝践行绿色生活方式引导政策的邻居数量，$N_{neighbours-total}(i, t)$ 是节点 i 在 t 时刻的邻居总数。

信息性社会影响 $Y(i, t)$ 指的是节点 i 的知识与感知便利性的差值，效用函数如公式（7-47）所示：

$$Y(i,t) = I(i,t) - I_p \qquad (7-47)$$

其中，I_p 是居民的感知便利性，$I(i, t)$ 是节点 i 在 t 时刻的知识。

当全部节点的决策状态每迭代一次之后，将会发生一次节点的知识转移，这是居民个体适应性的一个重要方面。同时，满足了居民个体异质性假设，即他们拥有的有限知识不同，这些不同又源于他们在不同的社会网络中特定的社会互动以及获得知识的途径。通常情况下，个体只会和践行绿色生活方式引导政策的邻居节点发生知识转移。因为节点若没有践行绿色生活方式引导政策则不能获得实施绿色生活方式引导政策的经验，也不会与邻居发生关于绿色生活方式引导政策的知识交换。此外，考虑到知识基础和个体学习能力的差异，本书假定当个体 i 的邻居 j 愿意践行绿色生活方式引导政策，该邻居 j 的知识基础高于个体 i 且知识差距不超过 δ 时，个体 i 会获取邻居节点 j 的部分知识。即：

$$I(i,t+1) = I(i,t) + \lambda_i \sum \left[I(j,t) - I(i,t) \right]$$

$$j \in N_{neighbours-adopt}(i,t), I(j,t) - I(i,t) \in [0,\delta] \quad (7-48)$$

其中，$I(i, t+1)$ 表示节点 i 在 $t+1$ 时刻的知识；$I(i, t)$ 表示节点 i 在 t 时刻的知识；$I(j, t)$ 表示节点 i 的邻居节点 j 在 t 时刻的知识；$N_{neighbours-adopt}(i, t)$ 表示节点 i 在 t 时刻践行绿色生活方式引导政策的邻居集合；λ_i 表示节点 i 的学习能力。

（三）参数的设定

仿真参数包括每次迭代时主动践行绿色生活方式引导政策的居民比例 r、规范内化程度 γ_i、城市居民的学习能力 λ_i、城市居民初始知识分布 I_i、决策效用 DU、感知便利性 I_p、知识差距 δ、负向信息作用强度 α。实证结果显示，具有环保偏好的城市居民，绿色生活方式引导政策体验效用显著高于舒适偏好和经济偏好的个体。因此，本书根据 3257 份有效问卷中具有显著环保偏好的调查对象比例计算 r。具体地，将问卷中测量环保偏好的所有题项均选择"非常符合"的受访对象当作具有环保偏好的城市居民。统计发现，共有 172 个调查对象在环保偏好测试题项（Q11 - 17、Q11 - 18 和 Q11 - 19）均选择"非常符合"。因此 $r = 172/3257 = 0.053$。前文数据正态性检验显示，规范内化 NI、自主学习能力 SLA、专业知识水平 LE 均符合正态分布。因此，本书利用 SPSS 22.0 将规范内化、自主学习能力和专业知识水平进行正态化处理，并分别将其作为 γ_i、λ_i 和 I_i 的代理数值。经计算，$\gamma_i \sim N(0.35, 0.25)$，$\lambda_i \sim N(0.57, 0.26)$，$I_i \sim N(0.46, 0.22)$。考虑到数值的代表性和准确性，绿色生活方式引导

政策决策效用 DU 取 2013 年以来的平均值，经计算，$DU=3.68$。本书分别用 0.2，0.5，0.8 表示低、中、高三种感知便利性情境，并取知识差距 $\delta=0.2$。根据已有关于负向信息的相关研究，本书将 α 设定为 2（Arndt，1967）。

二　对比实验设计

设置三组共 9 个对比模型，分别是在感知便利性为高、中、低三个情境下，不同错位容忍系数对城市居民践行绿色生活方式引导政策的群体决策情况进行对比。9 个模型的模型参数设置见表 7-1，由表可知，模型 1 至模型 3 是在高感知便利性情境下的对比实验，模型 1、模型 2 和模型 3 的错位容忍系数分别为 1、2、4。同理，模型 4 至模型 6 是在中感知便利性情境下的对比实验，模型 7 至模型 9 在低感知便利性情境下的对比实验。

三　多主体仿真结果

基于 Anylogic 8.3 仿真平台，依据上文构建的理论模型，分别在高、中和低感知便利性三种情境下进行多主体仿真，探究不同错位容忍系数作用下居民绿色生活方式群体决策特征。

（一）高感知便利性情境

按照表 7-1 的参数设置，进行 3 组对比仿真实验，群体决策见图 7-39。

在三种错位容忍系数下，践行绿色生活方式引导政策的城市居民数量在初期快速增加，经小幅波动后趋于平稳，见图 7-39。通过对比可发现，当错位容忍系数为 1 时，践行绿色生活方式引导政策的居民数量增加最慢，群体决策达到稳定时周期最长（约在 28 个周期），采纳人数稳定在 30 人左右。当错位容忍系数为 2 时，群体决策状态约在第 20 个周期稳定，践行绿色生活方式引导政策的城市居民约为 65 人。当错位容忍系数为 4 时，践行绿色生活方式引导政策的

表7-1 对比实验模型参数设置

情境	模型	Ip	r	α	Ψ	DU	γ	Ii	λ	δ
高感知便利性	1	0.8	0.053	2	1	3.49	N (0.35, 0.25)	N (0.46, 0.22)	N (0.57, 0.26)	0.2
高感知便利性	2	0.8	0.053	2	2	3.49	N (0.35, 0.25)	N (0.46, 0.22)	N (0.57, 0.26)	0.2
高感知便利性	3	0.8	0.053	2	4	3.49	N (0.35, 0.25)	N (0.46, 0.22)	N (0.57, 0.26)	0.2
中感知便利性	4	0.5	0.053	2	1	3.49	N (0.35, 0.25)	N (0.46, 0.22)	N (0.57, 0.26)	0.2
中感知便利性	5	0.5	0.053	2	2	3.49	N (0.35, 0.25)	N (0.46, 0.22)	N (0.57, 0.26)	0.2
中感知便利性	6	0.5	0.053	2	4	3.49	N (0.35, 0.25)	N (0.46, 0.22)	N (0.57, 0.26)	0.2
低感知便利性	7	0.2	0.053	2	1	3.49	N (0.35, 0.25)	N (0.46, 0.22)	N (0.57, 0.26)	0.2
低感知便利性	8	0.2	0.053	2	2	3.49	N (0.35, 0.25)	N (0.46, 0.22)	N (0.57, 0.26)	0.2
低感知便利性	9	0.2	0.053	4	4	3.49	N (0.35, 0.25)	N (0.46, 0.22)	N (0.57, 0.26)	0.2

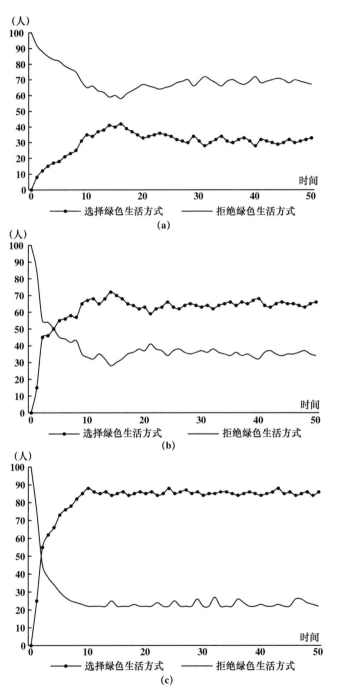

图 7 - 39　高感知便利性情境下错位容忍系数为（a）1、（b）2、（c）4时城市居民践行绿色生活方式引导政策的群体决策

城市居民数量增加最快，群体决策达到稳定时的周期最短（约在第9个周期），践行绿色生活方式引导政策的城市居民数量稳定在85人左右。

接着，本书考察了城市居民在每个时刻决策变化的情况。其中，G－R 表示居民的决策状态由践行绿色生活方式引导政策变为拒绝实施绿色生活方式引导政策；R－G 表示居民的决策状态由拒绝践行绿色生活方式引导政策变为实施绿色生活方式引导政策；二者之和即为决策行为变化率。图 7－40 为高感知便利性情境下，不同错位容忍系数对居民践行绿色生活方式引导政策群体决策的影响。

由图 7－40 可以发现，错位容忍系数越大，群体决策的变化程度越小，达到稳定决策状态的周期越短。具体地，当错位容忍系数为 1 时，群体决策的变动最为明显，变动幅度最大。在第 32 个周期以后，决策状态由实施变为不实施和从不实施变为实施的居民数量变动在 13% 左右稳定。当错位容忍系数为 2 时，群体决策的变动略加剧烈，在经历 2—10 周的剧烈变动之后，又非常缓慢地降低，最终在 38 个周期以后趋于平稳，决策状态由上一期实施变为当期不实施政策的居民数量与由上一期不实施变为当期实施的居民数量基本持平，保持在 12% 左右。当错位容忍系数为 4 时，群体决策在较短周期内完成了变动，然后停留在一个较为稳定的水平。在第 18 个周期以后，决策状态由上一期实施变为当期不实施的居民数量与由上一期不实施变为当期实施的居民数量基本持平，保持在 10% 左右。

（二）中感知便利性情境

按照模型 4、模型 5 和模型 6 的参数设置，进行 3 组对比仿真实验，城市居民群体决策情况见图 7－41。可以发现，在三种错位容忍系数下，践行绿色生活方式引导政策的城市居民数量在初期快速增加，随后呈小幅度减少，而后趋于平稳，群体决策稳定时践行绿色生活方式引导政策的居民数量相较于高感知便利性情境下显著减少，周期也有一定的延长。具体地，当错位容忍系数为 1 时，践行绿色生活方式引导政策的居民数量约在第 44 个周期趋于稳定，为 20 人

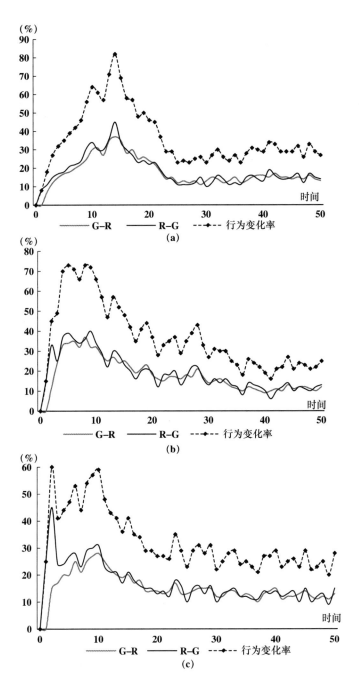

图7-40 高感知便利性情境下错位容忍系数为（a）1、（b）2、（c）4时城市
居民践行绿色生活方式引导政策的决策变化频数

左右。当错位容忍系数为 2 时，践行绿色生活方式引导政策的城市居民数量约在第 40 周期趋于稳定，为 40 人左右。当错位容忍系数为 4 时，践行绿色生活方式引导政策的居民数量增长最快，达到群体决策稳定的周期最短（约第 35 周期），为 55 人左右。

图 7－42 为中感知便利性情境下，持不同错位容忍系数的城市居民践行绿色生活方式引导政策的决策变化情况。可以发现，在三种错位容忍系数下，城市居民的决策都经历了剧烈变动到相对平稳的阶段。群体决策规律与高感知便利性情境类似，即错位容忍系数越高，践行绿色生活方式引导政策的居民数量越多，群体决策达到稳定时的周期越短，群体决策的波动越小。其中，当错位容忍系数为 1 时，群体决策变动最明显，变动幅度最大；但群体决策进程最快，约在第 25 周期后，决策变化的居民比例稳定在 15% 左右。当错位容忍系数为 2 时，群体决策变动略加剧烈。在第 4 周期至第 22 周期，决策状态由上一期实施变为当期不实施的居民数量与由上一期不实施变为当期实施的居民数量存在很长一段时间的扰动（即二者相互交叉），而后缓慢减少，最后在第 34 周期趋于稳定，保持在 15% 左右。在错位容忍系数为 4 时，群体决策变动幅度相对较小，在第 30 周期以后，决策状态由上一期实施变为当期不实施的居民数量与由上一期不实施变为当期实施的居民数量基本持平，保持在 12% 左右。

（三）低感知便利性情境

按照模型 7、模型 8 和模型 9 的参数设置，进行 3 组对比仿真实验，探究在低感知便利性情境下，持不同错位容忍系数的城市居民践行绿色生活方式引导政策的群体决策情况，见图 7－43。可以发现，在低感知便利性情境下，不同的错位容忍系数对群体决策具有不同的影响。当错位容忍系数为 1 和 2 时，践行绿色生活方式引导政策的居民数量并无显著差异，在初期缓慢增长后，经过小幅波动，最终稳定在 15 人左右。当错位容忍系数为 4 时，践行绿色生活方式

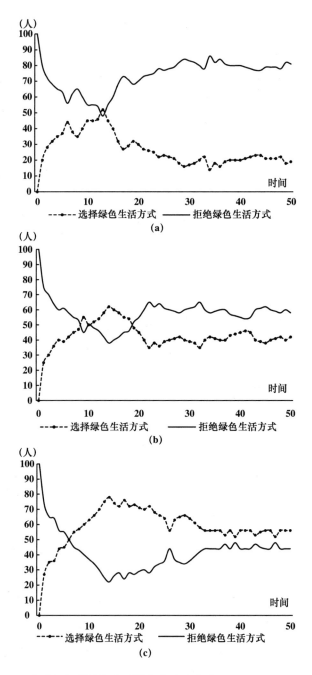

图7-41 中感知便利性情境下错位容忍系数为（a）1、（b）2、（c）4 时城市居民践行绿色生活方式引导政策的群体决策

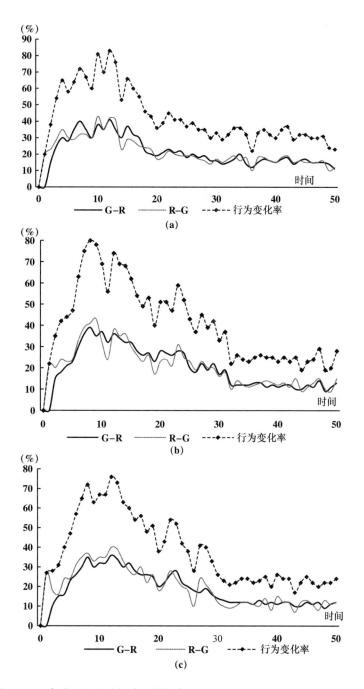

图7-42　中感知便利性情境下错位容忍系数为（a）1、（b）2、（c）4时城市居民践行绿色生活方式引导政策的决策变化频数

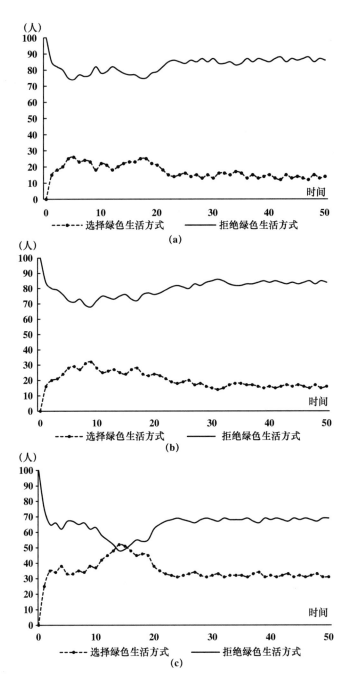

图7-43 低感知便利性情境下错位容忍系数为（a）1、（b）2、（c）4时城市居民践行绿色生活方式引导政策的群体决策

引导政策的居民数量在初期快速增长，随后有一段缓慢减少的过程，最后趋于平稳，最终践行绿色生活方式引导政策的居民数量稳定在30人左右。通过对比可以发现，低感知便利性情境下，群体决策稳定时践行绿色生活方式引导政策的居民数量显著低于中感知便利性和高感知便利性情境。

图7-44为低感知便利性情境下，居民践行绿色生活方式引导政策的群体决策情况。可以发现，在不同错位容忍系数下，群体决策的变化情况呈不同的规律。其中，当错位容忍系数为1和2时，群体决策变动的较为平缓，第25周期以后趋于平稳，决策状态由实施变为不实施和由不实施变为实施的居民数量变动最终稳定在10%左右。当错位容忍系数为4时，群体决策的变动幅度最大，周期最长，在第35周期以后，决策状态从上一期实施变为当期不实施的居民数量与由上一期不实施变为当期实施的居民数量基本持平，保持在20%左右，且前者比后者略高。

在高、中、低感知便利性情境下，通过对比分析不同错位容忍系数时群体决策规律，可以发现错位容忍系数越大，践行绿色生活方式引导政策的居民数量越多，群体决策变化程度越小，群体达到稳定决策状态的周期越短。从错位容忍系数的概念可以很好地理解这一结论。错位容忍系数反映了城市居民对政策效用错位度的容忍程度或者敏感程度。因此，错位容忍系数越大，城市居民对政策效用错位度越不敏感；相应地，政策效用错位度对其绿色生活方式引导政策的影响就越小。因此，当城市居民的政策效用错位容忍系数较大时，群体决策状态倾向于稳定，践行绿色生活方式引导政策的居民数量较高。

当错位容忍系数分别为1、2和4时，对比不同感知便利性情境下群体决策的规律，可以发现感知便利性越高，践行绿色生活方式引导政策的居民数量越多；群体决策的变化程度越小，达到稳定决策状态的周期越短。Kabak等（2018）认为影响自行车共享网络有效性的关键因素是自行车站点的位置，自行车共享站点的选址适宜

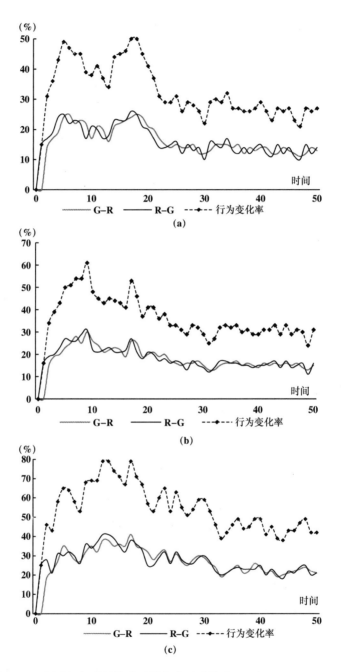

图 7-44 低感知便利性情境下错位容忍系数为 (a) 1、(b) 2、(c) 4 时城市居民践行绿色生活方式引导政策的决策变化频数

性决定了居民的采纳率。陈传红和李雪燕（2018）发现提高居民实施环保行为的便利度，如增加公共自行车分布点的数量可以显著地提高居民选择自行车方式出行的概率，与本书的研究结论一致。Chen 和 Lu（2016）对台北居民使用公共自行车的研究中，发现便利性对居民的绿色出行意愿有显著的正向影响。他们指出提高居民的感知便利性可以增强他们使用共享自行车的意愿。可以理解，如果城市居民能轻松、方便地实施绿色生活方式引导政策，他们对政策的接纳率就会增强。此外，从个体自身的角度来看，在高感知便利性情境下，城市居民对绿色生活方式引导政策的选择主要依赖于个人偏好进行决策。由于偏好是面对多重选择时，稳定倾向于其中一种的倾向，因而决策状态变化较小。而在低感知便利性情境下，居民决策的不确定性会增强，社会互动也越加频繁，因而群体决策状态更加剧烈。同时众多的互动信息增加了个体的判断成本，造成了一定的选择障碍，放缓了决策的过程，导致群体达到稳定决策状态的周期延长。

通过对感知便利性和错位容忍系数的联合分析，本书发现随着感知便利性的降低，错位容忍系数对居民践行绿色生活方式引导政策的影响越来越小。在低感知便利性情境下，群体决策状态已无显著性差异。也就是说，在低感知便利性情境下，增加错位容忍系数不会引起群体决策状态的显著性变化，错位容忍系数在低感知便利性情境下出现了"钝化"现象。具体来说，本书认为可能有三个主要原因。第一，锚定效应影响。居民在互动之前，已经形成了低感知便利性的判断，这是一个负向的认知。此时，个体对绿色生活方式引导政策进行了评估，即是设定了"锚"。随着错位容忍系数的降低，个体对政策效用错位越来越敏感，在某种程度上说，错位容忍程度与"锚"是一致的。研究显示，在负向认知情境下，"锚"将会对个体决策产生更大的影响，锚定效应会愈加明显（Huntsinger et al.，2014）。因此，居民会不自觉地给予初始信息更多的关注，即更注重互动前自己评估的信息，并更多地以此来做决策。所以之后无论给予多大错位容忍系数的刺激，群体的决策状态均不会有剧烈变化。第二，认知负荷的影响。已有实验研究发现，认知资源耗损与个体对信息的自我调控密切相关（Hirschi 等，2019）。高强度的信息输入会消耗认知资源，进而破坏个体随后的自我调控行为中的表现（Baddeley，2012）。在本书中，不同于高感知便利性情境，低感知便利性情境下需要个体消耗大量认知资源加工互动信息，使得城市居民在评估互动信息时处于薄弱监控状态（Gibbons，2007），弱化了城市居民对错位容忍系数的关注。第三，卷入度的影响。在低感知便利性情境下，城市居民普遍认为践行绿色生活方式引导政策会给自己带来不便，将会减少对绿色生活方式激励政策的关注，导致居民的卷入度较低。居民不会过多的关注政策效用错位，在做决策时更多地依赖自身的历史决策信息。在这种情境下，政策效用错位对群体决策产生的影响较小，弱化了错位容忍系数对个体决策的影响。

第 八 章

绿色生活方式引导政策
效用错位的治理策略

　　在第三章中，本书从政策本身、目标群体、执行部门、企业以及社会环境五个方面分析了政策效用错位的产生原因，并解析了五大因素作用下政策效用错位的形成机制，为降低政策效用错位度提供了宏观的研究方向。进一步地，基于政策制定者和目标群体的二元视角，本书构建了决策效用评估模型和绿色生活方式引导政策体验效用影响机理的理论模型，为减少绿色生活方式引导政策的效用错位度提供了更加微观的实践思路。研究发现，政策效用错位度受政策力度、政策目标、政策措施、政策反馈、阶层认同、规范内化、自主学习能力、舒适偏好、经济偏好、环保偏好、象征价值关注度、群体压力、群体氛围、专业知识水平、消费文化、社会互动、政策推行程度、政策实施成本、心理授权感知等因素的影响。其中，群体压力、舒适偏好、经济偏好和政策实施成本加剧了政策效用错位，其他因素则具有弱化政策效用错位的作用。基于上述研究结论，结合实证和仿真研究结果，本书从目标群体、社会环境、政策本身以及政策执行四个方向，个体与群体因素、心理授权感知、社会互动与政策因素、人口统计学特征、政策体验和政策决策六个层面构建了绿色生活方式引导政策效用错位的治理策略框架，见图 8-1。涉及目标群体干预、社会环境改善、政策引力提升、合作监管并进四个方面，包括源泉型政策、枢纽型政策、助推型政策、靶向型政策、内促型政策和滋养型政策。

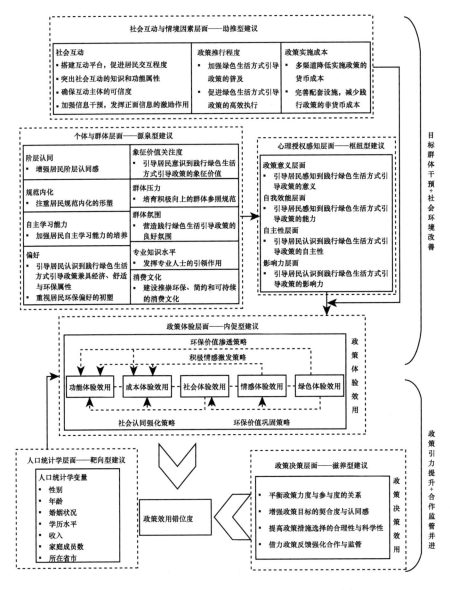

图 8 - 1　绿色生活方式引导政策效用错位的治理策略框架

第一节　源泉型政策

实证结果显示，阶层认同、规范内化、自主学习能力、偏好、象征价值关注度、群体压力、群体氛围、专业知识水平和消费文化等个体与群体因素从根本上影响绿色生活方式引导政策体验效用。根据政策效用错位度的度量模型，可以进一步肯定这些因素也是造成政策效用错位的根本原因。因此，本书基于个体与群体因素视角提出了治理绿色生活方式引导政策效用错位的源泉型政策，包括提高居民阶层认同感、注重居民规范内化的形塑、加强居民自主学习能力的培养、引导居民认识到践行绿色生活方式引导政策兼具经济、舒适和环保属性、重视居民环保偏好的初塑、引导居民意识到践行绿色生活方式引导政策的象征价值、培育积极正向的群体参照规范、营造践行绿色生活方式引导政策的良好氛围、发挥专业人士的引领作用、建设推崇环保、简约、可持续的消费文化。

（一）提高居民阶层认同感

实证结果显示绿色生活方式引导政策体验效用受阶层认同的正向影响，即居民阶层认同水平越高，绿色生活方式引导政策体验效用越高，政策效用错位度越小。深度访谈时亦发现，不同地域和不同群体的城市居民在绿色生活方式引导政策体验效用上具有较大差异。因此，打破不同群体在空间，尤其是心理上的资源区隔，提升弱势群体的阶层认同感，使公众真正公平地享受践行绿色生活方式引导政策带来的经济和情感收获，是降低政策效用错位度的全新视角。具体地，可以提供一定的物质投入和精神激励，如改造老旧社区的环保设施，增加对弱势群体的表彰比例，树立先锋人物和标杆社区，以此提高城市居民的阶层认同感，激发公众的主人翁意识，从而有效减少政策效用错位度。

（二）注重居民规范内化的形塑

规范内化可以很好地阐释在外部监管和激励缺位情况下，城市居民依然践行绿色生活方式引导政策的组织公民行为，如自觉进行垃圾分类、主动拒绝购买过度包装产品、自愿地乘公共交通出行等。实证结果也证实，规范内化与绿色生活方式引导政策体验效用之间具有显著的正向关系。质性研究发现，规范内化程度高的城市居民高度认同绿色生活方式引导政策，将其作为行为准则并敦促其他社会成员遵守社会规范。因此，规范内化的培育与引导对降低绿色生活方式引导政策的效用错位度具有重要意义。具体而言，可以通过公益广告、电视广播、课堂教育、知识竞赛、社区活动等多种渠道提高公众对环境问题的敏感度和关注度，并提示公众环境问题与其自身息息相关。尤其要着重强调国家宏观层面的目标与公众个人目标的一致性和利益的相容性。通过对公众心理投入和卷入度的持续干预，激发公众践行绿色生活方式引导政策的自觉性，继而循序渐进地将行为准则或政策约束内化为公众的个人目标，达到弱化或减少政策效用错位度的目的。

（三）加强居民自主学习能力的培养

实证结果显示城市居民的自主学习能力可以显著地提高绿色生活方式引导政策体验效用，继而有效地降低政策效用错位度。仿真研究也表明，学习能力是影响绿色生活方式引导政策体验效用的重要因素。因此，制定者应该关注目标群体对政策的吸收和接纳能力，加强居民自主学习能力的培养。一方面，可以通过公众号、官方网站、社区宣传栏等定时发布或更新绿色生活方式引导政策，对各种引导政策进行归类与整理，为城市居民了解和掌握当前政策提供良好的学习环境；另一方面，通过组织社区活动或社会公益活动，为居民提供畅所欲言和各抒己见的机会。通过设置社区讨论、知识竞赛和实践比赛等环节，让公众充分展示思维方式和对践行绿色生活方式引导政策的认知，从而提高居民自主学习绿色生活方式引导政策的能力。

（四）引导居民认识到践行绿色生活方式引导政策兼具经济、舒适和环保属性

实证结果表明，绿色生活方式引导政策体验效用受到舒适偏好和经济偏好的负向影响。尽管持有舒适偏好和经济偏好的城市居民自利倾向较为明显，但居民追求生活的舒适度和践行引导政策的经济收益本也无可厚非。因此，降低绿色生活方式引导政策效用错位度的最优策略并非纠正居民的舒适和经济倾向，而是强调践行绿色生活方式引导政策也可以是舒适和经济的。比如，宣传购买节能汽车或新能源汽车能够获得补贴和税收优惠等经济收益，强调空调温度调至26℃时人体是最舒适的。通过信息干预最终引导居民认识到践行绿色生活方式引导政策兼具经济、舒适和环保属性。

（五）重视居民环保偏好的初塑

前文研究发现，舒适偏好和经济偏好可以显著降低绿色生活方式引导政策体验效用，导致政策效用错位度的大幅度提高。相反地，环保偏好对绿色生活方式引导政策体验效用具有显著的促进作用，可以有效地降低政策效用错位度。由于偏好是一种稳定的心理状态和结果预期，因此，偏好不仅会对某一政策的体验效用产生影响，更会对大多甚至所有绿色生活方式引导政策体验效用产生持久性的影响。事实上，偏好一旦形成就很难改变，所以居民环保偏好的初始塑造应该得到充分重视。具体而言，通过对孩子进行绿色生活方式和践行引导政策的早期教育，培养孩子的环境责任感，引导孩子认识到保护环境的义务，增强孩子践行绿色生活方式引导政策的效用体验感知。

（六）引导居民意识到践行绿色生活方式引导政策的象征价值

深度访谈发现，践行绿色生活方式引导政策的象征价值，比如责任感、公益、环保、健康，可以有效地提高居民对相关政策的认同感和效用体验。实证研究的结论也印证了象征价值关注度与绿色生活方式引导政策体验效用之间存在正向关系。这为降低绿色生活方式引导政策的效用错位度提供了全新的思路。一方面，应该深度挖掘践行绿色生活方式引导政策可能产生的象征价值或符号意义，并将这些符号意义融入国家核心价值观和社会新风尚。另一方面，应该借助新媒体、网络平台对践行绿色生活方式引导政策的象征价值进行广泛宣传，引导居民意识到践行绿色生活方式引导政策的象征价值，为减少政策效用错位提供新动力。

（七）培育积极向上的群体参照规范

实证结果表明，践行绿色生活方式引导政策的群体压力显著抑制体验效用。在深度访谈时，不少受访者表示践行绿色生活方式引导政策很难获得别人的理解，甚至会被周围的人嘲笑或鄙视，这种消极的群体压力极大地打击了公众践行绿色生活方式引导政策的积极性，弱化了绿色生活方式引导政策体验效用，加剧了政策效用错位。因此，政府应该着力扭转消极不良的群体压力，消除公众践行绿色生活方式引导政策的"后顾之忧"。具体地，通过宣传教育对群体观念进行正确引导，尤其应注重广告媒体对相关信息和舆论的宣传。此外，通过对先进个人或集体的表彰，以及对优秀事迹的宣传，弘扬践行绿色生活方式引导政策的正能量，培育积极向上的群体参照规范。

（八）营造践行绿色生活方式引导政策的良好氛围

前文分析表明，群体氛围会促进城市居民对绿色生活方式引导政策体验效用的感知，且践行绿色生活方式引导政策的氛围越浓厚，体验效用越高，绿色生活方式引导政策的效用错位度越小。可见，有必要创造浓郁的社会氛围，动员全社会力量积极推动相关政策的执行。一方面，加大宣传教育力度，如增加践行绿色生活方式引导政策相关的公益广告和科普视频，形成人人争当践行者的良好风尚；另一方面，加强对政府官员和公众人物行为的管理与约束，发挥公众人物和政府工作人员的模范带头作用，营造践行绿色生活方式引导政策的良好氛围。

（九）发挥专业人士的引领作用

量化分析结果显示，居民周围的人对绿色生活方式引导政策的专业见解会影响他们的体验效用。质性分析结果也表明，若所在群体内有对绿色生活方式引导政策非常了解的专业和权威人士，城市居民感知的体验效用就相对较高。进一步地，绿色生活方式引导政策的效用错位度就相对较低。由此可见，专业人士的意见或者主张对降低绿色生活方式引导政策的效用错位度具有关键性的作用。因此，应该关注专业人士群体，发挥权威人士的引领作用。可以在政府网站或官方服务平台开设专栏，甚至邀请专业人士下基层、进社区，面对面、有针对性地为公众解读相关政策，分析实施政策的得失利弊。通过专业人士的权威性解读，形成"粉丝效应"，激发公众对体验效用的感知，达到降低政策效用错位度的目的。

（十）建设推崇环保、简约和可持续的消费文化

实证结果显示，消费文化可以促进城市居民对绿色生活方式引导政策体验效用的感知，进而有效地减少政策效用错位度。事实上，几乎所有个体践行绿色生活方式引导政策时都会受到群内其他成员消费情况的影响，可见消费文化越积极健康，绿色生活方式引导政策体验效用就越高，从而有效地降低政策效用错位度。因此，有必要引导居民进行适度理性的消费，建设推崇环保、简约和可持续的消费文化。具体而言，可运用宣传、教育、培训等多种方式树立健康的消费观念，同时加强对公众人物、娱乐明星等消费报道的限制和监督，规范对"豪车""豪宅""奢侈品"等过度消费的媒体报道，逐步降低公众对物欲消费的追逐与向往，培育简约适度、环保、可持续的消费文化。

第二节　枢纽型政策

中介效应检验结果表明，个体因素中的阶层认同、规范内化、

自主学习能力、偏好、象征价值关注度，群体因素中的群体压力、群体氛围、专业知识水平和消费文化等因素往往通过心理授权感知来影响绿色生活方式引导政策体验效用。这一研究结论意味着心理授权感知在绿色生活方式引导政策体验效用中发挥着转运站的作用。根据政策效用错位度的定义，可以进一步确定心理授权感知在政策效用错位中同样扮演着枢纽型的角色。所以，本书从心理授权感知视角提出了治理绿色生活方式引导政策效用错位的枢纽型政策，包括引导居民感知到践行绿色生活方式引导政策的意义、引导居民感知到践行绿色生活方式引导政策的能力、引导居民认识到践行绿色生活方式引导政策的自主性和引导居民认识到践行绿色生活方式引导政策的影响力。

（一）引导居民感知到践行绿色生活方式引导政策的意义

深度访谈发现，部分城市居民并未意识到践行绿色生活方式引导政策的意义，甚至认为践行政策对气候变化、环境污染等全球性的难题毫无价值。不难发现，这类受访者的政策效用错位度相对较高。因此，有必要采取一定手段提高居民对践行绿色生活方式引导政策的意义感知。就绿色生活方式引导政策而言，其践行意义主要体现在生活环境、经济收益、身体健康和可持续发展等方面。由于践行绿色生活方式引导政策具有较强的外部性，因此在对目标群体宣传践行政策意义时，应该着重强调行为发生的经济收益和对身体健康的促进作用，而非环境改善和可持续发展等短期内无法"兑现"的长远收益。此外，还需通过宣传教育强化目标群体对践行意义的认知，使居民意识到环境污染会给自身带来直接性的伤害，自己有履行环境政策的义务，增强居民的危机意识和责任感，强化居民对践行绿色生活方式引导政策意义的感知。

（二）引导居民感知到践行绿色生活方式引导政策的能力

自我效能感知是居民践行绿色生活方式引导政策的先决条件，是个体评估体验效用的判断标准，也是造成政策效用错位的重要因素。深度访谈发现，不少受访者表示自己缺乏相关的知识和技能，没有足够的自信执行好政策，以致对这些政策"缺乏好感"，甚至"敬而远之"。因此，提高居民的知识和技能，引导居民感知到践行绿色生活方式引导政策的能力，对降低政策效用错位度具有重要意义。通过举办知识竞赛、社区学习、经验分享等活动增强居民的知识和技能，提高居民践行绿色生活方式引导政策的素养。同时，政府需要对某些设施和产品进行较为翔实的解释与说明，建立明确的产品推荐目录和可操作化的指引流程。通过对特定行为的简易化和可操作化说明以促进居民践行绿色生活方式引导政策的信心与能力感知。

（三）引导居民认识到践行绿色生活方式引导政策的自主性

引导居民认识到践行绿色生活方式引导政策的自主性同样可以降低政策效用错位度。一方面，通过强化责任感和规范内化提高居民践行相关政策的主动性，进而提高个体践行绿色生活方式引导政策的体验效用；另一方面，提高居民践行绿色生活方式引导政策的选择权，如对履行政策的方式、手段等权限进行适当下放，通过网上办事大厅拓展政务办理渠道，增强居民的自主性。此外，还可以将并行政策进行组合，通过设置多样化的政策套餐赋予目标群体更多的自主性，使居民可以根据自身需求选择最符合现实情境的激励政策。

（四）引导居民认识到践行绿色生活方式引导政策的影响力

实证研究表明，影响力感知对绿色生活方式引导政策体验效用具有积极的促进作用。深度访谈发现，居民感知的影响力越大，绿色生活方式引导政策体验效用就越高。进一步地，影响力感知越强烈，政策效用错位度越小。因此，需要采取必要的措施引导居民认识到践行绿色生活方式引导政策的影响力。首先，可以通过官方网站、媒体平台、社区宣传栏等多个渠道展示不同政策干预时期内居民生活环境和生活品质的变化，通过前后对比引导居民认识到践行绿色生活方式引导政策为自己生活环境带来的切实变化，激发居民对践行绿色生活方式引导政策的认同感。其次，通过对先进个人、先进集体、模范先锋的表彰和宣传，形成榜样的力量和先进人物的权威性，使居民意识到践行绿色生活方式引导政策可以赢得社会的尊重和认同。最后，相关部门应该积极回应居民的环境关切，采纳切实可行的建议并给予表彰和适当的经济奖励。

第三节　助推型政策

调节效应检验结果显示，社会互动、政策推行程度和政策实施成本等因素能够显著调节心理授权感知与绿色生活方式引导政策体验效用之间的关系。这意味着社会互动和政策因素对绿色生活方式引导政策体验效用具有显著的推动作用。进一步地，根据政策效用错位度的概念内涵，可以判定上述因素在政策效用错位中同样发挥着显著的助推作用。因此，本书基于社会互动和政策因素视角提出了治理政策效用错位的助推型政策，包括搭建互动平台，促进居民交互程度、突出社会互动的知识和功能属性、确保互动主体的可信度、加强信息干预，发挥正面信息的激励作用、加强绿色生活方式引导政策的普及、促进绿色生活方式引导政策的高效执行、多渠道降低实施政策的货币成本、完善配套设施以减少践行政策的非货币成本。

（一）搭建互动平台，促进居民交互程度

前文研究发现，社会互动结构特征对心理授权感知作用于绿色生活方式引导政策体验效用具有正向调节作用。此外，仿真结果表明，随着结构特征的增强，政策效用错位度呈显著的下降趋势。因此，有必要搭建互动平台，提高居民的交互程度以达到降低政策效用错位度的目的。具体地，可以建立专业的互动平台或交流群，鼓励居民向周围的人分享绿色生活方式引导政策的知识、技能以及践行政策的体会、收获。特别地，对参与积极性较高的城市居民应该给予适当的精神和物质奖励，以提高成员的参与度。此外，应设立

专门机构并配备专业人员定期对互动平台进行维护和更新，管理员也可就某些与绿色生活方式引导政策相关的热点话题与成员展开讨论，以此提高居民的交互程度。

（二）突出社会互动的知识和功能属性

实证研究发现，社会互动的功能特征在心理授权感知作用于绿色生活方式引导政策体验效用的路径中具有正向调节效应。根据政策效用错位度的内涵和测算模型，可以判定社会互动功能特征可以有效地降低政策效用错位度。因此，应该对目标群体间的社会互动进行管理，突出社会互动的知识和功能属性。具体而言，在官方或者专业的互动平台设置固定的点评格式或者评论框架指导居民发表高质量的互动信息，如需要居民提供已掌握的政策知识和日常生活中践行绿色生活方式引导政策的经验和技巧，这些具有知识和功能属性的互动信息将为其他居民评估绿色生活方式引导政策体验效用提供有力的支撑，为降低政策效用错位度提供新思路。

（三）确保互动主体的可信度

深度访谈发现，居民倾向于向熟悉的人询问意见；实证结果表明，社会互动关系特征在心理授权感知作用于绿色生活方式引导政策体验效用的路径中起到正向调节作用。即互动成员间信任程度越高、绿色生活方式引导政策体验效用越高，政策效用错位度越低。因此，有必要采取一定措施保证互动主体的可信度，增加目标群体间的信任程度。一方面，开设特定热线允许居民举报谣言和散布虚假信息的个人或单位，并责成专门机构对居民的举报进行一一排查，将调查结果和处理意见及时向社会公布；另一方面，允许居民对互动平台和交流群内的信息进行可靠性打分，对可靠性低甚至虚假的互动信息及时处理。此外，应该发挥专家、网络达人等权威人士的作用，通过他们的倡导和主张增强居民对互动信息的信任程度。

（四）加强信息干预，发挥正面信息的激励作用

量化分析结果显示，社会互动信息特征可以显著调节心理授权

感知与绿色生活方式引导政策体验效用的作用关系。即社会互动时涉及绿色生活方式引导政策的频率越高、信息越正面，体验效用越高。由此可见，信息强度和信息方向可以有效地调节政策效用错位度。因此，应该通过技术创新与平台协同，加强绿色生活方式引导政策互动信息的干预。例如，开发手机 APP 或者车载软件提高信息的可获得性。同时，重点关注正面信息对降低政策效用错位度的激励作用。把践行者的实施心得、心理感受、评价等方面的互动信息充分地展示给城市居民。可以在政府公共网站、社区宣传栏上开辟专门用于评价绿色生活方式引导政策、共享信息、介绍采纳心得和抒发心理感受的空间，并对积极践行绿色生活方式引导政策的居民提供适当的精神和物质激励。

（五）加强绿色生活方式引导政策的普及

前文分析可知，政策普及程度在心理授权感知作用于绿色生活方式引导政策体验效用的路径中具有正向调节效应。仿真结果证实，随着政策普及程度的提高，政策效用错位度可以显著下降。可见，加强绿色生活方式引导政策的普及对降低政策效用错位度具有重要意义。首先，通过集中宣讲、媒体宣传、入户讲解等多种途径，结合实际情况，有针对性地解读绿色生活方式引导政策的出台背景、意图、亮点和具体措施，让公众对引导政策有明确的认识。其次，创新政策普及方式，采取多样化形式向居民进行多层面的政策知识普及和教育。尤其对学历水平较低或年龄较大的居民，应该针对具体政策采取更加直观、具体的方式加以宣传。最后，应该综合运用传统媒体和新兴媒体，通过多种渠道加强绿色生活方式引导政策的宣传与普及。

（六）促进绿色生活方式引导政策的高效执行

深度访谈发现，政策的执行和落实程度对绿色生活方式引导政策体验效用具有重要影响。实证分析结果显示，政策执行效度对心理授权感知作用于绿色生活方式引导政策体验效用的路径具有显著的正向调节效应；仿真研究发现随着政策执行效度的提高，政策效用错位度呈显著的下降趋势。因此，促进绿色生活方式引导政策的高效执行是降低政策效用错位度的有效途径之一。一方面，对政策经办人员开展模块化专题培训，确保工作人员明晰政策要点，掌握业务流程；另一方面，加强对政策执行部门或机构的监管与追踪，最大限度地保证政策目标和政策意图的落实。此外，应该打破传统政务办理模式，拓展业务办理渠道。如建设网上办事大厅，通过人机对接、跨部门网上办理，提高公众办理业务的便捷性与效率，促进政策制定者与目标群体的信息共享与互动。

（七）多渠道降低实施政策的货币成本

前文分析表明，货币成本会抑制心理授权感知与绿色生活方式引导政策体验效用之间的关系，仿真结果也表明践行绿色生活方式引导政策的货币成本越高，绿色生活方式引导政策的效用错位度越大。因此，应该多渠道降低实施政策的货币成本，以减少政策效用错位度。一方面，设立专项基金，对有突出贡献的个人和集体给予适当的经济奖励。也可以采用绿色信贷、绿色保险、财政激励及以生态补偿为目的的财政转移支付手段用于奖励主动践行或致力于绿色生活方式引导政策宣传的参与者；另一方面，通过科技创新和集约型发展，开发更多品质优良、价格合理的创新型产品和服务，也可以通过财政补贴对涉及生活领域的环保产品进行适当的价格倾斜或者对特定产品进行精准补贴，降低居民践行绿色生活方式引导政策的经济付出。通过建立科学的奖励和补贴措施，使居民达成践行绿色生活方式引导政策能够带来高价值收益的共识，提高绿色生活方式引导政策体验效用。

（八）完善配套设施，减少践行政策的非货币成本

深度访谈发现，超过半数的居民表示践行绿色生活方式引导政策太麻烦、浪费时间、不方便；实证分析结果显示非货币成本会抑制心理授权感知与绿色生活方式引导政策体验效用之间的关系，仿真结果证实践行绿色生活方式引导政策的非货币成本越高，政策效用错位度越高；多主体仿真结果显示，即使居民的错位容忍系数达

到 2 甚至 4，在低感知便利性情境下践行绿色生活方式引导政策的居民数量依然不会超过 1/3。因此，完善配套设施，减少居民践行政策的非货币成本是降低政策效用错位度的有效方法之一。应进一步完善城市基础设施，为城市居民践行绿色生活方式引导政策提供充足的硬件条件。同时，借助大数据、互联网和信息化系统积极推动智慧城市和智慧生活建设，搭建具有系统、精准、易控、实时的线上服务平台，推动线上线下融合，减少难易程度、便捷性、耗时性等成本约束条件造成的政策效用错位。此外，管理者可以从长远发展的视角设计智慧型、友好式城市空间布局，合理规划住宅区、工业区、生活区，为减少不必要的时间和便利性成本提供基础支撑。

第四节　靶向型政策

实证研究发现，绿色生活方式引导政策体验效用受到性别、年龄、婚姻状况、受教育水平、收入、家庭成员数和所在省市的影响，且绿色生活方式引导政策体验效用最低的城市居民群体具有如下特征：性别为男性、年龄在 31—40 岁、婚姻状况为离异、学历水平为初中及以下、月收入为 2000 元以下、家庭成员数为 1—2 人、所在地区为河北省。根据政策效用错位的概念，可以认为具有上述人口特征的城市居民绿色生活方式引导政策的效用错位度最高。本书针对上述群体进行靶向引导，并提出了治理绿色生活方式引导政策效用错位的靶向型政策。首先，通过调查问卷、实地访谈等方式了解上述居民践行绿色生活方式引导政策的障碍点，分析政策效用错位高的原因；其次，通过专业人士对其开展靶向型教育和培训，设置定制化信息对行为进行靶向干预；最后，对上述人群进行建档，责成专门部门和人员对其开展长期追踪，确保他们的绿色生活方式引导政策效用错位度降低至平均水平甚至消除效用错位。

第五节　内促型政策

量化分析结果显示，绿色生活方式引导政策体验效用在五个维度上的测量均值具有显著差异性，由高到低依次为绿色体验效用（均值为3.87）、社会体验效用（均值为3.21）、情感体验效用（均值为3.15）、功能体验效用（均值为2.93）和成本体验效用（均值为2.76）。可知，绿色体验效用最高，社会体验效用和情感体验效用处于中等水平，而功能体验效用和成本体验效用较低。针对上述研究结论，本书提出治理绿色生活方式引导政策效用错位的内促型政策，主要包括环保价值渗透策略、社会认同强化策略、积极情感激发策略和环保价值巩固策略。

（一）环保价值渗透策略

实证结果显示，绿色生活方式引导政策的绿色体验效用远远高于功能体验效用和成本体验效用，因此，可以通过环保价值的渗透循序渐进地提高绿色生活方式引导政策的功能体验效用和成本体验效用，以达到降低政策效用错位度的目标。一方面，加大对绿色生活方式引导政策的普及和宣传，重点突出践行引导政策的环保价值，尤其强调对生活环境、空气污染等与城市居民切身相关领域的环保价值，以增强居民的共鸣感；另一方面，建设学校、家庭、社会三位一体的教育机制，形成学校渗透、家庭示范和社会激励的良性循环，提高社会成员对践行绿色生活方式引导政策的责任感及其产生环保价值的认同感。通过环保价值的持续渗透，弱化居民对功能体验效用的过度关注，提高居民为践行绿色生活方式引导政策的支付意愿，最终有效地降低政策效用错位度。

（二）社会认同强化策略

前文分析可知，绿色生活方式引导政策的社会体验效用高于功能体验效用和成本体验效用。深度访谈发现，不少居民表示践行绿色生活方式引导政策可以赢得同事、领导等其他社会成员的尊重和赞扬，极大地提高了绿色生活方式引导政策体验效用。由此可见，社会认同强化是提高功能体验效用、成本体验效用乃至体验效用的有效途径。具体地，加强对标杆人物、示范社区和榜样集体的表彰，扩大对先进事迹的宣传，提高对践行绿色生活方式引导政策先进者的肯定和认同。同时，对积极践行绿色生活方式引导政策的居民进行适当的精神和物质奖励，着重突出精神奖励。此外，加强精神文明和核心价值观建设，形成人人尊先进、人人争先进的社会风尚。通过社会认同强化，转移居民对功能体验效用和成本体验效用的关注，达到降低政策效用错位度的目的。

（三）积极情感激发策略

绿色生活方式引导政策的情感体验效用高于功能体验效用和成本体验效用，为提高体验效用和降低政策效用错位度提供了新思路。首先，创新绿色生活方式引导政策的宣传方式，运用故事、漫画和视频等具有趣味性的形式进行宣传，通过心灵震撼潜移默化地培养公众的绿色情感。其次，注重对践行绿色生活方式引导政策情感体验的宣传，例如骑自行车或步行不仅可以欣赏风景还可以愉悦心情，通过积极情感激发公众对绿色生活方式引导政策的卷入度和联结度。最后，加强情感教育，树立居民的生态荣誉感，培养生态理智型公民。

（四）环保价值巩固策略

尽管居民对绿色生活方式引导政策的社会体验效用和情感体验效用高于功能体验效用和成本体验效用，但相较于绿色体验效用，还需要进一步改善和提高。因此，本书提出环保价值巩固策略，通过绿色体验效用进一步巩固和增强绿色生活方式引导政策的社会体验效用和情感体验效用。具体地，组织环保体验、环保实践等社会活动提升公众对践行绿色生活方式引导政策的认同感和积极情感。一方面，居民在实践活动中会产生互动、接纳和赞许，一系列的行为和心理体验会在无意中增强居民间的社会认同，提高践行者的社会体验效用；另一方面，通过亲身体验和实践，达到"触景生情"的效果，提高居民的卷入度和心理承诺，提升居民践行绿色生活方式引导政策的积极情感。

第六节　滋养型政策

本书构建了包括政策力度、政策目标、政策措施和政策反馈的四维评估模型以实现对绿色生活方式引导政策决策效用的测算。基于上述四个维度，本书提出治理政策效用错位的滋养型政策，主要包括平衡政策力度与参与度的关系、增强政策目标的契合度与认同感、提高政策措施选择的合理性与科学性、借力政策反馈强化合作与监管。

（一）平衡政策力度与参与度的关系

由前文分析可知，政策力度可以影响绿色生活方式引导政策的决策效用，继而影响政策效用错位度。一般情况下，力度高的政策权威性更高，目标群体的参与度相对较低，而力度低的政策虽然权威性有所降低，但与目标群体的联结性更强，参与度更高。因此，本书提出平衡政策力度与参与度的关系已达到降低政策效用错位度的目的。一方面，应结合国家、地区的发展实际，科学地确定政策力度，保持政策应有的权威性；另一方面，转变自上而下的管理理念，肯定并发挥公众参与的价值，通过民主观念的增强和权利意识的觉醒降低居民的政策效用错位度。

（二）增强政策目标的契合度与认同感

政策目标是政府在制定绿色生活方式引导政策时预期达到的目的和效果。深度访谈发现，一部分居民对政策的目标缺乏清晰的认识，甚至对某些政策目标缺乏认同感，认为践行绿色生活方式引导政策与个人利益目标相违背。实证结果显示，政策目标是影响决策效用的重要因素，影响权重仅次于政策措施。因此，应该关注政策目标对效用错位度的影响，通过增强政策目标的契合度与认同感达到减缓政策效用错位的目的。具体地，实现政策目标的量化，通过多种形式加强对政策目标的解读，提高居民对政策目标的认知。同时，通过入户调查倾听目标群体的心声，了解居民的真实需求，通过建立个体目标和集体目标的精准配对提高政策目标的契合度，通过强调利益的相融性和目标的一致性增强政策目标的认同感。此外，引导目标群体建立客观的社会期待，转变目标群体对绿色生活方式引导政策有关目标的消极态度，呼吁居民建立大局观和集体意识。

（三）提高政策措施选择的合理性与科学性

在四个维度中，政策措施对决策效用的影响权重最大，是造成政策效用错位的关键因素。因此，制定者应该关注政策措施选择的合理性与科学性，通过科学决策降低政策效用错位度。首先，通过实地访谈，并结合地区发展的实际情况选择合理的、科学的政策措施。其次，注重政策措施选择的多样性，通过不同类型政策措施的组合，减少或消除由于个别措施选择不当对政策效用错位度可能产生的负面影响。再次，发布政策措施时应尽量的具体化和可操作化，形成明确的操作流程或管理规范。最后，建立政策措施落实过程的追踪与检测，根据政策措施的落实情况及时调整与优化。通过对政策措施决策和实施的全过程管控，提高决策效用的落实程度，已达到降低政策效用错位度的目的。

（四）借力政策反馈强化合作与监管

政策反馈是影响决策效用的重要因素，也是降低绿色生活方式引导政策效用错位度的有效途径之一。政策反馈不仅是对政策目标和政策措施落实情况的动态追踪，也是对政策执行机构以及企业进行合作优化、监督管理的有效途径。借助政策反馈环节，对政策执行部门和机构进行定期地调整和优化，加强部门间的合作与联动，降低跨级别、跨部门的执行制度对决策效用的削减。此外，通过普查、书面反馈、网络反馈、媒体监测、标杆比较等多种反馈方式加强对执行部门以及企业的监管，减少由执行部门和企业的自利倾向造成的决策效用衰减。总之，通过政策反馈优化执行部门和机构间的合作，强化对执行机构以及企业的监管，通过控制决策效用的衰减达到降低政策效用错位度的目标。

第九章

研究结论与展望

　　本书在界定决策效用和体验效用的基础上，首先提出了政策效用错位的概念并解析了政策效用错位的内涵，分析了政策效用错位的产生原因和形成机制，构建了政策效用错位度的测算模型，解析了政策效用错位度的基本属性并设计了政策效用错位度的测量流程。其次，提出决策效用的四维评估框架并构造了测算模型。在梳理中国绿色生活方式引导政策的基础上，对1991—2019年绿色生活方式引导政策决策效用进行了测算。进一步地分析了绿色生活方式引导政策体验效用的维度、影响因素及其作用机制，构建了包括社会互动的绿色生活方式引导政策体验效用影响机制理论模型，并提出了研究假设。再次，设计并开发了相关变量的测量量表，通过预调研和正式调研进行数据收集，完成了对绿色生活方式引导政策体验效用的测量。接着，描述了中国绿色生活方式引导政策体验效用的现状与差异性，实证分析了绿色生活方式引导政策体验效用与其影响因素的关系，对前文构建的绿色生活方式引导政策体验效用影响机理理论模型进行检验与修正。在此基础上，计算了中国绿色生活方式引导政策的效用错位度，并对情境干预下绿色生活方式引导政策的效用错位度进行了计算机仿真。此外，通过多主体仿真，模拟了社会互动互动情境下，错位容忍系数和感知便利性对城市居民践行绿色生活方式引导政策群体决策的影响。最后，提出了绿色生活方式引导政策效用错位的治理策略。

第一节　研究结论

一　关于绿色生活方式引导政策效用错位理论框架的研究结论

1. 剖析了政策效用错位的内涵，发现政策本身、执行机构、目标群体、企业和社会环境是导致政策效用错位的五大关键因素。具体地，前瞻性缺失、功能不完善等内在限制性因素消融了绿色生活方式引导政策对目标群体的吸引力；执行机构缺乏合作共治机制、监管不力、自主性低等因素导致决策效用逐级递减；目标群体的短视性与自利性导致了体验效用不高；企业沦为政策执行的"街头官僚"加剧了政策效用错位；重物质消费轻政治参与的社会环境为绿色生活方式引导政策效用错位的产生提供了温床。

2. 解析了政策效用错位的形成机制，发现多层级的政策执行制度成为政策效用错位的组织基础；中央政府对地方政府和相关企业监管和惩戒措施的缺位提供了政策效用错位的现实可能性；地方政府、企业和目标群体追逐自身利益最大化诱发了政策效用错位的主观动机。

3. 构建了政策效用错位度模型，提出了政策效用错位度的测量流程，发现了政策效用错位度异质性、非负性、对象性和内隐性四个基本属性。

二　关于绿色生活方式引导政策决策效用的研究结论

1. 设计决策效用四维评估模型，采用模糊粗糙集方法，通过计算发现四个维度对决策效用的影响具有显著的差异性，影响权重由高到低依次为政策措施（0.304）、政策目标（0.292）、政策反馈（0.218）和政策力度（0.186）。

2. 利用四维评估模型计算了1991—2019年中国绿色生活方式

引导政策决策效用，发现中国绿色生活方式引导政策决策效用呈显著增加趋势。其中，在 2019 年，绿色生活方式引导政策决策效用最高，为 3.79。

三 关于绿色生活方式引导政策体验效用的研究结论

1. 通过质性研究，发现绿色生活方式引导政策体验效用是非线性、多维度、立体化的概念框架，包括功能体验效用、成本体验效用、社会体验效用、情感体验效用和绿色体验效用五个维度。

2. 解析社会互动对绿色生活方式引导政策体验效用的影响作用，发现社会互动通过结构特征、功能特征、关系特征和信息特征四个维度影响目标群体的体验效用。其中，结构特征包含网络密度和互动强度两个维度，功能特征包括政策知识和行为技能两个维度，关系特征通过信任发挥作用，信息特征包括信息强度和信息方向两维度。

3. 开发调查问卷，利用 Likert 5 分等级量表测量绿色生活方式引导政策体验效用，发现绿色生活方式引导政策体验效用的均值为 3.18，并且在五个维度上的测量均值具有显著的差异性，由高到低依次为绿色体验效用（均值为 3.87）、社会体验效用（均值为 3.21）、情感体验效用（均值为 3.15）、功能体验效用（均值为 2.93）和成本体验效用（均值为 2.76）。

4. 绿色生活方式引导政策体验效用的影响因素包含个体因素、群体因素、心理授权感知、社会互动、政策推行程度、政策实施成本、人口统计学变量共 7 类范畴。绿色生活方式引导政策体验效用与主范畴之间存在 5 种典型关系结构，分别为：①绿色生活方式引导政策体验效用在人口统计学变量上存在差异性；②个体因素和群体因素直接作用于绿色生活方式引导政策体验效用；③个体因素和群体因素通过心理授权感知作用于绿色生活方式引导政策体验效用；④绿色生活方式引导政策体验效用反作用于心理授权感知；⑤社会互动、政策推行程度和政策实施成本因素能够调节绿色生活方式引导政策体验效用。

四　关于绿色生活方式引导政策效用错位度的研究结论

1. 基于政策效用错位度模型计算了政策效用错位度，发现中国绿色生活方式引导政策存在显著的效用错位，政策效用错位度在波动中呈增强态势，近三年在 0.50—0.60。

2. 设计计算机仿真实验，发现绿色生活方式引导政策效用错位度受到发送方选择方式的影响。具体地，在随机关系网络、强关系网络和弱关系网络中，错位优先方式下居民的政策效用错位度低于随机选择与关系优先方式，关系优先方式下政策效用错位度的均衡性优于随机选择与错位优先方式，随机选择方式下政策效用错位度最高，均衡性最差。

3. 基于计算机仿真，发现绿色生活方式引导政策效用错位度受到社会互动、政策推行程度和政策实施成本因素的影响。其中，社会互动和政策推行程度对政策效用错位度及其均衡性具有正向促进作用，政策实施成本对政策效用错位度及其均衡性具有负向抑制作用。

4. 实施多主体仿真实验，发现错位容忍系数和感知便利性显著促进城市居民践行绿色生活方式引导政策，表现为错位容忍系数和感知便利性越高、群体中践行绿色生活方式引导政策的人数越多，群体决策波动越小，群体达到决策稳定状态的周期越短。

5. 通过多主体仿真实验，发现随着感知便利性的降低，错位容忍系数对城市居民践行绿色生活方式引导政策群体决策的影响逐渐减少，即错位容忍系数在低感知便利性情境中呈"钝化"现象。

第二节　主要创新点

本书的主要创新点如下：

1. 建构绿色生活方式引导政策效用错位理论框架。提出政策效用错位的概念，厘清产生政策效用错位的五大关键因素，发现形成政策效用错位的组织基础、现实可能性和主观动机，挖掘效用错位度的异质性、非负性、对象性和内隐性四大基本属性，是对决策理论与效用理论的重要发展与突破，为政策制定与政策评估提供关键性的理论支撑。

2. 构建具有可测量特征的政策效用错位度模型。将政策制定者和目标群体纳入同一测量框架，开发决策效用的四维评估模型和体验效用的测量量表，发现决策效用各维度影响权重的差异性，验证体验效用测量量表的有效性，促进了文本分析与质性研究在政策效用评估领域的实践应用，为相关政策的制定提供关键性、基础性的方法论支持。

3. 厘清绿色生活方式引导政策体验效用的核心影响因素及作用机制。发现、界定并验证社会互动的概念结构，区分并发现了包括阶层认同、自主学习能力、偏好、象征价值关注度、专业知识水平等新变量对体验效用的影响机制，推动了社会互动理论在行为决策、行为干预方面的管理应用，为体验效用的研究提供崭新视角。

4. 构建政策效用错位的互动仿真系统。基于计算机仿真平台，探索并验证关系强度和社会互动等因素对政策效用错位的干预效果，发现错位容忍系数和感知便利性对异质性个体践行绿色生活方式引导政策的作用规律，是对群体决策仿真研究的重要创新，为政策效用错位度干预及绿色生活方式引导提供崭新的研究思路与实践指引。

第三节　研究局限与展望

一　研究局限

基于理论研究、质性研究、实证研究和仿真研究等多种研究方法，本书对效用错位视角下绿色生活方式引导政策及仿真进行了细致、全面的定性和定量研究，得到了很多有价值的结论。但是，由于受到诸多因素的限制仍然存在一定的局限制，主要包括以下两个方面：

1. 体验效用影响因素探索与变量度量的局限性

绿色生活方式引导政策体验效用是一种较为复杂的心理反应，受到诸多因素的综合影响。在参考行为决策理论、效用理论与相关文献的基础上，本书采用定性与定量相结合的方法进行影响因素探索与量表开发，尽管量表的有效性与变量之间的影响机制得到了实证验证，但是仍然无法避免研究者主观性对结果的影响。此外，也无法完全确保所有影响因素均纳入了理论模型之中。因此，体验效用影响因素与变量度量存在一定的局限性。

2. 调查样本的局限性

本书采用网络问卷和纸质问卷方式回收了 3257 份有效问卷，所选样本不仅满足所用统计研究方法对样本的基本要求，而且对中国东部地区的城市居民具有较好的代表性。然而，考虑到中国幅员辽阔且区域发展不均衡的现实背景，基于东部地区城市居民的调查并不能完全刻画中国所有城市居民对绿色生活方式引导政策体验效用的现状。所以，本书的调查样本在地区分布上存在一定的局限性。

3. 体验效用动态追踪的局限性

在开发和验证量表后，本书采用调查问卷方法测量目标群体对绿色生活方式引导政策的体验效用，虽实现了体验效用的定量化研究，但忽略了体验效用的动态性。由于体验效用受到决策情境、历史信息、风险偏好等诸多复杂因素的影响，因此体验效用在时空线索上具有不可忽视的动态性。所以，本书在体验效用动态追踪方面具有局限性。

二　未来研究展望

针对研究的局限性，结合本书实施过程中产生的想法和体会，本书对未来研究提出以下两方面展望。

1. 完善体验效用影响因素的探索与变量度量

针对体验效用影响因素的探索与变量度量的局限性，未来研究可以借助行为经济学、社会心理学和实验经济学等学科的研究方法，不断完善体验效用影响因素的探索和变量的度量。

2. 完善调查样本的收集

考虑到调查样本的局限性，未来研究可以进一步扩大调研范围，从东部地区延伸到中部、西部和东北地区。此外，可以通过增加调查样本的数量以提高研究结论的可靠性和普适性。

3. 加强体验效用动态化追踪

针对体验效用动态追踪的局限性，未来研究可以整合调查问卷法和神经生物学等学科方法，不断加强体验效用动态化测量，如脑电实验法、生物反馈实验法、核磁共振成像技术、眼动实验法等。

附录 1

开放式访谈的受访者资料

序号	受访者	性别	年龄（岁）	职业	学历	所在地	访谈方式	访谈时间
R01	李先生	男	35	大学教师	博士	江苏	面对面	2019.07
R02	刘小姐	女	32	公司行政人员	硕士	上海	面对面	2019.07
R03	魏先生	男	47	大学教师	硕士	江苏	网络访谈	2019.07
R04	富小姐	女	27	公务员	硕士	北京	网络访谈	2019.07
R05	孙小姐	女	26	硕士生	本科	江苏	面对面	2019.07
R06	马小姐	女	35	银行职员	硕士	浙江	网络访谈	2019.07
R07	马先生	男	39	公司总经理	硕士	广东	网络访谈	2019.07
R08	张女士	女	46	公司会计师	博士	北京	网络访谈	2019.07
R09	吴先生	男	31	建筑工程师	本科	江苏	网络访谈	2019.07
R10	潘小姐	女	52	个体户业主	大专	江苏	面对面	2019.08
R11	陈小姐	女	32	公司行政人员	硕士	上海	网络访谈	2019.08
R12	刘先生	男	34	机械工程师	本科	广东	网络访谈	2019.08
R13	吴女士	女	46	大学教师	博士	江苏	面对面	2019.08
R14	藤小姐	女	32	中学教师	本科	江苏	面对面	2019.08
R15	韩小姐	女	36	大学教师	博士	上海	网络访谈	2019.08
R16	朱先生	男	48	销售经理	本科	北京	网络访谈	2019.08
R17	胡先生	男	39	银行经理	博士	北京	网络访谈	2019.08
R18	杨女士	女	27	博士生	硕士	江苏	面对面	2019.08
R19	孔小姐	女	34	辅导员	本科	广东	网络访谈	2019.08
R20	王先生	男	53	个体户业主	大专	江苏	面对面	2019.08
R21	黄先生	男	33	机械工程师	大专	浙江	网络访谈	2019.08

续表

序号	受访者	性别	年龄（岁）	职业	学历	所在地	访谈方式	访谈时间
R22	谢小姐	女	38	医院护士	本科	上海	面对面	2019.08
R23	冷先生	男	45	公交司机	大专	江苏	面对面	2019.08
R24	崔小姐	女	29	大学财务人员	硕士	浙江	网络访谈	2019.08
R25	董先生	男	37	软件工程师	本科	江苏	网络访谈	2019.08
R26	罗先生	男	42	科研人员	博士	北京	网络访谈	2019.08
R27	魏小姐	女	56	家庭主妇	大专	上海	面对面	2019.08
R28	王先生	男	35	销售人员	本科	北京	面对面	2019.08
R29	彭小姐	女	33	机械设计师	本科	江苏	网络访谈	2019.08
R30	谭先生	男	36	公务员	硕士	北京	网络访谈	2019.08
R31	郑小姐	女	29	大学行政人员	硕士	江苏	面对面	2019.08
R32	陆先生	男	34	公司职员	本科	上海	网络访谈	2019.08
R33	何小姐	女	30	公司职员	大专	江苏	面对面	2019.08
R34	邢先生	男	50	机械工程师	本科	江苏	网络访谈	2019.08
R35	李女士	女	52	大学教师	博士	江苏	面对面	2019.08
R36	侯女士	女	28	博士生	本科	上海	网络访谈	2019.08

附录 2

绿色生活方式引导政策体验效用影响因素的开放式编码过程

原始资料语句（代表性语句）	范畴
R02　刚开始不知道怎么回事，后来慢慢地按照政策做，也学到了很多绿色生活的窍门。比如，怎样做能节水省电，垃圾怎样分类。这都是日常生活中难得的知识和经验	功能体验效用
R22　我觉得绿色出行引导政策可以满足我的实际需要。我每天乘地铁上下班，既不堵车，还省钱省时间	
R11　现在国家大力倡导绿色出行，我觉得就很好。如果去的地方不太远，我都是步行或骑公共自行车去，活动活动筋骨，顺便锻炼身体呗	
R23　绿色生活方式引导政策很接地气啊，这可是咱老百姓参与国家事务的好途径	
R13　其实践行绿色生活方式引导政策并不需要花费很多，比如垃圾按类分好扔到垃圾箱，少开车出行，这都是举手之劳的事情，哪需要花费什么	成本体验效用
R07　不是不想做，是太费时间了，耽误事	
R08　现在工作生活节奏这么快，压力这么大，哪有多余的体力和精力去管这些事情呢	
R27　总的来说，我觉得执行绿色生活方式引导政策还行，算是物有所值	
R24　现在都在讲环保，按照政策规定去做，大家对你的看法肯定会大大的提高	社会体验效用
R08　我觉得执行绿色生活方式引导政策还不错，能赢得其他人的赞赏	
R15　骑自行车上班多好，绿色健康的个人形象马上就显现出来了	
R29　同事、单位、周围群体的认可对我个人感受的影响还蛮大的	

原始资料语句（代表性语句）	范畴
R31　我下班后经常步行或骑公共自行车回家，可以缓解工作一天的劳累，让心情放松	情感体验效用
R14　我经常把家里的旧衣物拿出来改造，我觉得非常有意思	
R13　放慢脚步，健康饮食，按需消费是一件美好、让人享受的事情	
R34　我觉得践行绿色生活方式引导政策让人觉得很嗨，很刺激，比如骑行，比如特斯拉，想想就很开心	
R05　我们都是社会的一分子，践行绿色生活方式引导政策就是尽我们每个人的力量去改善现在的生存环境	绿色体验效用
R24　如果条件允许，我一定会积极响应国家的各项号召，为减少环境污染贡献自己的力量	
R31　如果每个人都按照政策要求去做，就会将口号化成行动，就能产生重要的环保价值	
R36　如果全社会行动起来，按照国家相关的政策规定要求自己，气候变化一定会得到控制	
R20　以前我以为节能补贴政策都是唬人的，全都买普通家电。不仅没拿到补贴，还费电。这次买空调，我吸取上次教训，直接买节能的	自主学习能力
R34　在买新能源电动汽车之前，我已经咨询了身边买过的同事。毕竟他们有经验，给我提供了不少有用的信息	
R33　以前我总觉得环保是政府的事，给我们这些老百姓颁布政策能有啥用。现在我也会想想自己是不是哪里错了，毕竟我也是社会的一分子	
R19　我有刷微博、看新闻的习惯，可以让我及时了解国家的最新动态，掌握政策动向	
R28　我是做节能产品推广工作的，我会对日常工作中涉及的节能政策进行总结和归类，不仅扩大了知识面，在关键时刻还可以帮我把产品推销出去	
R10　我觉得自己在社会地位、经济、教育多个方面处于中下层，践行绿色生活方式引导政策与我关系不大。那都是上层社会的人该做的事	阶层认同
R19　一些有文化品位的人做得挺好的，他们会很关注这些政策，比如把废旧衣物改造成好看的裙子，把易拉罐改造成各种艺术品。我们这种为生活四处奔波的人，哪有那心思和时间	
R21　我一个普通老百姓，整天为了生计四处奔波。我连绿色生活方式是啥都懒得管，更别说执行政策了。那都是上流社会的事，轮不到我们操心	

续表

原始资料语句（代表性语句）	范畴
R26　我是一个非常爱护环境的人，每次按照要求将垃圾分类投放到垃圾箱后，我感觉非常好	规范内化
R08　地球是我们共同的家，我们都是社会的一员。我觉得践行绿色生活方式引导政策是我们每一个人应该做好的事	
R04　没人监督，谁会按照政策规定做。大家都没那么自觉，没那么高尚	
R15　看到鲸鱼因为塑料污染死亡的新闻时，我的第一反应是我们没有很好地限制塑料袋使用，是我们人类害死了他们，我很愧疚	
R30　我算是积极践行绿色生活方式引导政策的人了。日常生活中，我基本上都是按照国家政策要求自己的，比如乘坐地铁上下班，垃圾分类后放进小区的垃圾箱	
R16　我承认践行绿色生活方式引导政策很重要，但是每天努力工作，不就为了过得舒服吗？舒服更重要（舒适偏好）	偏好
R24　为了执行相关政策，比如为了省电不开空调，挤公交去上班，这多不舒服，我是不会做的（舒适偏好）	
R10　与执行绿色生活方式引导政策相比，当然是舒服更重要啦（舒适偏好）	
R31　大家都是追逐利益的，如果有经济回报，我想会有很多人执行政策的（经济偏好）	
R17　我是不会买新能源电动汽车的，要去充电桩充电，电瓶用不了多久还要换，哪儿哪儿都要花钱，太费钱了（经济偏好）	
R19　我感觉践行绿色生活方式引导政策很费钱。如果能省钱，我当然愿意执行了（经济偏好）	
R35　践行绿色生活方式引导政策就是在保护环境。为了环保，我愿意履行相关政策（环保偏好）	
R13　我是一个环保人士。我践行绿色生活方式引导政策的主要目的就是通过自己的力量保护环境（环保偏好）	
R36　我挺看重绿色生活方式引导政策的环保价值。如果可以产生实质的环保价值，我有义务去践行这些政策（环保偏好）	
R09　践行绿色生活方式引导政策可以显示我很环保	象征价值关注度
R15　绿色生活很流行的。践行绿色生活方式引导政策，听起来就很时尚，很潮流	
R26　生活中的小细节可以反映一个人的素养。尤其是在公众场合，就算捡起地上垃圾这样一个行为，也是个人素质的加分项	

原始资料语句（代表性语句）	范畴
R16　大家都开车上班，我自己挤公交、挤地铁，会被人笑话的	群体压力
R30　乘公交上班时，我的同事都很费解。他们经常拿我开玩笑，买车是看的，不是开的	
R25　在公司里，大家都是把所有垃圾扔到同一个垃圾桶里。如果你多拿了几个垃圾桶用来分类，他们会说你太假	
R52　很多政府官员出去都是专车，凭啥要求我们小百姓做这做那呢	群体氛围
R22　你看那些演员明星，大牌的衣服能穿几次？哪个出门不是豪车，我们又何必瞎讲究呢	
R34　就比如去超市，大家都不拿购物袋，我一个人拿了又有什么用呢？还不如跟大家一样，跟着大部队没错	
R28　这是一个消费至上的时代。钱包鼓了，不消费，留着钱干啥用	群体消费文化
R33　现在出去吃饭，都是可着劲地点。大家都讲究排场，没人在乎浪不浪费	
R28　环保产品一般包装都比较简单，不好意思送人。大家现在都挺在意形象消费的，就连大学生也这样。大牌才是品位的象征，是不是环保的不重要	
R19　我有一个同事特爱环保，国家这些引导政策他都了解，经常给我们普及这方面的知识	专业知识水平
R13　我老公比较关注国家的这些环保政策，他总有一些独到的见解	
R35　我有个朋友在环保局上班，他可是这方面的专业人士，懂得特别多	
R30　践行这些政策非常有意义，这可是功在当代利在千秋的好事	践行意义感知
R26　履行相关政策对推动生活方式的转变是非常重要的	
R34　现在环境这么差，像雾霾，垃圾，堵车，哪一个不是和社会发展、人民生活息息相关？按照政策规定来做真的是非常必要的	
R11　垃圾分类在我们小区也试行了 3 个月了，我也积累了很多经验，总结了很多窍门。我是可以坚持做下去的	自我效能感知
R18　说实话，执行这些政策更多的是态度而不是技巧问题。只要态度端正，就可以做好。我对自己很有信心	
R23　现在社会越来越文明，人的素质也越来越高。在公众场合，看到不适宜的行为，上前劝解的话，我觉得他们会听的	

续表

原始资料语句（代表性语句）	范畴
R35　国家政策都是粗线条的，我们可以根据自己的习惯、生活需要自主地决定执行政策的方式	
R30　在劝解他人这个事情上，我还是很自由地。我可以当面指出，也可以向居委会或者公司相关负责人反映	自主性感知
R33　我是一位公民，看到违反绿色生活引导政策的人或单位，我是有权利决定要不要举报的	
R26　说白了，践行绿色生活方式引导政策就是在环保。我相信只要大家都尽力，一定可以改善生存环境，推动中国环保事业的发展	
R26　我觉得我有能力带动家人、亲戚、朋友一起践行绿色生活方式引导政策	影响力感知
R21　我觉得个人的力量太微弱了。我们可以给相关部门提供建议，但是多数情况下他们是不会回应的	
R17　我们小区对这类政策的宣传还是蛮多的，也引起了大家的重视。尤其是垃圾分类政策刚试行的那段时间，每次我下楼扔垃圾，路上都会有很多人与我讨论（网络密度）	结构特征
原始资料语句（代表性语句）	范畴
R22　说到垃圾分类政策，刚试行的时候我还是很蒙的，不知道如何下手。还好，不少邻居、同事给我分享了好多小诀窍，既简单又好记。真的很受用（网络密度）	
R35　我那个在环保局上班的好朋友，就像是职业病一样，经常与我讨论这类政策（网络密度）	
R04　在考虑买新能源电动汽车时，自己对优惠政策的了解并不是很多。下班后，包括周末，一有时间就上网查找各类车型的优惠标准，也咨询了朋友和销售人员。真的是花足了时间，下足了功夫（互动强度）	
R23　现在网络越来越发达，沟通方式越来越多样化。我经常通过视频、图片、文字、语音与朋友讨论（互动强度）	
R26　我的研究方向是环保政策，所以我经常与同事、圈里的好友讨论这些政策。大家对这个话题还是蛮感兴趣的。我们差不多半个月会定期沟通，交换各自的想法（互动强度）	

原始资料语句（代表性语句）	范畴
R09 这种讨论还是很有收获的。至少我对绿色生活方式引导政策更加了解了。不像以前，啥都模模糊糊的（政策知识）	功能特征
R13 学到了不少知识（政策知识）	
R04 我以前很少关注这些，咨询新能源电动汽车销售人员后，有很多意外的收获。不仅了解了各类车的性能，对中国电车汽车的各类政策也很清楚了。感觉自己的知识提高了（政策知识）	
R25 清楚要做什么之后，方法就很重要了。群体小范围的讨论，无疑是获取有效方法的重要途径（行为技能）	
R22 开始的时候我觉得垃圾分类好难，简直崩溃了。过来社区入户现场示范，周围邻居们也经常相互讨论，我觉得垃圾分类也不是那么难了（行为技能）	
R14 践行绿色生活方式有时候需要技巧。而且这种技巧是在生活中通过经验的积累得到的。我觉得技巧是需要分享、推广的（行为技能）	
R04 我在买电动汽车的时候咨询了他很多问题，我很信任他，我相信他不会因为我对政策的不了解就坑我，为自己赚取更多的提成	关系特征
R27 当时我们两家都想买车，综合考虑了车型、价格和政策优惠以后，我们决定都买北汽的新能源电动车。这是我们讨论以后形成的一致决定，后来我们两家都履行了承诺，买了一样的车	
R15 我们都是老实人，当然会诚实地回答对方的问题	
R16 我是新能源汽车的销售人员，有购车意向的顾客来咨询我优惠政策时，我可以保证我提供信息的真实性与正确性。传递错误、虚假信息就是在砸自己的饭碗	
R03 没有什么好欺骗的，就是信息的共享	
R24 大家对环保、绿色生活、低碳行动都还是蛮关注的。我们小区的业主群里，我经常看到别人分享的这类政策信息（信息强度）	信息特征
R19 绿色生活毕竟就在我们身边，与我们每天的生活、工作息息相关。我在刷微博或朋友圈动态时，经常能看到与这类引导政策相关的视频、图片（信息强度）	
R32 政策还是没有深入现实生活中。日常对话中，很少涉及这个方面。谁会抛出这个话题，人家会觉得你很神经（信息强度）	
R18 正面的偏多吧，大家还是挺支持这些政策的（信息方向）	
R27 有时候会听到周围的人抱怨几句，但坚持一段时间以后，看到小区的环境变好了，正面的声音明显多了起来（信息方向）	

续表

原始资料语句（代表性语句）	范畴
R36　其实，我也不是很清楚哪些是绿色生活方式引导政策，涉及哪些方面。最近上海开始实施垃圾分类政策，我对这个有点了解。其他的不是很清楚	
R30　现在的政策宣传还不是很到位。大多时候就是海报一贴或者宣传栏一放，就完事了。没有针对具体的人群，也没有详细的政策解读。人们不会主动了解、学习这些政策。还是要考虑宣传的方式，增加区分度	政策普及程度
R15　我觉得这类政策的宣传有广而告之的意思。就是大范围撒网，但不考虑收网时的效果。我很少刻意地去看这些政策宣传，也没有从中学到啥	
R04　最迫切的事还是要加强宣传。大家都不知道什么是绿色生活方式引导政策，更不用谈如何践行政策了	
R20　政策的出发点是好的，但是一级一级执行下来，总会打折，总会变味。有些优惠政策，到我们百姓手里几乎就没了	
R23　政策的执行力度还是不够。不能流于形式，更要注重实践	
R02　说实话，国家确实出台了很多引导政策。但是效果并不明显。绿色生活更多的是观念上的认同，但是现实中，还是怎么方便怎么来，怎么省钱怎么做	政策执行效度
R17　再好的政策也要看落实的情况，否则就会变成一纸空文	
R25　生活领域的政策，大多是行动指南和指导意见。约束力太小了。必须要制定法律，这样才有效力	
R28　如果完全按照政策规定来，那太费钱了。比如绿色产品，比普通产品贵的太多。偶尔买一次还可以，经常买，哪里负担得起	
R20　我这次买车，考虑再三还是买了燃油汽车。首先新能源电车比燃油汽车要贵，其次电瓶也是问题。两年换一次电瓶，成本太高了	货币成本
R16　我觉得购买节能冰箱并不能省钱。虽然都说节能冰箱省电，但是买的时候价格就高啊。再说了，谁知道能用多少年，说不定省得电费钱还不够买的时候多付的钱呢	
R29　你就说这个垃圾分类吧。首先家里要放很多垃圾桶，还要按照类别放置。大的垃圾也就罢了，有一些碎的骨头什么的，根本不好分类。而且小区里的垃圾桶是定时开放的，这样折腾来折腾去的，太麻烦了	
R28　我平时上班都是开车去的，40多分钟。如果坐地铁的话，要换乘3次，还要坐一段公交车。再加上等车的时间，得要一个半小时，太浪费时间了	非货币成本
R35　不想穿的旧衣服往垃圾箱一扔就完事了，多方便。现在生活条件好了，谁还会拿一件衣服来来回回地改呢	

原始资料语句（代表性语句）	范畴
R20　像垃圾分类、公交出行这类政策，对女性的约束力更强。为了省钱，她们愿意挤公交车，把一些废旧物品分出来卖。我一个大男人，不在乎这点钱，无须这样做	性别
R20　汽车对我们男人来说，不只是代步工具，更重要的是身份、地位的象征。我想大部分男性都不愿意放弃汽车，挤公交车出门	
R04　我们女性夏天差不多都穿裙子，挤公交车、赶地铁、骑自行车都很不方面，还会晒黑。想践行绿色出行政策，但是无心无力啊	
R10　现在年轻人花钱大手大脚的，出门就是开车、打车，有几个愿意挤公交车的	年龄
R33　父母那一代人节省惯了。平时出去都是坐公交车，家里的台灯、电脑都是人走就关掉。在他们眼里，家里就没有废旧物，都是来来回回、反反复复地用	
R36　我们年轻的这一代还是很关注环保。大家的公民意识都很强，都愿意支持这些环保政策，为美好环境建设尽一分力量	
R19　还是文化水平不够高。如果都接受高等教育，全民素质就会明显地上一个档次，还有谁不愿意执行这些政策呢	学历
R08　学历越高，素养就越高。就越愿意承担社会责任，越会不计个人得失的拥护这些政策	
R24　有时候这个事还要看你的文化水平，看你的素养	
R26　我的工作与环保有关，践行这些政策义不容辞。我不做，其他人更不会做了	职业
R08　践行绿色生活方式引导政策算是生活中比较琐碎的事，那些工作时间宽裕、工作内容比较轻松的人可能会做得更好吧	
R17　那些当官的，有权有地位的，哪一个挤公交车	
R25　还是穷造成的。只有经济发展到一定水平，人们才会意识到环保的重要性。发达国家就是例子，他们的公民践行这类政策可比我们自愿得多了	收入水平
R21　没钱买车，想不挤公交都难	
R14　经济基础决定上层建筑。收入增加了，大家就不会整天为生计奔波了，自然就有精力和资本去执行这些政策	
R08　我的单位是外企，老外比较关注环保问题。另外，国企应该也会执行这些政策，那些民营的或者私企，很难说	单位性质

续表

原始资料语句（代表性语句）	范畴
R19　我家就我们夫妻俩，出门开车还挺浪费的。我们差不多都是坐地铁出门，很少开车	
R28　我家 5 口人，出门一车全部装下。这要是挤公交，不得一队人。没必要	家庭成员数
R34　家里人太多了，哪里能顾及这个灯有没有关，那台电脑有没有关。没有这么多精力管这些事	
R35　东部地区这几年环保政策抓得紧，人的环保理念也较为先进。我周围的人还是很积极地践行这些政策	
R14　城里还是蛮好的，老家就不行。垃圾还是到处乱扔，就算有垃圾桶，他们也不会按类放置	城市特征
R33　北上广深这样的大城市可能会好很多。那里的人接受新鲜事物的能力强，素质普遍很高。垃圾分类政策不是率先在上海试行的吗？	

附录 3

开放式访谈的初始记录（示例）

被访谈人 R15：韩小姐，36 周岁，大学教师　访谈日期：2019 年 7 月 16 日

......

Q：您好，请问您了解绿色生活方式和绿色生活方式引导政策吗？

R15：我对这个有一些了解。绿色生活方式是一种健康、节约、简单和环保的生活模式。要求我们在日常工作、生活中尽量约束自己的行为，减少对环境的损害。绿色生活方式引导政策，应该指的是中央政府或者地方政府出台的一些旨在推行绿色生活方式的一些政策。比如，最近几年得到广泛关注的新能源汽车的激励政策，以及上海市最近出台的垃圾分类政策。这些应该都属于绿色生活方式引导政策

Q：没想到您对这方面如此了解。那么，您了解体验效用吗？

R15：这个不是很清楚

Q：那我跟您简单叙述一下。体验效用是以自身利益诉求为判断标准，感知某一政策能够满足自己需求的程度。需要说明的是，体验效用针对的是目标群体，也就是政策干预对象视角下的收益或损失

R15：您这样解释的话，我明白了一些。可不可以这样理解，体验效用就是政策干预对象感知的某一项政策可以给自己带来的好处？

Q：您的理解非常正确。那您现在是不是也了解了绿色生活方式引导政策体验效用？

R15：应该是比较清楚了。绿色生活方式引导政策的目标群体一般是社会大众，或者说是普通百姓。那么绿色生活方式引导政策体验效用就是我们普通老百姓感知的这些引导政策可以给自己带来的收获

Q：嗯。那您认为绿色生活方式引导政策体验效用包括哪些方面？

R15：我觉得绿色生活方式引导政策体验效用是一个多维度的概念。首先可以区分为经济方面和非经济方面的。经济方面的就是践行绿色生活方式引导政策可以产生的经济收益，如果买新能源电动汽车，按照相关政策的话应该可以拿到很多补贴，或者可以省很多油钱。这些都是经济方面的。此外，绿色生活方式引导政策与其他一般的政策不同，具有明显的环保属性。践行这些政策的话可以产生巨大的环保效益。同时，正是由于环保属性或者说公众物品属性，绿色生活方式引导政策体验效用应该还包括符号意义或符号价值

Q：您讲得非常好。我想问下您刚才讲的符号价值指的是什么？可以举例子具体说明吗？

R15：这个符号价值就是形象传达方面的价值。比如，践行绿色生活方式引导政策可以显示自己很环保，很热爱公益，具有社会责任感等

Q：您讲得非常全面。那就您个人而言，您平常可以很好地践行绿色生活方式引导政策吗？您觉得这些政策满足了您的日常需求了吗？

R15：我感觉自己在这一方面做得还不错。我平时上班几乎都是坐地铁。上海的地铁还是很方便的。另外，很多地方还有城市公共自行车、摩拜、ofo 自行车，几乎可以满足我正常的出行需求。相比开车，公交出行既省钱，又省时间。如果骑自行车的话，还可以锻炼身体，何乐而不为呢？

Q：您觉得中国绿色生活方式引导政策体验效用怎么样？高还是低？

R15：总的来说，绿色生活方式引导政策体验效用还算可以，但是还有相当大的进步空间。比如这几年好多城市都在推行低碳出行，大力发展公交车。但是，有的公交站台离小区太远，很多人懒得跑；又或者每一班公交车间隔时间太长，尤其是夏天或者冬天，很多人等等就不耐烦了，就会选择打车。我觉得国家还是要软硬兼施，在做好政策推广的同时，着力把配套设施做好。这样大家才会对这些政策有好感，愿意做

Q：在您看来，哪些因素会影响绿色生活方式引导政策体验效用？

R15：我觉得这个事情要一分为二来看。一方面来自个人因素，另一方面来自政策和践行政策的环境等外部因素。其中，个人因素主要指的是社会大众或者目标群体的一些个人特质指标。比如有的人爱公益，热衷环保，那么这些人感知的绿色生活方式引导政策体验效用就会较高。又比如那些享受主义者，我觉得站台离家再近，他们也不愿意去挤地铁、挤公交。另外，个人的自我约束力应该也会影响到绿色生活方式引导政策体验效用。自我约束力越强，社会责任感和国家主人翁的意识也会越强烈，对这些公益政策的评价也会越高。外部因素可能涉及政策和践行政策的环境。有的政策出发点是好，中央制定政策时也是信心满满，但是一级一级的执行下来会打折，到基层这里就剩下敷衍了事了。您说老百姓愿意买账吗？他们对这些政策的体验效用会高吗？

Q：您说得非常有道理。那您刚才提到的践行政策的环境具体指的是什么？

R15：我觉得践行政策的环境包括两个方面，一个是践行绿色生活方式引导政策的花费或者开销。另一是社会总体环境，或者说践行绿色生活方式引导政策的氛围

Q：那践行绿色生活方式引导政策的花费和开销指的是什么？您是指经济方面的花费吗？

R15：金钱上的开销是一个方面，但我觉得非货币的开销影响会更大。现在经济发展这么好，几十块钱、几百块钱都不值得一提。但是现在大家都这么忙，生活节奏这么快，有的时候耗不起时间，或者没有多余的精力去做。其实，大部分的人都赞成垃圾分类政策，但是具体实施起来，就会觉得浪费时间或者太麻烦，这些人对垃圾分类政策的体验效用自然不会高

Q：您可以再详细地说一下您刚才提到的践行绿色生活方式引导政策的氛围吗？

R15：好的。我提到的践行绿色生活方式引导政策的氛围指的是周围的人践行绿色生活方式引导政策的情况。比如，大家都在积极地执行绿色生活方式引导政策，那么那些极个别不愿意或者没有很好地执行政策的人，就会不好意思或者被其他人指责。这种群体的压力或者氛围应该也会对绿色生活方式引导政策体验效用产生影响

Q：您会和其他人就某一绿色生活方式引导政策展开讨论吗？

R15：您这个问题倒是很及时。因为《上海市生活垃圾管理条例》已于 7 月 1 日正式生效。差不多从 2 个月前开始，朋友圈、微博甚至平常在小区里，经常看到大量地关于垃圾分类政策的各种版本的解读。我的家庭群、小区的业主群里经常会出现各种关于垃圾分类的求助信息，垃圾分类最近可算是赚足了眼球。我也在朋友圈和业主群里求助了几次，刚开始有的垃圾还真不知道怎么分类

Q：通常情况下，您会和哪些人讨论垃圾分类政策？

R15：差不多都是身边的人，比如家人、同事、亲戚或者比较熟悉的邻居。一是因为大家彼此熟悉，不会觉得突兀或者生硬，二是比较信任。中国毕竟还是关系型社会，就近原则呗

Q：那你们交流或讨论的途径有哪些？他们通常会给您提供或分享哪些信息？

R15：主要还是依靠网络，比如微信、QQ，语音和视频都可以，比较方面。如果把讨论的话题聚焦到绿色生活方式引导政策上的话，那最近讨论最多的话题就是垃圾分类政策了。主要涉及一些不常见的垃圾怎么分类，他们会给我分享一些 APP。通过讨论，我最近学到不了关于垃圾分类的知识

Q：您觉得与他人讨论或互动会影响您对绿色生活方式引导政策的体验效用吗？

R15：会有影响的。说实话，刚开始还是比较排斥垃圾分类政策的，或者说至少态度是不积极的。不仅觉得麻烦，还会对垃圾分类的效果产生怀疑。我以前会觉得我们辛苦分好类，最后垃圾车又全部混合在一起。但是通过与别人的交流，大家每个人都会发表自己的看法或者分享自己有关的知识，就更加了解垃圾分类的紧迫性，更会加懂得国家出台政策的决心和意义。我现在对垃圾分类有一种全新的认识，我很赞同垃圾分类并愿意尽自己最大的力量做好这项政策

Q：聚焦到讨论或者互动本身，您觉得讨论或互动的过程中哪些因素会影响您对绿色生活方式引导政策体验效用？

R15：首先和互动对象的关系对影响我对绿色生活方式引导政策的体验效用。如果我比较信任对方，那么对象传达给我的信息将会全部或者直接性地影响我对政策的看法；其次，讨论或者交流的信息也会有影响，对方提供的正面或者负面消息对体验效用的影响肯定是不同；最后，我觉得和讨论的频率也会有关系，讨论的次数越多，对体验效用的影响应该也会越大

Q：您认为提高绿色生活方式引导政策体验效用，政府需要做出哪些努力？我们还需要做出哪些努力？

R15：政府应该多倾听百姓的心声，多了解百姓的需要。只有从百姓的实际需求出发，制定出的政策才会让百姓满意。这样，自然而然地，百姓对政策的体验效用就会提高。此外，政府应该完善配套设施，为大家提供较好地践行绿色生活方式引导政策的硬件环境。作为社会一分子，我们不能仅仅着眼于自己的个人利益，应该从大局出发，对那些功在当代、利在千秋的政策应该绝对支持，并且努力做好

注：Q 表示访谈者的提问，R15 表示第 15 位受访者的回答。

附录 4

绿色生活方式引导政策体验效用调查问卷

尊敬的先生/女士：

您好，我是一名博士研究生，正在进行一项关于绿色生活方式引导政策方面的调查问卷。本次调查得到国家自然科学基金委的支持，您的客观反馈对我们非常重要。问卷采用匿名方式，结果仅供学术研究专用，问卷所有信息绝不做其他任何用途。答案及选项无对错之分，请您仔细阅读以下各部分问题，并根据实际情况在相应的位置打√即可。衷心感谢您的合作！

问卷说明：问卷中提到的"绿色生活方式"是指个体在面对环境问题时，采取的简单、环保、节俭、健康的实践行为和生活模式。如少用或不用一次性产品、节约用电、旧物循环利用、节约粮食、以步行或公共交通代替私家车出行、以新能源电动汽车代替燃油汽车、垃圾分类等等。问卷中提到的绿色生活方式引导政策是指国家政权机关、政党组织等为推行绿色生活方式颁布的法律、条例、规定、意见、指南、公告等。如新能源电动汽车推广政策、垃圾分类政策、节能产品补贴政策、城市公共自行车和轨道交通推广政策、环保行为宣传教育政策等。

1. 您的性别

□男　　　　□女

2. 您的年龄

□20 岁及以下　□21—30 岁　□31—40 岁　□41—50 岁　□51 岁及以上

3. 您所居住的城市

___省_____市

4. 您的婚姻状况

□未婚　□已婚　□离婚　□再婚　□其他_____

5. 您的受教育水平（包含正在攻读的）

□初中及以下　□高中或中专　□大专　□本科　□硕士及以上

6. 您每月的收入为

□2000 元及以下　　□2001—5000 元　　□5001—10000 元

□10001—20000 元　　□20001 元及以上

7. 您的家庭成员数为

□1—2 人　　□3 人　　□4 人　　□5 人及以上

8. 您的职业领域

□农林牧渔业　□采矿业　□制造业　□水利水电　□建筑/房地产

□现代物流业　□金融/保险业　□信息业　□批发/零售业　□住宿/餐饮业

□环境和公共设施管理业　　□租赁和商务服务业　　□居民服务业

□教育/科研机构　□文体娱乐业　□政府部门和社会组织　□医药卫生

□军队/警察　□自由职业者　□退休及家庭主妇

□在校大学生或研究生　　□其他（请注明）_____

9. 您所在单位的组织性质

□政府部门　　□事业单位　　□国有企业　　□民营企业

□港/澳/台独（合）资　　□外商独（合）资　　□其他_____

10. 如果将社会上的人分为五层，就以下各个方面，您认为自己目前在社会上更符合哪个选项

序号		下层	中下层	中层	中上层	上层
10—1	经济收入					
10—2	权力地位					
10—3	工作职业					
10—4	社会声望					
10—5	交往圈子					
10—6	文化程度					

序号		下层	中下层	中层	中上层	上层
10—7	消费水平					
10—8	文化品位					
10—9	生活格调					

11. 根据您的实际情况选择最符合下列描述的选项

序号	描述	非常不符合	比较不符合	一般	比较符合	非常符合
11—1	在决定是否执行绿色生活方式引导政策时，我会参考以往的经验和教训	1	2	3	4	5
11—2	在决定是否执行绿色生活方式引导政策时，我经常借鉴他人的经验	1	2	3	4	5
11—3	我能够反思或纠正自己对绿色生活方式引导政策的认识	1	2	3	4	5
11—4	我通过多种途径提高自己绿色生活方式引导政策的知识	1	2	3	4	5
11—5	我通过日常实践扩展绿色生活方式引导政策的知识面	1	2	3	4	5
11—6	履行绿色生活方式引导政策让我感觉很好	1	2	3	4	5
11—7	执行绿色生活方式引导政策是我应该做好的事	1	2	3	4	5
11—8	即使无人监督，我也会执行绿色生活方式各项引导政策	1	2	3	4	5
11—9	若不执行绿色生活方式引导政策，我会感到愧疚	1	2	3	4	5
11—10	我在绿色生活方式引导政策允许的范围内展开日常活动	1	2	3	4	5
11—11	虽然践行绿色生活方式引导政策很重要，但我更注重生活的舒适性	1	2	3	4	5
11—12	若降低生活质量，我宁愿不执行绿色生活方式引导政策	1	2	3	4	5
11—13	与执行绿色生活方式引导政策相比，我更在意生活的舒适性	1	2	3	4	5
11—14	我很在意绿色生活方式引导政策是否能带来经济回报	1	2	3	4	5
11—15	如果需要花很多钱，我不会执行绿色生活方式引导政策	1	2	3	4	5
11—16	如果能省钱，我会践行绿色生活方式引导政策	1	2	3	4	5
11—17	为了环保，我会执行绿色生活方式引导政策	1	2	3	4	5

序号	描述	非常不符合	比较不符合	一般	比较符合	非常符合
11—18	我践行绿色生活方式引导政策的主要目的是保护环境	1	2	3	4	5
11—19	我很看重履行绿色生活方式引导政策带来的环保价值	1	2	3	4	5
11—20	执行绿色生活方式引导政策可以显示我很环保	1	2	3	4	5
11—21	践行绿色生活方式引导政策可以显示我很时尚	1	2	3	4	5
11—22	履行绿色生活方式引导政策可以展现我的个人素质	1	2	3	4	5

12. 根据您的实际情况选择最符合下列描述的选项

序号	描述					
12—1	践行绿色生活方式引导政策会被周围人笑话	1	2	3	4	5
12—2	执行绿色生活方式引导政策会让周围人觉得不理解	1	2	3	4	5
12—3	履行绿色生活方式引导政策会让周围人觉得太假	1	2	3	4	5
12—4	我周围的人对绿色生活方式引导政策非常了解	1	2	3	4	5
12—5	我周围的人对绿色生活方式引导政策有独到的见解	1	2	3	4	5
12—6	我身边有掌握绿色生活方式引导政策相关知识的专业人士	1	2	3	4	5
12—7	即使到处在倡导适度消费，过度消费的现象依然很普遍	1	2	3	4	5
12—8	在我看来，讲究排场、铺张浪费的现象比比皆是	1	2	3	4	5
12—9	据我观察，注重大牌、奢侈品等形象消费的现象依然很多	1	2	3	4	5
12—10	政府部门或政府官员一般没有很好地践行绿色生活方式引导政策	1	2	3	4	5
12—11	公众人物在日常生活中一般没有很好地执行绿色生活方式引导政策	1	2	3	4	5
12—12	我周围的人没有很好地执行绿色生活方式引导政策	1	2	3	4	5

13. 根据您的实际情况选择最符合下列描述的选项

序号	描述	非常不符合	比较不符合	一般	比较符合	非常符合
13—1	有很多人与我讨论绿色生活方式引导政策	1	2	3	4	5
13—2	有很多人给我分享执行绿色生活方式引导政策的窍门	1	2	3	4	5
13—3	有联系密切的朋友与我讨论绿色生活方式引导政策	1	2	3	4	5

续表

序号	描述	非常不符合	比较不符合	一般	比较符合	非常符合
13—4	我花很多时间与别人讨论绿色生活方式引导政策	1	2	3	4	5
13—5	我通过多种方式与别人讨论绿色生活方式引导政策	1	2	3	4	5
13—6	我经常与别人讨论绿色生活方式引导政策	1	2	3	4	5
13—7	与别人讨论让我更加了解绿色生活方式的引导政策	1	2	3	4	5
13—8	通过他人分享，我学到了很多绿色生活方式引导政策的知识	1	2	3	4	5
13—9	他人的介绍使我绿色生活方式引导政策的知识提高了	1	2	3	4	5
13—10	通过讨论，我发现了更有效地践行绿色生活方式引导政策的方法	1	2	3	4	5
13—11	与他人讨论让我觉得执行绿色生活方式引导政策更简单了	1	2	3	4	5
13—12	我能从与别人的讨论中学到践行绿色生活方式的技巧	1	2	3	4	5
13—13	与他人讨论绿色生活方式引导政策时，我们不会利用对方的弱点为自己谋取利益	1	2	3	4	5
13—14	与他人讨论绿色生活方式引导政策时，我们会信守承诺	1	2	3	4	5
13—15	与他人讨论绿色生活方式引导政策时，我们会诚实地回答对方的问题	1	2	3	4	5
13—16	与他人讨论绿色生活方式引导政策时，我们不会给对方传递虚假、错误的信息	1	2	3	4	5
13—17	与他人讨论绿色生活方式引导政策时，我们不会欺骗对方	1	2	3	4	5
13—18	我经常收到别人分享的关于绿色生活方式引导政策的信息	1	2	3	4	5
13—19	在我的微博、朋友圈动态中，有很多与绿色生活方式引导政策有关	1	2	3	4	5
13—20	当我与别人交谈时，经常涉及绿色生活方式引导政策	1	2	3	4	5
13—21	在与他人讨论绿色生活方式引导政策时，对方给我分享的信息一般是完全正面的	1	2	3	4	5
13—22	我从周围的人获取的有关绿色生活方式引导政策几乎都是完全正面的	1	2	3	4	5
13—23	他人给我分享的有关绿色生活方式引导政策的消息几乎都是完全负面的	1	2	3	4	5

14. 根据您的实际情况选择最符合下列描述的选项

14—1	我对绿色生活方式相关的引导政策非常了解	1	2	3	4	5
14—2	我觉得绿色生活方式引导政策的宣传非常到位	1	2	3	4	5
14—3	我在政府的宣传中了解到了很多与绿色生活方式相关的政策	1	2	3	4	5
14—4	现行的绿色生活方式引导政策都得到了很好的贯彻和落实	1	2	3	4	5
14—5	现行的绿色生活方式引导政策对我们生活方式的转变非常有效	1	2	3	4	5
14—6	在我看来，绿色生活方式引导政策对大众生活、消费习惯的改善取得了明显的效果	1	2	3	4	5
14—7	大家都觉得执行绿色生活方式引导政策并不会省钱	1	2	3	4	5
14—8	我觉得执行绿色生活方式引导政策经济成本很高	1	2	3	4	5
14—9	我觉得执行绿色生活方式引导政策很费钱	1	2	3	4	5
14—10	我觉得执行绿色生活方式引导政策非常麻烦	1	2	3	4	5
14—11	我觉得执行绿色生活方式引导政策太浪费时间了	1	2	3	4	5
14—12	我觉得执行绿色生活方式引导政策会带来很多不便	1	2	3	4	5

15. 根据您的实际情况选择最符合下列描述的选项

序号	描述	非常不符合	比较不符合	一般	比较符合	非常符合
15—1	我认为践行绿色生活方式引导政策非常有意义	1	2	3	4	5
15—2	我认为践行绿色生活方式引导政策非常重要	1	2	3	4	5
15—3	我认为制定和实施绿色生活方式引导政策是非常必要的	1	2	3	4	5
15—4	我有自己的窍门，可以很好地执行绿色生活方式引导政策	1	2	3	4	5
15—5	我对自己践行绿色生活方式引导政策的能力非常有信心	1	2	3	4	5
15—6	我认为劝说他人履行绿色生活方式引导政策会有用	1	2	3	4	5
15—7	在如何执行绿色生活方式相关政策上，我有相当的自主性	1	2	3	4	5
15—8	我可以决定以何种方式劝说他人执行绿色生活方式相关政策	1	2	3	4	5
15—9	我有权决定是否向有关部门举报违反绿色生活方式政策的人或单位	1	2	3	4	5

序号	描述	非常不符合	比较不符合	一般	比较符合	非常符合
15—10	践行绿色生活方式引导政策可以改善生活环境	1	2	3	4	5
15—11	我能够带动身边人一起执行绿色生活方式引导政策	1	2	3	4	5
15—12	我对绿色生活方式引导政策的建议能得到有关部门的回应	1	2	3	4	5

16. 在践行任意一绿色生活方式引导政策时，下列描述的选项最符合您实际情况的是

16—1	践行绿色生活方式引导政策让我掌握了更多的知识和生活技巧	1	2	3	4	5
16—2	执行绿色生活方式引导政策满足了我日常生活的实际需求	1	2	3	4	5
16—3	践行绿色生活方式引导政策有助于我的身体健康	1	2	3	4	5
16—4	执行绿色生活方式引导政策实现了我参与国家事务的愿望	1	2	3	4	5
16—5	践行绿色生活方式引导政策花费的金钱通常可以接受	1	2	3	4	5
16—6	执行绿色生活方式引导政策花费的时间比较合理	1	2	3	4	5
16—7	履行绿色生活方式引导政策花费的体力和精力是可以接受的	1	2	3	4	5
16—8	总的来说，践行绿色生活方式是物有所值的	1	2	3	4	5
16—9	践行绿色生活方式引导政策可以提升别人对我的看法	1	2	3	4	5
16—10	执行绿色生活方式引导政策可以为我赢得更多的赞许	1	2	3	4	5
16—11	践行绿色生活方式引导政策帮我树立积极健康的个人形象	1	2	3	4	5
16—12	履行绿色生活方式引导政策能让我得到他人的认可	1	2	3	4	5
16—13	执行绿色生活方式引导政策能让我心情得到放松	1	2	3	4	5
16—14	践行绿色生活方式引导政策是一种让人享受的行为	1	2	3	4	5
16—15	履行绿色生活方式引导政策能给我带来强烈的精神愉悦感	1	2	3	4	5
16—16	执行绿色生活方式引导政策是一件有趣的事情	1	2	3	4	5
16—17	执行绿色生活方式引导政策有助于改善生态环境	1	2	3	4	5
16—18	践行绿色生活方式引导政策会减少对环境的污染	1	2	3	4	5
16—19	践行绿色生活方式引导政策能给社会带来重要的环保价值	1	2	3	4	5
16—20	践行绿色生活方式引导政策对缓解气候变化有好处	1	2	3	4	5

问卷到此结束，再次感谢您的参与！

参考文献

中文文献

曹翔、高瑀，2021，《低碳城市试点政策推动了城市居民绿色生活方式形成?》，《中国人口·资源与环境》第 31 卷第 12 期。

曹颖、符国群，2012，《使用者形象一致性及形象强度对品牌延伸的影响》，《管理学报》第 9 卷第 5 期。

曹裕等，2019，《不同政府补贴策略对供应链绿色决策的影响研究》，《管理学报》第 16 卷第 2 期。

陈传红、李雪燕，2018，《市民共享单车使用意愿的影响因素研究》，《管理学报》第 15 卷第 11 期。

陈国权，2008，《复杂变化环境下人的学习能力：概念、模型、测量及影响》，《中国管理科学》第 1 期。

陈那波、蔡荣，2017，《"试点"何以失败?——A 市生活垃圾"计量收费"政策试行过程研究》，《社会学研究》第 2 期。

陈叶烽等，2012，《超越经济人的社会偏好理论：一个基于实验经济学的综述》，《南开经济研究》第 1 期。

陈永霞等，2006，《变革型领导、心理授权与员工的组织承诺：中国情景下的实证研究》，《管理世界》第 1 期。

刁雅静等，2019，《朋友圈社交行为对购买意愿的影响研究：认同与内化的中介作用及性别的调节作用》，《管理评论》第 31 卷第 1 期。

丁绒等，2014，《增强惩罚的企业联盟合作规范机制：自组织演化视角》，《管理科学》第 1 期。

董新宇等，2018，《环境决策中政府行为对公众参与的影响研究——基于西安市的实证分析》，《公共管理学报》第 15 卷第 1 期。

樊丽明、郭琪，2007，《公众节能行为的税收调节研究》，《财贸经济》第 7 期。

范子英、田彬彬，2016，《政企合谋与企业逃税：来自国税局长异地交流的证据》，《经济学（季刊）》第 15 卷第 4 期。

符国群、丁嘉莉：《消费者对品牌延伸的评价：拥有者效应》，《管理学报》第 5 卷第 4 期。

傅强、朱浩，2014，《基于公共偏好理论的激励机制研究——兼顾横向公平偏好和纵向公平偏好》，《管理工程学报》第 3 期。

宫秀双等，2017，《参照群体影响类型与居民消费意愿的关系研究》，《管理学报》第 12 期。

龚艳萍、范书利，2008，《品牌延伸对消费者品牌忠诚的影响——基于品牌信任和品牌象征价值的实证研究》，《软科学》第 22 卷第 3 期。

郭本海等，2018，《政策协同对政策效力的影响——基于 227 项中国光伏产业政策的实证研究》，《科学学研究》第 36 卷第 5 期。

郭长林等，2013，《财政政策扩张、偿债方式与居民消费》，《管理世界》第 2 期。

国务院，2020 年 12 月 26 日，《规章制定程序条例》，http://www.gov.cn/zhengce/2020 - 12/26/content_5574504.htm，2022 年 5 月 22 日。

国务院新闻办公室等，2017，《习近平谈治国理政》，外文出版社。

韩志明，2008，《街头官僚的行动逻辑与责任控制》，《公共管理学报》第 5 卷第 1 期。

何兴邦，2016，《社会互动与公众环保行为——基于 CGSS（2013）的经验分析》，《软科学》第 30 卷第 4 期。

贺东航、孔繁斌，2011，《公共政策执行的中国经验》，《中国社会科学》第 5 期。

黄冬娅，2013，《企业家如何影响地方政策过程——基于国家中心的案例分析和类型建构》，《社会学研究》第 5 期。

黄云鹏，2009，《我国公共服务监管问题探析》，《宏观经济管理》第 8 期。

霍鹏等，2016，《社会互动与信任对农民参与"新农保"行为的影响研究——基于 CGSS 2010 调研数据的实证分析》，《农业技术经济》第 6 期。

贾真、葛察忠，2016，《推动生活方式绿色化的实施建议》，《世界环境》第 5 期。

解芳等，2019，《全民环境共治背景下参照群体对中国居民绿色购买行为的影响研究》，《中国人口·资源与环境》第 29 卷第 8 期。

柯江林等，2007，《企业 R&D 团队之社会资本与团队效能关系的实证研究——以知识分享与知识整合为中介变量》，《管理世界》第 3 期。

李国栋等，2019，《政府推广政策与新能源汽车需求：来自上海的证据》，《中国工业经济》第 4 期。

李倩倩、薛求知，2018，《消费行为的意义建构模型及主客观诠释比较：一项质性研究》，《管理评论》第 30 卷第 11 期。

李瑞昌，2012，《中国公共政策实施中的"政策空传"现象研究》，《公共行政评论》第 3 期。

李志宏、朱桃，2010，《基于加权小世界网络模型的实践社医知识扩散研究》，《软科学》第 24 卷第 2 期。

梁平汉、高楠，2014，《人事变更、法制环境和地方环境污染》，《管理世界》第 6 期。

刘长玉、于涛，2015，《绿色产品质量监管的三方博弈关系研究》，《中国人口·资源与环境》第 25 卷第 10 期。

刘腾飞等，2010，《基于体验效用的幸福及其测量》，《心理科学进展》第 18 卷第 7 期。

龙晓枫等，2016，《社会规范对中国消费者社会责任消费行为的影响机理研究》，《管理学报》第 13 卷第 1 期。

芈凌云、杨洁，2017，《中国居民生活节能引导政策的效力与效果评估——基于中国 1996—2015 年政策文本的量化分析》，《资源科学》第 39 卷第 4 期。

牛贺，2017，《限理性、规范内化与利他行为：一个演化视角》，《经济研究》第 10 期。

彭皓玥、赵国浩，2019，《能源终端消费行为选择：环境关心的柔性驱动》，《资源科学》第 41 卷第 1 期。

彭纪生等，2008，《中国技术创新政策演变与绩效实证研究（1978—2006）》，《科研管理》第 29 卷第 4 期。

齐红倩、李志创，2019，《中国普惠金融发展水平测度与评价——基于不同目标群体的微观实证研究》，《数量经济技术经济研究》第 5 期。

钱再见、金太军，2002，《公共政策执行主体与公共政策执行"中梗阻"现象》，《中国行政管理》第 2 期。

沈洪涛、周艳坤，2017，《环境执法监督与企业环境绩效：来自环保约谈的准自然实验证据》，《南开管理评论》第 6 期。

生态环境部环境与经济政策研究中心，2020 年 7 月 14 日，《公民生态环境行为调查报告（2020 年）》，https://www. mee. gov. cn/ywgz/xcjy/gzcy_27007/202007/t20200714_789277. shtml，2022 年 5 月 22 日。

石洪景，2016，《低碳政策对城市居民节能行为的影响》，《北京理工大学学报》（社会科学版）第 18 卷第 5 期。

帅传敏、张钰坤，2013，《中国消费者低碳产品支付意愿的差异分析——基于碳标签的情景实验数据》，《中国软科学》第 7 期。

孙春玲等，2014，《授权氛围对项目经理主动性行为的影响机理研究：心理授权的中介作用》，《管理评论》第 7 期。

孙科、张永安，2002，《高新技术产业政策体系的运行机制与效力分析》,《科研管理》第 2 期。

唐金环,2016,《顾客有限"碳行为"偏好对选址—路径—库存联合优化的影响》,《中国管理科学》第 24 卷第 7 期。

田华文,2015,《中国城市生活垃圾管理政策的演变及未来走向》,《城市问题》第 8 期。

王财玉等,2019,《绿色消费的困境:身份建构抑或环境关心?》,《心理科学进展》第 27 卷第 8 期。

王聪等,2015,《家庭社会网络与股市参与》,《世界经济》第 5 期。

王凤、阴丹,2010,《公众环境行为改变与环境政策的影响———一个实证研究》,《经济管理》第 12 期。

王建明,2009,《城市垃圾管制的一体化环境经济政策体系研究》,《中国人口·资源与环境》第 19 卷第 2 期。

王建明、孙彦,2018,《定制化信息对家庭节能行为决策过程影响的追踪研究》,《心理科学进展》第 26 卷第 4 期。

王守坤、任保平,2009,《财政联邦还是委托代理:关于中国式分权性质的经验判断》,《管理世界》第 11 期。

韦倩,2009,《增强惩罚能力的若干社会机制与群体合作秩序的维持》,《经济研究》第 10 期。

温忠麟等,2004,《中介效应检验程序及其应用》,《心理学报》第 36 卷第 5 期。

吴波,2014,《绿色消费研究评述》,《经济管理》第 11 期。

吴明隆,2000,《SPSS 统计应用实务》,中国铁道出版社。

吴晓波等,2009,《组织学习与知识转移效用的实证研究》,《科学学研究》第 1 期。

吴玄娜,2016,《程序公正与权威信任:公共政策可接受性机制》,《心理科学进展》第 24 卷第 8 期。

谢洪明等,2014,《网络嵌入对技术创新绩效的影响:学习能力的视角》,《科研管理》第 35 卷第 12 期。

熊捷、孙道银,2017,《企业社会资本、技术知识获取与产品创新绩效关系研究》,《管理评论》第 5 期。

薛立强、杨书文,2016,《论政策执行的"断裂带"及其作用机制——以"节能家电补贴推广政策"为例》,《公共管理学报》第 1 期。

叶德珠等,2012,《消费文化、认知偏差与消费行为偏差》,《经济研究》第 2 期。

叶同等,2017,《考虑消费者低碳偏好和参考低碳水平效应的供应链联合减排动态优化与协调》,《中国管理科学》第 10 期。

余晓钟等,2013,《不同区域类型低碳消费行为模式及引导策略研究》,《软科学》第 27 卷第 6 期。

张福德,2016,《环境治理的社会规范》,《中国人口·资源与环境》第 26 卷第 11 期。

张国兴等,2014,《中国节能减排政策的测量、协同与演变——基于1978—2013 年政策数据的研究》,《中国人口·资源与环境》第 12 期。

张海东、杨城晨,2017,《住房与城市居民的阶层认同——基于北京、上海、广州的研究》,《社会学研究》第 5 期。

赵骅、郑吉川,2019,《不同新能源汽车补贴政策对市场稳定性的影响》,《中国管理科学》第 9 期。

周宏春,2015,《以绿色消费引领生活方式绿色化——关于加快推动生活方式绿色化的实施意见解读》,《环境保护》第 43 卷第 24 期。

周雪光、练宏,2012,《中国政府的治理模式:一个"控制权"理论》,《社会学研究》第 5 期。

周志家,2011,《环境保护、群体压力还是利益波及,厦门居民 PX 环境运动参与行为的动机分析》,《社会》第 1 期。

英文文献

Abu-Donia, H. M., 2012, "Multi knowledge based rough approximations and applications", *Knowledge-Based Systems*, Vol. 26, No. 26.

Adaman, F., et al., 2011, "What determines urban households' willingness to pay for CO_2 emission reductions in Turkey: A contingent valuation survey", *Energy Policy*, Vol. 39, No. 2.

Adepetu, A., and S., Keshav, 2017, "The relative importance of price and driving range on electric vehicle adoption: Los Angeles case study", *Transportation*, Vol. 44, No. 2.

Aguilar, F. X., and R. P., Vlosky, 2007, "Consumer willingness to pay price premiums for environmentally certified wood products in the U. S", *Forest Policy & Economics*, Vol. 9, No. 8.

Ahmed, Q. I., et al., 2008, "Urban transportation and equity: A case study of Beijing and Karachi", *Transportation Research Part A: Policy & Practice*, Vol. 42, No. 1.

Aijun, A., et al., 1996, "Discovering rules for water demand prediction: An enhanced rough-set approach", *Engineering Applications of Artificial Intelligence*, Vol. 9, No. 6.

Ajzen, I., 1991, "The theory of planned behavior", *Organizational behavior and human decision processes*, Vol. 50, No. 2.

Almaas, E., et al., 2002, "Characterizing the structure of small-world networks", *Physical Review Letters*, Vol. 88, No. 9.

Aquino, K., and A. I., Reed, 2002, "The self-importance of moral identity", *Journal of Personality & Social Psychology*, Vol. 83, No. 6.

Arndt, J., 1967, "Role of product-related conversations in the diffusion of a new product", *Journal of Marketing Research*, Vol. 3.

Arrow, K. J., 1952, "Social choice and individual values", *Journal of Political Economy*, Vol. 60, No. 5.

Baddeley, A., 2012, "Working memory: Theories, models, and controversies", *Annual Review of Psychology*, Vol. 63.

Barla, P., and S., Proost, 2012, "Energy efficiency policy in a non-cooperative world", *Energy Economics*, Vol. 34, No. 6.

Barrat, A., et al., 2003, "The architecture of complex weighted networks", *Proceedings of the National Academy of Sciences of the United*

States of America, Vol. 101, No. 11.

Baumgartner, T., et al., 2011, "Dorsolateral and ventromedial prefrontal cortex orchestrate normative choice", *Nature Neuroscience*, Vol. 14, No. 11.

Bentham J., 1978, *An introduction to the principle of morals and legislations*, Oxford: Blackwell Press.

Berridge, K. C., 1996, "Food reward: Brain substrates of wanting and liking", *Neuroscience & Biobehavioral Reviews*, Vol. 20, No. 1.

Bertoldo, R., and P., Castro, 2016, "The outer influence inside us: Exploring the relation between social and personal norms", *Resource Conservation &Recycling*, Vol. 112.

Binder, M., and A. K., Blankenberg, 2017, "Green lifestyles and subjective well-being: More about self-image than actual behavior?", *Journal of Economic Behavior & Organization*, Vol. 137.

Black, I. R., and H., Cherrier, 2010, "Anti-consumption as part of living a sustainable lifestyle: Daily practices, contextual motivations and subjective values", *Journal of Consumer Behaviour*, Vol. 9, No. 6.

Boccaletti, S., et al., 2006, "Complex networks: structure and dynamics", *Physics Reports*, Vol. 424, No. 4.

Breakwell, G. M., 1993, "Social representations and social identity", *Papers on Social Representations*, Vol. 2.

Carman, J. P., and M. T., Zint, 2020, "Defining and classifying personal and household climate change adaptation behaviors", *Global Environmental Change*, Vol. 61.

Case, P., et al., 2016, "Identity appropriateness and the structure of the theory of planned behavior", *British Journal of Social Psychology*, Vol. 55, No. 1.

Cecere, G., et al., 2014, "Waste prevention and social preferences: The role of intrinsic and extrinsic motivations", *Ecological Economics*,

Vol. 107.

Chen, H., et al., 2014, "How does individual low-carbon consumption behavior occur? —An analysis based on attitude process", *Applied Energy*, Vol. 116.

Chen, S. M., and J. A., Hong, 2014, "Multicriteria linguistic decision making based on hesitant fuzzy linguistic term sets and the aggregation of fuzzy sets", *Information Sciences*, Vol. 286.

Chen, S. Y., and C. C., Lu, 2016, "A model of green acceptance and intentions to use bike-sharing: YouBike users in Taiwan", *Networks & Spatial Economics*, Vol. 16, No. 4.

Cheng, X., et al., 2018, "Obstacle diagnosis of green competition promotion: A case study of provinces in China based on catastrophe progression and fuzzy rough set methods", *Environmental Science and Pollution Research*, Vol. 25.

Cheng, X., et al., 2019a, "Coupling coordination degree and spatial dynamic evolution of a regional green competitiveness system—A case study from China", *Ecological Indicators*, Vol. 104.

Cheng, X., et al., 2019b, "Does social interaction have an impact on residents' sustainable lifestyle decisions? A multi-agent stimulation based on regret and game theory", *Applied Energy*, Vol. 251.

Cheng, X., et al., 2020, "A Policy utility dislocation model based on prospect theory: A case study of promoting policies with low-carbon lifestyle", *Energy Policy*, Vol. 137.

Cheng, X., et al., 2021, "Uncovering the effects of learning capacity and social interaction on the experienced utility of low-carbon lifestyle guiding policies", *Energy Policy*, Vol. 154.

Chiang, Y. S., 2010, "Self-interested partner selection can lead to the emergence of fairness", *Evolution & Human Behavior*, Vol. 31, No. 4.

Chiu, C. M., et al., 2006, "Understanding knowledge sharing in virtual communities: An integration of social capital and social cognitive theories", *Decision Support System*, Vol. 42.

Choi, S. , et al. , 2014, "Who is (more) rational?", *American Economic Review*, Vol. 104, No. 6.

Chorus, C. G. , and G. C. , de Jong, 2011, "Modeling experienced accessibility for utility-maximizers and regret-minimizers", *Journal of Transport Geography*, Vol. 19, No. 6.

Coleman, J. , 1990, *Foundations of social theory*, Cambridge: Harvard University Press.

Davidson, R. J. , 1998, "Affective style and affective disorders: Perspectives from affective neuroscience", *Cognition & Emotion*, Vol. 12, No. 3.

Dolan, P. , and D. , Kahneman, 2008, "Interpretations of utility and their implications for the valuation of health", *The Economic Journal*, Vol. 118, No. 525.

Duarte, R. , et al. , 2016, "Modeling the carbon consequences of pro-environmental consumer behavior", *Applied Energy*, Vol. 184.

Elgin, D. , and A. , Mitchell, 1981, "Voluntary simplicity", *Coevolution Quarterly*, Vol. 14, No. 6.

Eliasson, J. , and S. , Proost, 2015, "Is sustainable transport policy sustainable?", *Transport Policy*, Vol. 37.

Ellaway, A. , et al. , 2003, "In the driving seat: Psychosocial benefits from private motor vehicle transport compared to public transport", *Transportation Research Part F: Traffic Psychology and Behaviour*, Vol. 6, No. 3.

Fan, Y. L. , 2017, "Household structure and gender differences in travel time: Spouse/partner presence, parenthood, and breadwinner status", *Transportation*, Vol. 44, No. 2.

Farahmand, F. , 2017, "Decision and experienced utility: Computational applications in privacy decision making", *IEEE Security and Privacy Magazine*, Vol. 15, No. 6.

Farrow, K., et al., 2017, "Social norms and pro-environmental behavior: A review of the evidence", *Ecological Economics*, Vol. 140.

Fehrler, S., and W., Przepiorka, 2013, "Charitable giving as a signal of trustworthiness: Disentangling the signaling benefits of altruistic acts", *Evolution & Human Behavior*, Vol. 34, No. 2.

Ferrante, F. M., 2009, "Education, aspirations and life satisfaction", *Kyklos*, Vol. 62, No. 4.

Ferrer-i-carbonell A., and J. M., Gowdy, 2007, "Environmental degradation and happiness", *Ecological Economics*, Vol. 60, No. 3.

Fischer, A., et al., 2011, "Energy use, climate change and folk psychology: Does sustainability have a chance? Results from a qualitative study in five European countries", *Global Environmental Change*, Vol. 21, No. 3.

Flynn, A., et al., 2016, "Eco-cities, governance and sustainable lifestyles: The case of the Sino-Singapore Tianjin Eco-City", *Habitat International*, Vol. 53.

Fukuyama, F., 1995, *Trust: Social virtues and the creation of prosperity*, London: Hamish Hamilton Press.

Geng, J. C., et al., 2016, "Impact of information intervention on travel mode choice of urban residents with different goal frames: A controlled trial in Xuzhou, China", *Transportation Research Part A: Policy & Practice*, Vol. 91.

Geng, J. C., et al., 2017, "Exploring the motivation-behavior gap in urban residents' green travel behavior: A theoretical and empirical study", *Resources, Conservation & Recycling*, Vol. 125.

George-ufot G., et al., 2017, "Sustainable lifestyle factors influencing industries' electric consumption patterns using fuzzy logic and DEMA-

TEL: The Nigerian perspective", *Journal of Cleaner Production*, Vol. 162.

Gibbons, D. E., 2007, "Interorganizational network structures and diffusion of information through a health system", *American Journal of Public Health*, Vol. 97, No. 9.

Giuliano, F., et al., 2020, "Distributional effects of reducing energy subsidies: Evidence from recent policy reform in Argentina", *Energy Economics*, Vol. 92.

Golob, T. F., and D. A., Hensher, 1998, "Greenhouse gas emissions and Australian commuters' attitudes and behaviour concerning abatement policies and personal involvement", *Transportation Research Part D: Transport & Environment*, Vol. 3, No. 1.

Gong, Z. W., et al., 2015, "On consensus models with utility preferences and limited budget", *Applied Soft Computing*, Vol. 35.

Granovetter, M. S., 1973, "The strength of weak ties", *American Journal of Sociology*, Vol. 78, No. 6.

Greco, S., et al., 2004, "Axiomatic characterization of a general utility function and its particular cases in terms of conjoint measurement and rough-set decision rules", *European Journal of Operational Research*, Vol. 158, No. 2.

Gregg, R. B., 1936, "The value of voluntary simplicity", *Coevolution Quarterly*, Vol. 6.

Hagbert, P., and K., Bradley, 2017, "Transitions on the home front: A story of sustainable living beyond eco-efficiency", *Energy Research & Social Science*, Vol. 31.

Harmelink, M., et al., 2008, "Theory-based policy evaluation of 20 energy efficiency instruments", *Energy Efficiency*, Vol. 1, No. 2.

HayashidA, T., et al., 2010, "Multiattribute utility analysis for policy selection and financing for the preservation of the forest", *European*

Journal of Operational Research, Vol. 200, No. 3.

He, L. H., and L. Y., Chen, 2020, "The incentive effects of different government subsidy policies on green buildings", *Renewable & Sustainable Energy Reviews*, Vol. 135.

Helveston, J. P., et al., 2015, "Will subsidies drive electric vehicle adoption? Measuring consumer preferences in the U. S. and China", *Transportation Research Part A: Policy & Practice*, Vol. 73.

Herr, P. M., et al., 1991, "Effects of word-of-mouth and product-attribute information on persuasion: An accessibility-diagnosticity perspective", *Journal of Consumer Research*, Vol. 17, No. 4.

Higgins, E. T., 2000, "Making a good decision: Value from fit", *American Psychologist*, Vol. 55, No. 11.

Hirschi, A., et al., 2019, "Achieving work-family balance: An action regulation model", *Academy of Management Review*, Vol. 44, No. 1.

Huebner, G., et al., 2016, "Understanding electricity consumption: A comparative contribution of building factors, socio-demographics, appliances, behaviours and attitudes", *Applied Energy*, Vol. 177.

Huntsinger, J. R., et al., 2014, "The affective control of thought: Malleable, not fixed", *Psychological Review*, Vol1. 21, No. 4.

Izuma, K., et al., 2015, "A causal role for posterior medial frontal cortex in choice-induced preference change", *Journal of Neuroscience*, Vol. 35, No. 8.

Jin, M. H., and A. J., Shriar, 2013, "Exploring the relationship between social capital and individuals' policy preferences for environmental protection: A multinomial logistic regression analysis", *Journal of Environmental Policy & Planning*, Vol. 15.

Kabak, M., et al., 2018, "A GIS-based MCDM approach for the evaluation of bike-share stations", *Journal of Cleaner production*, Vol. 201.

Kahneman, D. , 2000, *Experienced utility and objective happiness: A moment-based approach*, Cambridge: Cambridge University Press.

Kahneman, D. , and R. , Sugden, 2005, "Experienced utility as a standard of policy evaluation", *Environmental & Resource Economics*, Vol. 32, No. 1.

Kahneman, D. , and R. H. , Thaler, 2006, "Anomalies: Utility maximization and experienced utility", *The Journal of Economic Perspectives*, Vol. 20.

Kahneman, D. , et al. , 1997, "Back to Bentham? Explorations of experienced utility", *Quarterly Journal of Economics*, Vol. 112, No. 2.

Kahneman, D. , et al. , 2004, "A survey method for characterizing daily life experience: The day reconstruction method", *Science*, Vol. 306, No. 5702.

Kaplan, M. F. , and C. E. , Miller, 1987, "Group decision making and normative versus informational influence", *Journal of Personality & Social Psychology*, Vol. 53, No. 2.

Karni, E. , and Z. , Safra, 2010, "Individual sense of justice: A utility representation", *Econometrica*, Vol. 70, No. 1.

Kim, H. , and Y. , Park, 2009, "Structural effects of R&D collaboration network on knowledge diffusion performance", *Expert Systems with Applications*, Vol. 36, No. 5.

Kim, S. J. , 2016, "An empirical study of Chinese consumers' lifestyle by country of origin effect of mobile phone", *Data & Information Science Society*, Vol. 27, No. 6.

Kleinman, D. , et al. , 2011, "Engaging citizens: The high cost of citizen participation in high technology", *Public Understanding of Science*, Vol. 20, No. 2.

Kormos, C. , et al. , 2015, "The influence of descriptive social norm information on sustainable transportation behavior: A field experi-

ment", *Environment & Behavior*, Vol. 47, No. 5.

Kotchen, M. J. , 2005, "Impure public goods and the comparative statics of environmentally friendly consumption", *Journal of Environmental Economics & Management*, Vol. 49, No. 2.

Krackhardt, D. , 1992, *The strength of strong ties: The importance of philos in organizations*, Boston: Harvard Business School Press.

Krol, M. , et al. , 2015, "Altruistic preferences in time tradeoff: Consideration of effects on others in health state valuations", *Medical Decision Making*, Vol. 36, No. 2.

Layard, R. , et al. , 2008, "The marginal utility of income", *Journal of Public Economics*, Vol. 92, No. 8.

Lazer, W. , 1963, *Lifestyle concepts and marketing*, Chicago: American Marketing Association Press.

Li, J. J, et al. , 2019, "An evolutionary analysis on the effect of government policies on electric vehicle diffusion in complex network", *Energy Policy*, Vol. 129.

Li, L. M. W. , et al. , 2020, "The Relationship Between Dialectical Beliefs and Pro-environmental Behaviors", *Environment & Behavior*, Vol. 52, No. 3.

Li, W. B. , et al. , 2016, "Consumers' evaluation of national new energy vehicle policy in China: An analysis based on a four paradigm model", *Energy Policy*, Vol. 99.

Li, W. Y. , et al. , 2007, "The structure of weighted small-world networks", *Physica A*, Vol. 376.

Li, W. Y. , et al. , 2018, "Impact of negative information diffusion on green behavior adoption", *Resources Conservation & Recycling*, Vol. 136.

Lin, C. A. , and X. W. , Xu, 2017, "Effectiveness of online consumer reviews: The influence of valence, reviewer ethnicity, social distance and source trustworthiness", *Internet Research*, Vol. 27, No. 2.

Liu, Q. , et al. , 2018, "Decision-making models for promoting consumption of low energy-intensive broadband terminal products in the Chinese telecommunication industry", *Industrial Management & Data Systems*, Vol. 118.

Loewenstein, G. , and D. , Adler, 1995, "A bias in the prediction of tastes", *The Economic Journal*, Vol. 105, No. 431.

Loewenstein, G. , and P. A. , Ubel, 2008, "Hedonic adaptation and the role of decision and experience utility in public policy", *Journal of Public Economics*, Vol. 92, No. 8.

Ma, S. C. , et al. , 2019, "Willingness to pay and preferences for alternative incentives to EV purchase subsidies: An empirical study in China", *Energy Economics*, Vol. 81.

Mackerron, G. , 2012, "Happiness economics from 35000 Feet", *Journal of Economic Surveys*, Vol. 26, No. 4.

Mackinnon, D. P. , et al. , 2002, "A comparison of methods to test mediation and other intervening variable effects", *Psychological Methods*, Vol. 7, No. 1.

Malakooti, B. , 2011, "Systematic decision process for intelligent decision making", *Journal of Intelligent Manufacturing*, Vol. 22, No. 4.

Mallett, R. K. , and K. J. , Melchiori, 2016, "Creating a water-saver self-identity reduces water use in residence halls", *Journal of Environmental Psychology*, Vol. 47.

Mardia, K. V. , and K. J. , Foster, 1983, "Omnibus tests of multinormality based on skewness and kurtosis", *Communications in Statistics-Theory & Methods*, Vol. 12, No. 2.

Martijn, A. , et al. , 2010, "Negativity and positivity effects in person perception and inference: Ability versus morality", *European Journal of Social Psychology*, Vol. 22, No. 5.

Mattew, R. , 2000, "Risk aversion and expected-utility theory: A calibration theorem", *Econometrica*, Vol. 68, No. 5.

Melkonyan, T., and Z., Safra, 2016, "Intrinsic variability in group and individual decision making", *Management Science*, Vol. 62, No. 9.

Mischen, P. A., and T. A. P., Sinclair, 2009, "Making implementation more democratic through action implementation research", *Journal of Public Administration Research and Theory*, Vol. 19, No. 1.

Morris, E. A., and E., Guerra, 2015, "Mood and mode: Does how we travel affect how we feel?", *Transportation*, Vol. 42, No. 1.

Motoshita, M., et al., 2015, "Potential impacts of information disclosure designed to motivate Japanese consumers to reduce carbon dioxide emissions on choice of shopping method for daily foods and drinks", *Journal of Cleaner Production*, Vol. 101.

Nahapiet, J., and S., Ghosha, 1998, "Social capital, intellectual capital, and the organization advantage", *Academy of Management Review*, Vol. 23, No. 2.

Newman, M. E. J., 2003, "The structure and function of complex networks", *Siam Review*, Vol. 45.

Osório, A., 2017, "Self-interest and equity concerns: A behavioural allocation rule for operational problems", *European Journal of Operational Research*, Vol. 261, No. 1.

Pachard, G., and J., Berge, 2017, "How language shapes word of mouth's impact", *Journal of Marketing Research*, Vol. 54, No. 4.

Patrick, S., 1991, "The theory of planned behavior", *Organizational Behavior & Human Decision Processes*, Vol. 50, No. 2.

Pedroni, A., et al., 2011, "Electroencephalographic topography measures of experienced utility", *Journal of Neuroscience*, Vol. 31, No. 29.

Raus, C., et al., 2015, "Would personal carbon trading reduce travel emissions more effectively than a car bon tax?", *Transportation Re-*

search Part D: Transport & Environment, Vol. 35.

Reschovsky, J. D., and S. E., Stone, 2009, "Market incentives to encourage household waste recycling paying for what you throw", *Household Waste Recycling*, Vol. 6.

Ridings, C. M., et al., 2002, "Some antecedents and effects of trustin virtual communities", *Strategic Information System*, Vol. 11.

Robson, A., and L., Samuelson, 2011, "The evolution of decision and experienced utilities", *Theoretical Economics*, Vol. 6.

Saladie, O., and R., Santos-Lacueva, 2016, "The role of awareness campaigns in the improvement of separate collection rates of municipal waste among university students: A causal chain approach", *Waste Management*, Vol. 48.

Sambrook, T. D., and J., Goslin, 2015, "A neural reward prediction error revealed by a meta-analysis of ERPs using great grand averages", *Psychological Bulletin*, Vol. 141, No. 1.

Schmitt, M. T., et al., 2019, "What predicts environmental activism? The roles of identification with nature and politicized environmental identity", *Journal of Environmental Psychology*, Vol. 61.

Simmons, J. P., et al., 2011, "False-positive psychology: Undisclosed flexibility in data collection and analysis allows presenting anything as significant", *Psychology Science*, Vol. 22, No. 11.

Simon, H. A., 1955, "A behavioral model of rational choice", *The Quarterly Journal of Economics*, Vol. 69, No. 1.

Singh, M., and A., Sarkar, 2015, "The relationship between psychological empowerment and innovative behavior: A dimensional analysis with job involvement as mediator", *Journal of Personnel Psychology*, Vol. 11, No. 3.

Singh, N., 2009, "Exploring socially responsible behavior of Indian consumers: An empirical investigation", *Social Responsibility Journal*,

Vol. 5, No. 2.

Sinleton, P. A., 2019, "Validating the satisfaction with travel scale as a measure of hedonic subjective well-being for commuting in a U. S. city", *Transportation Research Part F: Traffic Psychology & Behaviour*, Vol. 60.

Skippon, S., and M., Garwood, 2011, "Responses to battery electric vehicles: UK consumer attitudes and attributions of symbolic meaning following direct experience to reduce psychological distance", *Transportation Research Part D: Transport & Environment*, Vol. 16, No. 7.

Smith, T. B., 1973, "The policy implementation process", *Policy Sciences*, Vol. 4, No. 2.

Sobel, E. M., 1987, "Direct and indirect effects in linear structural equation models", *Sociological Methods & Research*, Vol. 16, No. 1.

Spreitzer, G. M., 1995, "Psychological empowerment in the workplace: Dimensions, measurement, and validation", *The Academy of Management Journal*, Vol. 38, No. 5.

Steg, L., 2003, "Can public transport compete with the private car?", *Iatss Research*, Vol. 27, No. 2.

Steg, L., 2005, "Car use: Lust and must instrumental, symbolic and affective motives for car use", *Transportation Research Part A: Policy & Practice*, Vol. 39, No. 2.

Stern, P. C., 2000, "New environmental theories: Toward a coherent theory of environmentally significant behavior", *Journal of Social Issues*, Vol. 56, No. 3.

Sun, Y. L., et al., 2017, "Analysis of transmission expansion planning considering consumption-based carbon emission accounting", *Applied Energy*, Vol. 193.

Tamura, H., 2005, "Behavioral models for complex decision analysis", *European Journal of Operational Research*, Vol. 166, No. 3.

Terry, D. J. , et al. , 2011, "The theory of planned behavior: Self-identity, social identity and group norms", *Journal of Social Psychology*, Vol. 38, No. 3.

Thomas, K. W. , and B. A. , Velthouse, 1990, "Velthouse. Cognitive elements of empowerment: An interpretive model of intrinsic task motivation", *The Academy of Management Review*, Vol. 15, No. 4.

Torres, M. M. J. , and F. , Carlsson, 2018, "Direct and spillover effects of a social information campaign on residential water-savings", *Journal of Environmental Economics and Management*, Vol. 92.

Toubia, O. , and A. T. , Stephen, 2013, "Intrinsic vs. image-related utility in social media: Why do people contribute content to Twitter?", *Marketing Science*, Vol. 32, No. 3.

Triandis, H. C. , 1980, "Values, attitudes, and interpersonal behavior", *Nebraska Symposium on Motivation*, Vol. 27.

Tversky, A. , and D. , Griffin, 1991, *Endowments and contrast in judgments of well-being*, Cambridge: Strategy and Choice MIT Press.

van der Linden, S. , 2015, "Exploring beliefs about bottled water and intentions to reduce consumption: The dual-effect of social norm activation and persuasive information", *Environment & Behavior*, Vol. 47, No. 5.

Vendrik, M. C. M. , and G. B. , Woltjer, 2007, "Happiness and loss aversion: Is utility concave or convex in relative income?", *Journal of Public Economics*, Vol. 91, No. 8.

Viscusi, W. K. , et al. , 2011, "Promoting recycling: Private values, social norms, and economic incentives", *American Economic Review*, Vol. 101, No. 3.

von Neumann, J. , and O. , Morgenstern, 1944, *Theory of games and economic behavior*, Princeton: Princeton University Press.

Wadehra, S. , and A. , Mishra, 2018, "Encouraging urban households to segregate the waste they generate: Insights from a field experiment in Delhi, India", *Resources, Conservation & Recycling*, Vol. 134.

Wadman, R., et al., 2011, "Social stress in young people with specific language impairment", *Journal of Adolescence*, Vol. 34, No. 3.

Wang, S. Y., et al., 2018, "Policy implications for promoting the adoption of electric vehicles: Do consumer's knowledge, perceived risk and financial incentive policy matter?", *Transportation Research Part A: Policy & Practice*, Vol. 117.

Watts, D. J., and S. H., Strogatz, 1998, "Collective dynamics of small world networks", *Nature*, Vol. 393, No. 6684.

Welsch, H., and J., Kühling, 2000, "Pro-environmental behavior and rational consumer choice: Evidence from surveys of life satisfaction", *Journal of Economic Psychology*, Vol. 31, No. 3.

White, K., et al., 2011, "It's the mind-set that matters: The role of construal level and message framing in influencing consumer efficacy and conservation behaviors", *Journal of Marketing Research*, Vol. 48, No. 5.

Whitmarsh, L., and S., O'neill, 2010, "Green identity, green living? The role of pro-environmental self-identity in determining consistency across diverse pro-environmental behaviours", *Journal of Environmental Psychology*, Vol. 30, No. 3.

Wilson, C., and H., Dowlatabadi, 2007, "Models of decision making and residential energy use", *Annual Review of Environment and Resources*, Vol. 32, No. 1.

Yang, J. P., and W. H., Qiu, 2005, "A measure of risk and a decision-making model based on expected utility and entropy", *European Journal of Operational Research*, Vol. 164, No. 3.

Yuan, X. L., et al., 2015, "The development of new energy vehicles for a sustainable future: A review", *Renewable & Sustainable Energy*

Reviews, Vol. 42.

Zailani, S. , et al. , 2016, "Is the intention to use public transport for different travel purposes determined by different factors?", *Transportation Research Part D: Transport & Environment*, Vol. 49.

Zhang, L. , and Q. D. , Qin, 2018, "China's new energy vehicle policies: Evolution, comparison and recommendation", *Transportation Research Part A: Policy & Practice*, Vol. 110.

Zhang, X. , et al. , 2013, "The impact of government policy on preference for NEVs: The evidence from China", *Energy Policy*, Vol. 61.

Ziarko, W. , 1993, "Variable precision rough set model", *Journal of Computer and System Sciences*, Vol. 46, No. 1.

索　引